DON JOSEPH GOEWEY

STRESS
FÜR IMMER
BESIEGEN

DAS ULTIMATIVE ÜBUNGSBUCH
FÜR EIN STRESSFREIES LEBEN

SO AKTIVIEREN SIE IHRE
HÖHEREN GEHIRNREGIONEN

Übersetzt von Michael Wallossek

WINDPFERD

Titel der Originalausgabe *The End of Stress – Four Steps to Rewire Your Brain*
Erschienen bei Atria Books/Beyond Words,
a division of Simon & Schuster, Inc., New York
© Copyright 2014 by Don Joseph Goewey
Übersetzt von Michael Wallossek

1. Auflage 2015
© 2015 Windpferd Verlagsgesellschaft mbH, Oberstdorf
Alle Rechte vorbehalten
Umschlaggestaltung: Jennifer Jünemann – www.bitdifferent.de
Bildquelle Cover: © 123rf.com · Pongsakorn Sarunsatta
Begleitmaterial: gesprochen von Irina Scholz
Satz und Layout: Marx Grafik & ArtWork
Gesetzt aus der Minion Pro
Druck: PHOENIX PRINT GmbH

Printed in Germany
ISBN 978-3-86410-096-3
www.windpferd.de

Gebets-Spruch: „Dinge ein dem ....
S. 61

Inhalt

Vorwort 5
Einführung 11

1 · Ein für Stress vernetztes Gehirn und die innere Einstellung,
die uns zu neuen Verknüpfungen verhilft 21

Schritt 1: Gewahrsein entwickeln 39
Die Einsicht, die dem Stress ein Ende bereitet, indem Sie ihn erkennen

2 · Den Stress einschätzen und sich mit der Frage auseinandersetzen,
auf welchem Auge Sie blind sind 41
3 · Das Gewahrsein, das den Stress beseitigt 55
4 · Die Frage, die hinter allem Stress steht 75

Schritt 2: An den Punkt gelangen, an dem Sie sich entscheiden können 85
Die Geisteshaltung, die Ihr Gehirn transformiert

5 · Übung macht den Meister 87
6 · In aller Ruhe bei der Sache und vollauf präsent 95
7 · Innerlich ruhig und klar, ganz gleich, was sich draußen abspielt 111
8 · Den Geist hawaiianisieren 131

Schritt 3: Sich über den Stress hinausentwickeln 137
*Worauf es ganz entscheidend ankommt, um Zugang zum vollen Potenzial
des Gehirns zu erhalten*

9 · Das schöpferische Gehirn 139
10 · Urlaub als Mittel, im Gehirn die stressbedingten Schäden
des vergangenen Jahres zu heilen 165
11 · Als Ganzheit sind Sie mehr als die Summe der einzelnen Faktoren 173
12 · Die blaue Zone der Verbundenheit 195
13 · Die Kraft der Suggestion: Sie erhalten, was Sie zu erhalten erwarten 211

Schritt 4: Es aufrechterhalten 223
Jeden Tag und auf jede nur mögliche Weise

14 · Alles zusammenfassen 225
Ein paar abschließende Gedanken 231
Dank 237

Anhang
Heilung Typ A 239
Anmerkungen 241
Verzeichnis der Begleitmaterialien 254

Vorwort

Vor fast 25 Jahren betrat Don Goewey mein Büro im Hafen von Tiburon und setzte sich an dem Fenster mit Blick auf die Bucht von San Francisco mir gegenüber in einen Sessel. Anlass seines Besuchs war ein Bewerbungsgespräch. Denn das International Center for Attitudinal Healing (ICAH),* jene Einrichtung, die ich mehr als ein Jahrzehnt zuvor mitbegründet hatte, brauchte einen Geschäftsführer. Don konnte erstklassige Referenzen vorweisen: An meiner Alma Mater, der Stanford Medical School, war er in leitender Position tätig gewesen, und davor hatte er mit Carl Rogers zusammengearbeitet! Selbstverständlich war mir zum damaligen Zeitpunkt überhaupt nicht klar, dass mir da jemand gegenüber saß, den ich eines Tages meinen *Mensch* nennen würde. Sollten Sie nicht wissen, was hier mit *Mensch* gemeint ist – im Jiddischen bezeichnet dieses Wort eine bewunderns- und nachahmenswerte Person, einen noblen Charakter. Don sollte mir aber nicht nur ans Herz wachsen, sondern letztlich auch als mein Partner den psychologischen Ansatz des ICAH an einigen der schwierigsten Schauplätzen dieser Welt in die Praxis umsetzen: in Kriegsgebieten, in Gefängnissen, bei ärmsten Bevölkerungsschichten oder im stressgeplagten Umfeld von US-Konzernen.

Zu jener Zeit war das Zentrum eine Art Versuchslabor für eine neue Schulrichtung der Psychologie, die auf meine Initiative hin entstand und auf die Wirksamkeit der inneren Einstellung baute. Dieser Ansatz

---

* 2010 wurde das Zentrum in Attitudinal Healing International umbenannt.

definierte Gesundheit als inneren Frieden und Heilung als Loslassen von Angst. Er vertrat die Auffassung, dass wir weder unter den Menschen noch unter den Ereignissen leiden, sondern unter den Gedanken, Gefühlen und Einstellungen, mit denen wir den Menschen und Ereignissen begegnen. Die entsprechenden Programme, bei denen das Zentrum Pionierarbeit geleistet hat, sollten den Menschen eine wichtige Hilfestellung geben; sie sollten ihnen helfen, durch eine grundlegende Veränderung ihrer Einstellung – von Angst zu innerem Frieden – über die Unruhe, Besorgnis und Angst, über die Angespanntheit und Niedergeschlagenheit im Kontext eines Katastrophenszenarios hinauszugelangen. Angesichts widriger Umstände identifiziert man sich gemeinhin mit jenen Stress auslösenden Vorstellungen, die in einem verängstigten Geist auftauchen. Man hält sie dann für schiere Realität und sieht gar nicht, dass man hier in Wahrheit eine Entscheidung trifft und eigentlich die Wahl hat.

Umgekehrt meinen die meisten Menschen, innerer Frieden (sofern sie denn überhaupt eine Beziehung zu ihm haben) sei lediglich gleichbedeutend mit einem selbstzufriedenen Geisteszustand, in dem man einfach in den Tag hinein leben kann. Auf den Ansichtskarten aus dem Urlaub unterstreicht man einmal im Jahr seine Bedeutung, um ihn anschließend wieder in der Versenkung verschwinden zu lassen. Innerer Friede wird nicht grundsätzlich als Inbegriff persönlicher Stärke aufgefasst, und Angst betrachtet man nicht als den Verlust dieser Stärke. Tausende Menschen, die unser Zentrum aufgesucht haben, um Unterstützung zu erhalten, sehen dies freilich völlig anders. Im Umgang mit den Lebenskrisen des Alltags, von der Scheidung oder dem Arbeitsplatzverlust in wirtschaftlich schwierigen Zeiten bis hin zu scheinbar unüberwindlichen Herausforderungen wie Krebs, AIDS, einer Lähmung oder dem Verlust eines ihrer Lieben, haben sie fast alle den Übergang von der Angst hin zu innerem Frieden vollzogen. Die eigene Einstellung dahingehend zu verändern, dass man anstelle von Angst inneren Frieden erfährt, sei durchaus keine Kleinigkeit, würden unsere Klienten Ihnen sagen. Solch ein Schritt verändert die Art und Weise, wie Sie das Leben sehen und mit ihm umgehen. Und durch diese Veränderung kann *alles* anders werden. Denn unsere innere Einstellung ist diejenige seelische Kraft, die bewirken kann, dass Sie, anstatt sich von den Umständen überfordert zu fühlen, über sie hinauswachsen. Sie ist jene „letzte menschliche Freiheit", um Viktor Frankl zu zitieren, die

Sie in die Lage versetzt, selbst zu entscheiden, welche Erfahrung Sie im Innern machen, ganz gleich, was draußen vor sich geht.[1] Meistern Sie die Kraft Ihrer inneren Einstellung, und Sie werden ein starkes Leben führen. Das Zentrum konnte derart überzeugend demonstrieren, wie gut ganz gewöhnliche Menschen imstande sind, diese bemerkenswerte Veränderung zu vollziehen, dass das US-Nachrichtenmagazin *60 Minutes* darüber berichtet hat und ein Dokumentarfilm über das eigens für Kinder entwickelte Programm des Zentrums mit einem Peabody Award[2] ausgezeichnet wurde.

In den Jahren, nachdem ich das Zentrum gegründet hatte, erbrachte die Neurowissenschaft den Nachweis, dass ein friedvoller Geist uns zugleich den Schlüssel für den Zugang zum vollen Potenzial des Gehirns in die Hand gibt. Im vergangenen Jahrzehnt hat die medizinische Forschung nachgewiesen, dass unsere geistige Verfassung selbst für den körperlichen Gesundheitszustand ausschlaggebend ist – bis hinein in die molekulare Ebene unserer Zellen und Chromosomen.

Kommen wir wieder auf Don zurück: In den zwölf Jahren, in denen er das Zentrum geleitet hat, wagte er sich an Orte extremer Angst und Verzweiflung und ermöglichte den Menschen den entscheidenden Schritt hin zu einer friedvollen inneren Haltung. Und war er nicht damit beschäftigt, dann vertiefte er sich in die Neurowissenschaft, die damals erste Erklärungen dafür lieferte, wie diese veränderte innere Einstellung buchstäblich zu positiven Veränderungen im Gehirn führte. Irgendwann nahm Don schließlich die Herausforderung an, die nun über das Gehirn in Erfahrung gebrachten Dinge in all das mit einzubeziehen, was er aus seiner Arbeit mit anderen Menschen gelernt hatte, um auf diese Weise ein Modell zu entwickeln, mit dessen Hilfe wir dem Stress den Laufpass geben können.

Fast sechs Jahre lang hat ihn dieses Unterfangen beschäftigt. Aber Don war damit so erfolgreich wie sonst niemand. Tausende Menschen, die sich von seiner Arbeit berührt fühlen, würden Ihnen das bestätigen. Lesen Sie beispielsweise, was eine Intensivstationskrankenschwester dazu gesagt hat:

> Dieser Kurs hat mein Leben verändert! Das mag pathetisch klingen, doch meine Sicht der Dinge und mein ganzer Umgang mit ihnen haben sich in den letzten paar Tagen auf dramatische Weise gewandelt. Ich versuche bewusst, meine Einstellung und meinen Zugang zu allem, was ich tue, zu

verändern. Bis heute habe ich daraus sehr viel inneren Frieden und Hoffnung geschöpft.
Ein wirklich heilsamer und inspirierender Kurs! Erklärungen dazu, wie man Stress bewältigen und ein umfassendes Wohlbefinden verwirklichen kann, habe ich von vielen verschiedenen Leuten gehört. Doch kein anderer Ansatz hat mich derart angesprochen wie dieser.

Und gleich noch ein weiteres Beispiel, diesmal von der Führungskraft eines multinationalen Unternehmens:

Dieses Programm kann jede/n von uns dazu bringen, das Beste in uns zum Vorschein zu bringen. Deshalb hoffe ich, dass dem Kurs überall großer Erfolg beschieden sein wird.

Auch Ihnen verschafft Dons neues Buch die Möglichkeit zu solch einem inneren Wandel.

Wer ein Buch liest, das zu persönlicher Transformation anregt, meint vielleicht, dem Autor sei es gelungen, das Leid beziehungsweise die innere Auseinandersetzung, die man selbst zu bewältigen versucht, zu vermeiden. Generell trifft das nur selten zu, ganz gewiss aber nicht auf Don. Er musste eine leidvolle Kindheit bewältigen: mit einem Vater, der ihn im Stich ließ, und einem Stiefvater, der sich Übergriffe leistete. Don hatte, nach eigenen Worten, jahrelang mit Wut, Angst und Scham zu kämpfen, bis das Leben ihn zwang, sich selbst ins Auge zu blicken. Auslöser dafür war eine Art Doppelschlag: Er verlor seinen Arbeitsplatz, und noch in derselben Woche wurde bei ihm ein Gehirntumor diagnostiziert. Und als sei das nicht schon schlimm genug, zeichnete sich auch noch ab, dass seine Ehe, in der er mit seiner Frau vier kleine Kinder hatte, zu scheitern drohte. Als der Stress und die Angst, die er angesichts solcher Umstände empfand, schließlich einen Punkt erreichten, an dem sie nicht mehr zu ertragen waren, hat Don es irgendwie geschafft, sein Herz weit genug zu öffnen. Es gelang ihm, in diesem finsteren Augenblick zuzulassen, dass ihm eine Segnung zuteil wurde und ein Licht für ihn erstrahlte. Don sah sich vor die Frage gestellt, was schlimmer war: die äußeren Bedingungen, mit denen er konfrontiert wurde, oder der Umstand, dass er so verängstigt und unbeweglich geworden war? Angesichts dieser Frage wurde Don klar, in welchem Ausmaß und wie lange schon er mit Stress und Wut gelebt

VORWORT

hatte. Umgehend traf er damals die Entscheidung, sich in die entgegengesetzte Richtung zu bewegen, in Richtung des Lichts am Ende des Tunnels, ganz gleich, was als Nächstes geschehen mochte. Er beschloss, das Leben durch die Augen des Friedens zu betrachten. Dadurch vollzog sich in ihm ein grundlegender Wandel – ein grundlegender Wandel, den prinzipiell jede/r von uns durchlaufen kann.

Keine Frage, auch nach diesem transformierend wirkenden Augenblick zeigten sich bei Don noch Regungen von Wut und Angst, jedoch hat er ihnen dann regelmäßig den Rücken gekehrt. Voller Entschlossenheit konzentriert er sich nun darauf, jedes negative Muster, das die Kraft spendende Erfahrung inneren Friedens beeinträchtigt, aufzuarbeiten. Seiner Fehler ist er sich bewusst, und er vergibt sie sich bereitwillig. Infolgedessen hat er ein einfühlsames Herz entwickelt und vermeidet es daher, über andere Menschen ein Urteil abzugeben.

All das hat Don in dieses Buch mit einfließen lassen – seine Erfahrung, seinen Sachverstand und sein Herz. Meines Erachtens ist niemand besser geeignet, Ihnen eine Stresslösung anzubieten, die durch eine Stärkung Ihres Gehirns dafür sorgt, dass Sie in Ihrem Leben noch höher hinausgelangen als bisher. Nehmen Sie mich beim Wort: Hier sind Sie in sehr guten Händen.

Dr. Gerald Jampolsky,
Autor von *Lieben heißt die Angst verlieren*

Einführung:

Die schlechten Nachrichten und die überaus guten Nachrichten

In diesem Buch geht es um eine Lösung für den Stress, im Grunde also um die Neurowissenschaft des Erfolgs beziehungsweise darum, jenen geistigen Bereich ausfindig zu machen, der den Netzwerken des höheren Gehirns zu optimaler Funktionsfähigkeit verhilft. Wenn diese Netzwerke, Hand in Hand gehend, Verknüpfungen herstellen und aktiv werden, indem sie mit der Hirngeschwindigkeit von hundert Millionen Computerbefehlen pro Sekunde[1] wohlgemut auf und davon surren, dann tun Sie sich in Ihrem Leben auf jeder Ebene hervor, vom beruflichen bis zum familiären Bereich, vom physischen und emotionalen Wohlbefinden bis hin zu einem niedrigeren Golf-Score.[2] Dank eines solchen Gehirns entsteht die analytische und schöpferische Intelligenz, die Sie zum Erreichen Ihrer Ziele brauchen, ebenso die emotionale und soziale Intelligenz, die nötig ist, damit in Ihre Arbeit auch Freude mit einfließt, in Ihr Leben Friede und in Ihre zwischenmenschlichen Beziehungen Harmonie einkehren können. Zugleich ist das der Schlüssel zu Gesundheit und Langlebigkeit. All diese positiven Resultate hatte die Natur im Sinn, als sie im Rahmen der Evolution für die Entwicklung der höheren Gehirnfunktionen sorgte.

Nun zu einer schlechten Nachricht: Stress schwächt, untergräbt, ja er schädigt sogar die Netzwerke des höheren Gehirns und hindert Sie so daran, ein erfülltes Leben zu führen und auf ganzer Linie erfolgreich zu sein. Aber die gute Nachricht lautet: Für den Stress gibt es jetzt eine

Lösung. Und durch die werden nicht nur die stressbedingten Schäden beseitigt, sondern auch die neurobiologischen Voraussetzungen für eine Wachstumsstimulation neuer Verknüpfungen innerhalb des höheren Gehirns geschaffen. Das sorgt für eine größere Gehirnkapazität. Durch die Einbeziehung dieser Netzwerke werden Sie zu einer in umfassenderer Weise funktionierenden Ganzheit und können so noch größere Höhen erreichen.

Zunächst möchte ich auf die ausgesprochen schlechte Nachricht zum Thema Stress näher eingehen und deutlich machen, was dieser Sachverhalt mit sich bringt. Danach werde ich Sie mit der außerordentlich guten, die Lösung für den Stress betreffenden Nachricht bekannt machen – einer Lösung, der wir den Aufbau eines starken und leistungsfähigen Gehirns verdanken. Bei Stressreaktionen entstehen vor allem Stresshormone. Und sie lähmen die Führungsfunktionen des höheren Gehirns, die Sie in die Lage versetzen, Dinge oder Vorgänge zunächst einmal zu planen und den Plan anschließend komplett in die Tat umzusetzen. Stresshormone sorgen außerdem dafür, dass andere Netzwerke schrumpfen, und sie unterbrechen die zwischen den Netzwerken geknüpften Verbindungen. Daraufhin sind Sie nicht mehr imstande, längerfristig eine Spitzenleistung zu erbringen oder zu jenen schöpferischen Einsichten zu gelangen, die zu Innovationen führen. Diese Hormone bewirken eine Beschränkung auf die automatisch ablaufenden Überlebensreaktionen Kampf, Flucht oder ohnmächtige Erstarrung, sie stellen Ihren emotionalen Sollwert auf „negativ" ein und machen Sie anfällig für Gefühle von Angst, Wut, Paranoia und Depression. Ferner schwächen die Stresshormone das Immunsystem, richten im Herz-Kreislauf-System Unheil an, rufen an Chromosomen Schäden hervor, lassen Gehirnzellen absterben und letztlich werden sie, falls Sie ihnen nicht Einhalt gebieten, Ihren Tod verursachen.

Wenn Sie all die Todesfälle zusammenrechnen, die auf stressbedingte Erkrankungen zurückgehen – Herzerkrankungen, Schlaganfälle, Krebs, Immunschwäche, Diabetes und vorzeitiges Altern, um nur einige zu nennen – dann haben Sie diejenige Todesursache, der heutzutage in den USA die meisten Menschen zum Opfer fallen. Stress kann sogar suchtbildend wirken. Im Verlauf einer extremen Stressreaktion entstehen von Natur aus körpereigene, dem Opium ähnelnde Peptide, deren Wirkung an die von Morphium und Heroin erinnert.[3] In manchen Experimenten wiesen unter schwerem Stress stehende Versuchstiere

Entzugssymptome auf, sobald die Forscher sie dem Stress nicht länger aussetzten. Das lässt auf eine chemische Abhängigkeit schließen.[4] Man darf mit guten Gründen davon ausgehen, dass uns das Leben auf der Überholspur der modernen Zivilisation zu Stressabhängigen macht, zu „Stressoholics".

Zwanzig Jahre habe es gedauert, erklärte mir eines Tages der Chef einer PR-Firma, bis ihm klar wurde, dass den Menschen an nichts anderem so sehr gelegen ist wie an Gesundheit, Wohlstand und Liebe. Meines Erachtens hat er Recht. Wir wollen keinen Herzinfarkt, keinen Schlaganfall und keinen Krebs bekommen. Wir wollen beruflich unseren Weg gehen und gutes Geld verdienen. Und wir wollen glücklich sein und eine schöne Zeit mit der Familie und den Freunden verbringen. Stress blockiert diejenigen Netzwerke des Gehirns (man spricht auch von neuralen Netzwerken), die solch positive Resultate gewährleisten sollen.

Aber geraten Sie deshalb nicht gleich unter Stress. Denn die gute Nachricht zum Thema Stress ist *richtig* gut. Für das Problem gibt es eine Lösung, durch die Ihr Gehirn so wiederhergestellt und erneuert wird, dass es seiner Aufgabe rundum gerecht werden kann. Das verleiht Ihnen die Fähigkeit, in jedem Lebensbereich, der Ihnen wichtig ist, aufzublühen und sich voll zu entfalten. Dieses Buch verschafft Ihnen Zugang zu dieser Lösung. Und was die richtig gute Nachricht noch besser macht: Der Weg hin zu dieser Lösung ist ganz einfach und leicht zu gehen.

Die Lösung beinhaltet unter anderem, dass Sie sich einige Hilfsmittel zu eigen machen, deren Anwendung praktisch jeder von uns erlernen kann. Und ist sie erst zum Bestandteil Ihres Alltags geworden, wird sie die Liste der Aufgaben, die Sie zu erledigen haben, kein bisschen umfangreicher machen. Im Grunde genommen dreht sich nämlich, wenn Sie für eine Beruhigung der Stressreaktionen und für eine Stärkung der höheren Gehirnfunktion sorgen, alles darum, die Liste mit den Orientierungspunkten für die Person, *die Sie sein wollen*, im Alltag in die Tat umzusetzen.

Für praktisch alle Hilfsmittel und Prozesse, die Sie erlernen können, während Sie dieses Buch lesen, gibt es einen Wirksamkeitsnachweis: entweder durch wissenschaftliche Studien oder aufgrund von klinischer Erfahrung. Das Buch ist das Resultat meiner jahrelangen Erfahrung – seinerzeit zunächst als Direktor des International Center for Attitudinal Healing (ICAH), einer Einrichtung, die mit ihrem innovativen Ansatz zur Verarbeitung und Überwindung katastrophaler Lebenssituationen echte Pionierarbeit geleistet hat; und in jüngerer Zeit als geschäftsführender Partner von ProAttitude. Bei ProAttitude beraten wir Unternehmen darin, wie sie den Arbeitsstress verringern und die menschliche Leistungsfähigkeit optimieren können.

Mit dem International Center for Attitudinal Healing haben wir an einigen der stressigsten Orte auf dem Planeten gearbeitet: auf Krebs- und AIDS-Stationen mit Menschen, die mit dem Tod konfrontiert waren; in Trauergruppen mit Eltern, die den Verlust von Kindern zu verwinden hatten; in Gefängnissen mit Männern, die eine lebenslängliche Haftstrafe absaßen; und in Flüchtlingslagern mit Menschen, die im Gefolge des völkermörderischen Krieges in Bosnien unter posttraumatischen Belastungsstörungen litten. Der Ansatz des Zentrums ermöglichte es den Betroffenen, die innere Einstellung in der Weise zu verändern, dass die Belastung durch Angst und Stress die in einer derart verzweifelten Situation vorherrscht, nachließ. Durch die dabei erzielten Resultate erlangte das ICAH in aller Welt großes Ansehen.

Auf das Thema Stress in der Arbeitswelt richtete sich mein Augenmerk bereits, als ich noch für das ICAH tätig war. Eines Tages besuchte mich Larry Stupski, in der US-amerikanischen Geschäftswelt eine der wirklich herausragenden Gestalten der jüngeren Vergangenheit. Larry und Chuck Schwab hatten der börsennotierten Charles Schwab Corporation zum geschäftlichen Aufstieg in ihre heutige Position verholfen. Larry hatte damals gerade einen Herzinfarkt, verursacht durch den extremen Stress, dem er jahrelang ausgesetzt gewesen war, knapp überlebt. Mich kam er besuchen, um mir die Gründung eines Beraterstabs, einer Art Ideenschmiede, vorzuschlagen. Ausgehend vom Ansatz des ICAH sollte ich ein Modell entwickeln, durch das sich dem Arbeitsstress, so wie wir ihn kennen, ein Ende bereiten ließe. Zur damaligen Zeit fand ich Larrys Gedankengang noch nicht wirklich überzeugend. Doch er war ein Mensch von großem Weitblick und außergewöhnlicher Intelligenz. Und er war voller Zuversicht, dass sich das Ziel, das ich auf seinen Vorschlag hin anvisieren sollte, erreichen ließ.

Es dauerte nicht lange, da gesellte sich Bonny Meyer zu uns, eine Geschäftsfrau voller Idealismus und mit sehr klarem Blick. Bonny war einst Mitbegründerin der Silver Oak Cellars, eines Weinguts, das maßgeblich dazu beitrug, die Reputation von Napa Valley als Anbaugebiet großer Weine weltweit zu etablieren. Bonny war ebenfalls guter Dinge,

EINFÜHRUNG

dass wir eine Lösung für den Stress würden entwickeln können. Also stellte ich mich der Herausforderung, trommelte ein Team von Fachleuten zusammen und begann, an dem Problem zu arbeiten. Glücklicherweise geschah dies genau zum richtigen Zeitpunkt, denn in der Stress- und Gehirnforschung stand die Wissenschaft damals gerade vor einer Reihe von Durchbrüchen.

Nach sechs Jahren harter Arbeit konnten wir tatsächlich mit einer Lösung für den Stress aufwarten, die über die herkömmlichen Ansätze zum Stressabbau oder zur Stressbewältigung weit hinausreicht. Anschließend wagten wir uns in die reale Welt und wendeten diesen neuartigen Ansatz in großen Organisationen an, in denen die Menschen unter starkem Arbeitsdruck standen. Und wir haben damit eindrucksvolle Ergebnisse erzielt. In der Gesamtbewertung durch die Teilnehmer/innen erhielt der Kurs bisher durchschnittlich 4.8 von 5.0 möglichen Punkten auf der Likert-Skala. Solch einen Zustimmungsgrad findet man kaum jemals bei einem Trainingsprogramm. Diese Zustimmung spricht für eine hochgradige Umsetzung des Programms, die wiederum darauf schließen lässt, dass sich in der Unternehmenskultur ein Wandel abzeichnet. Und genau das konnten wir tatsächlich miterleben. Zu über 90 Prozent haben die Teilnehmer/innen die Erfahrung gemacht, dass sich das Ausmaß ihrer Stressbelastung in vorteilhafter Weise verändert hat, und weiterhin erwarten sie, dass durch die Anwendung des hier Erlernten die Stressbelastung künftig noch weiter abnehmen wird. Darüber hinaus haben über 75 Prozent der Teilnehmer/innen Verbesserungen auch noch in folgenden Bereichen festgestellt: bei kreativen Problemlösungen, in ihrem Wohlbefinden, in ihren Beziehungen am Arbeitsplatz und in der Familie.

Und eins steht dabei außer Frage – für Sie ist das gleichfalls möglich!

Im ersten Kapitel skizziere ich die wichtigsten Aspekte all dessen, was wir im Hinblick auf das Problem und seine Lösung herausgefunden haben. Außerdem beschreibe ich dort das Modell, mit dessen Entwicklung wir Ihnen den Weg zur Beendigung des Stresses geebnet haben. Indem Sie dieses Kapitel lesen, werden Sie nicht nur verstehen können, welche neurologischen und genetischen Zusammenhänge dem Stress zugrunde liegen, sondern ebenso die für unsere Stresslösung ausschlaggebenden Durchbrüche in der wissenschaftlichen Forschung.

Zur Handhabung des Buches

Wenn Sie dem Buch die Gelegenheit geben, Sie in die eben skizzierte neue Richtung zu führen, wird sich Ihr Gehirn im Verlauf dieser Erfahrung in der Weise weiterentwickeln, dass es Sie immer auf der Höhe Ihrer Leistungsfähigkeit hält, und jeden Tag in Ihrem Leben zu einem besonders schönen Tag machen. *Stress für immer besiegen – So aktivieren Sie Ihre höheren Gehirnfunktionen* weist Ihnen klar und leicht verständlich den Weg zu der Gesundheit, dem Wohlstand und der Liebe, die wir uns alle wünschen. Eine Journalistin, die für ein US-Magazin einen Artikel über Stress schrieb, wollte kürzlich von mir wissen: „Welches Geheimnis steckt dahinter, wenn aus einem leicht stressanfälligen Menschen jemand wird, der kaum jemals unter Stress gerät?" Da gibt es kein Geheimnis. Entscheidend ist, dass man über eine Zeitspanne von sechs bis acht Wochen den Umgang mit einfachen Hilfsmitteln und Prozessen einübt, um jene spezielle Geisteshaltung zu entwickeln, durch die man über den Stress hinausgelangt. Indem Sie das tun, beginnt Ihr Gehirn sich dahingehend zu verändern, dass Sie aufblühen und sich voll entfalten können. Und das ist, anders als Sie vielleicht meinen, keineswegs besonders schwierig oder anstrengend. Um ein Gehirn, das für ein frustrierendes Leben voller Stress vernetzt ist, in diesem Sinn zu verändern, sollten Sie auf jeden Fall erst einmal herausfinden, wie Sie eigentlich *sein* wollen, und das dann entsprechend in die Tat umsetzen. Auf solch einer Liste legen Sie lediglich fest, wie Sie sein möchten, während Sie im Alltag Ihren Aufgaben nachgehen, worin auch immer die bestehen mögen – nicht mehr und nicht weniger. Üben Sie sich jeden Tag darin, und die automatische Steuerung Ihres Gehirns, sein „Autopilot", wird sich nach und nach umstellen. An die Stelle eines auf Stress ausgelegten Autopiloten tritt allmählich eine Steuerung, die selbst dann noch einen Algorithmus der emotionalen Gelassenheit und geistigen Klarheit ausführt, wenn Ihnen vielleicht jemand heftig zusetzt. Und das lohnt sich für Sie. Denn so funktionieren die Netzwerke der höheren Hirnfunktionen auf bestmögliche Weise, wodurch wiederum Ihre Erfolgsaussichten bei allem, woran Ihnen wirklich etwas liegt, steigen.

Stress für immer besiegen – So aktivieren Sie Ihre höheren Gehirnfunktionen ist so aufgebaut, dass es Sie durch diesen Wandlungsprozess führt. Daher sollte man das Buch keineswegs im Schnelldurchgang innerhalb von ein paar Tagen zu Ende lesen. Vielmehr gibt es Ihnen

EINFÜHRUNG

Anleitung zu einem Prozess, der Sie, ähnlich wie ein Ausbildungsseminar, sukzessive voranbringt. Die Kapitel schaffen den Kontext für das/die dort jeweils beschriebene/n Hilfsmittel und informieren Sie zugleich über die entsprechenden wissenschaftlichen Grundlagen. Wie der Prozess im Einzelnen abläuft, wenn wir das betreffende Hilfsmittel anwenden, wird am Ende des jeweiligen Kapitels Schritt für Schritt dargelegt. Bei manchen Hilfsmitteln finden Sie außerdem einen Link zu einer Audiodatei. Die können Sie herunterladen, um sich auf diese Weise zur Anwendung des betreffenden Hilfsmittels anleiten zu lassen.

In den meisten Kapiteln habe ich am Ende auch einen Abschnitt mit aufgenommen, der „Ihre Praxis für diese Woche" heißt. Dort nenne ich Ihnen die Übungen, deren Durchführung in der betreffenden Woche für Sie ansteht. Gehen Sie, nachdem Sie den entsprechenden Abschnitt gelesen haben, nicht gleich zum folgenden Kapitel über, sondern arbeiten Sie erst einmal ein paar Tage lang – meine Empfehlung: fünf Tage bis eine Woche – mit den Hilfsmitteln, die ich Ihnen dort zur Verfügung gestellt habe, bevor Sie mit dem nächsten Kapitel fortfahren. Und während Sie die jeweilige Praxis ausführen, vergegenwärtigen Sie sich bitte das zuvor gelesene Kapitel, um sich in Erinnerung zu rufen, worin die besondere Bedeutung der Praxis liegt. Wenn Sie die Praxis konsequent durchführen, erzielen Sie die größte Veränderung in der Gehirnfunktion. Je häufiger Sie von den Hilfsmitteln Gebrauch machen, umso leichter fällt es Ihnen, sie anzuwenden. Zu guter Letzt werden Sie jenen Punkt erreichen, an dem Sie eine möglicherweise bevorstehende Stressreaktion bereits bei den ersten Anzeichen abwenden können.

Ein Prozess in vier Schritten

Das Buch geleitet Sie durch einen vier Schritte umfassenden Prozess. Indem Sie den Prozess Schritt für Schritt durchlaufen, entwickeln Sie ein Gewahrsein, das Ihnen hilft, die für Sie verfügbaren Optionen zu erkennen und diejenigen Entscheidungen zu treffen, durch die Sie anstelle einer belastenden eine friedvolle Erfahrung machen. Zugleich lernen Sie, die Hilfsmittel und meditativen Abläufe zu meistern, die Sie benötigen, damit die Veränderung, durch die Sie dem Stress ein Ende bereiten, nicht nur dauerhaft ist, sondern so lange weitergeführt werden kann, bis Sie Ihr höchstes Potenzial verwirklicht haben.

Schritt 1: Gewahrsein entwickeln – die Einsicht, die dem Stress ein Ende bereitet, indem Sie ihn erkennen
In der ersten Phase werden Sie sich Ihr Stressmuster allmählich stärker bewusst machen, damit Sie die Stressreaktionen verlangsamen können und dadurch befähigt werden, sich für inneren Frieden zu entscheiden.

Schritt 2: An den Punkt gelangen, an dem Sie sich entscheiden können – die Geisteshaltung, die Ihr Gehirn transformiert
In der zweiten Phase werden Sie eine Reihe spezieller Prinzipien kennenlernen und sie anschließend in die Tat umsetzen. Diese Prinzipien führen zu Entscheidungen, die positive Veränderungen im Gehirn begünstigen.

Schritt 3: Sich über den Stress hinausentwickeln – worauf es ganz entscheidend ankommt, um Zugang zum vollen Potenzial des Gehirns zu erhalten
Im Verlauf der dritten Phase werden Sie immer geschickter darin, über Stressreaktionen bereits in dem Moment hinauszugelangen, wenn die ersten Anzeichen erkennbar werden. Da das höhere Gehirn nun den toxisch wirkenden Stresshormonen nicht länger ausgeliefert ist, beginnt es zu heilen, gewinnt allmählich an Größe und versetzt Sie so in die Lage, das Ihrem Gehirn innewohnende Potenzial auch wirklich immer mehr zu nutzen

Schritt 4: Es aufrechterhalten – jeden Tag und auf jede nur mögliche Weise
Stress für immer besiegen – So aktivieren Sie Ihre höheren Gehirnfunktionen macht Sie mit einer Reihe erprobter Prozesse und Hilfsmittel bekannt, die es Ihnen ausnahmslos erleichtern, *ein* Ziel zu erreichen: sich in der Weise zu verändern, dass Sie stressfrei werden. Womöglich werden Sie dieses oder jenes Werkzeug anderen Hilfsmitteln gegenüber bevorzugen. Im letzten Schritt, den Sie im Umgang mit diesem Buch vollziehen, werden Sie diejenigen Hilfsmittel, die Ihnen die besten Dienste erwiesen haben, miteinander kombinieren und sie zu einer individuellen, auf Sie persönlich zugeschnittenen Praxis ausbauen, damit Sie sich eigenständig weiterentwickeln können.

EINFÜHRUNG

Begleitmaterial, das Sie herunterladen können
– auch via QR-Code –

Am Ende vieler Kapitel finden Sie Hinweise auf Begleitmaterial in Form von Links zu Audiodateien, in denen ich Sie entweder zum Umgang mit Hilfsmitteln anleite oder durch meditative Prozesse führe. Die im Buch verwendeten Arbeitsblätter stehen ebenfalls auf der Webseite des Verlages als Download zur Verfügung.

Indem Sie die QR-Codes mit dem Smartphone und einer entsprechenden kostenlosen App fotografieren, werden sie direkt mit der jeweiligen Audiodatei verbunden.

Alternativ können Sie den nachfolgenden Link in Ihren Internetbrowser eingeben: www.windpferd.de/stressbesiegen. Dort finden Sie unter „Download" die Audiodateien und alle im Buch verwendeten Arbeitsblätter zum herunterladen. Ein Verzeichnis der Begleitmaterialien finden Sie auf Seite 254.

1
Ein für Stress vernetztes Gehirn und die innere Einstellung, die uns zu neuen Verknüpfungen verhilft

„**S**tress in Amerika" heißt die alljährlich vom Psychologen-Fachverband American Psychological Association (APA) durchgeführte Umfrage, die allgemein als unser bestes Stressbarometer gilt. Auf Grundlage der jüngsten Erhebung gelangte die APA zu folgendem Schluss: Die Daten „ergeben das Bild einer hohen Stressbelastung einhergehend mit weitgehend unwirksamen Bewältigungsstrategien, die offenbar tief in unserer Kultur verwurzelt sind und dafür sorgen, dass ungesunde Lebens- und Verhaltensweisen auch bei künftigen Generationen weiter vorhanden sein werden."[1]

Dieses Buch hier hat ein hochgestecktes, nichtsdestoweniger aber erreichbares Ziel: Es will jene verhängnisvolle Verkettung, die in dem APA-Zitat angesprochen wird, durchbrechen, indem es einen gut nachvollziehbaren Weg zur Lösung dieser Krise jedermann zugänglich macht – ein für allemal, und bei Ihnen beginnend.

Eines möchte ich am Ausgangspunkt der Reise in ein Leben, in dem wir uns von Stress befreien werden, völlig unmissverständlich klarstellen: Mit Stress ist nicht zu spaßen! Er ist eine ernste, ja eine lebensbedrohlich ernste Gefahr. Beherzigen Sie bitte, was Carol Shively in dem *National Geographic*-Dokumentarfilm *Killer Stress* dazu sagt: „Er zählt nicht zu jenen Dingen, gegen die man vielleicht eines Tages mal was unternehmen sollte. Gleich heute müssen Sie sich damit befassen."[2] Heute, also bevor Sie letztlich auf einer Rollbahre in der Notaufnahme eines Krankenhauses landen, wo dann Ärzte und Krankenschwestern Ihren Herzinfarkt oder Schlaganfall behandeln. Durch die meditativen Prozesse und sonstigen Hilfsmittel zur Beendigung von Stress, die Sie in diesem Buch kennenlernen werden, erhöht sich für Sie die Wahrscheinlichkeit, sich solch schwere Gesundheitskrisen ersparen zu können, ganz beträchtlich.

Ich möchte Ihnen einen Vorgeschmack davon geben, was ich gemeinsam mit meiner Expertengruppe über das Ausmaß des Stressproblems und seine gravierenden Konsequenzen, über die definitive Lösung für dieses Problem und das Modell herausgefunden habe, das den Weg zu all den bisher angesprochenen positiven Resultaten ebnet.

Als Erstes haben wir im Verlauf unseres Forschungsprojekts gelernt: Zwei wichtige Gehirnsysteme sind ausschlaggebend dafür, inwieweit Sie die für ein erfolgreich geführtes Leben notwendige Leistungsfähigkeit des Gehirns tatsächlich nutzen können.

Das erste System wird auch als das höhere Gehirn bezeichnet, genauer gesagt eigentlich als Präfrontaler Kortex. Ein Großteil dessen, was wir unter menschlicher Intelligenz verstehen, kommt aus diesem Teil des Gehirns. Das höhere Gehirn hat die bildende Kunst erfunden, die Musik, Wissenschaft, Landwirtschaft, Technik, den Handel, den Staat und jede Menge andere Dinge. Zugleich ist es sozusagen die Chefetage: Dort hat der Geschäftsführer des Gehirns sein Büro, von dem aus er seinen Führungsaufgaben nachgeht, in dem er Pläne schmiedet und zielführende Strategien entwickelt. All die höheren kognitiven Fähigkeiten, mit denen wir Wahrnehmungen hinterfragen, Fakten analysieren, uns an Veränderungen anpassen und Informationen so miteinander verknüpfen, dass sich daraus ein Gesamtbild ergibt, sind für Führungsaufgaben völlig unerlässlich. Denn sie versetzen uns in die Lage, komplexe Handlungsabläufe zu ersinnen und sie durch richtig gewählte Prioritäten so zu strukturieren, dass wir nach und nach genau das zustande bringen, was wir geplant haben. Zugleich sorgen die Führungsfunktionen dafür, dass die kreativen Einsichten, die in der rechten Gehirnhälfte entstehen, in praktische Neuerungen umgesetzt werden.

Darüber hinaus sind im höheren Gehirn – um einen Ausdruck aus Abraham Lincolns Antrittsrede zum Präsidentenamt zu verwenden –

1 • EIN FÜR STRESS VERNETZTES GEHIRN

„die besseren Engel unserer Natur" beheimatet, die Sie befähigen, konstruktive und positive Beziehungen aufrechtzuerhalten und Ihr Denken nicht nur auf ein begrenztes Eigeninteresse zu beschränken, sondern ein übergeordnetes Gut wie etwa das Gemeinwohl mit einzubeziehen. In *Mindsight – Die neue Wissenschaft der Transformation* siedelt der Neuropsychiater Daniel Siegel diese Engel im mittleren Teil des präfrontalen Bereichs an, wo sie erstaunlich viele für die Entstehung sozialer Intelligenz unerlässliche Fertigkeiten koordinieren. Die Engel stimmen Sie auf andere Menschen ein, kümmern sich um ein emotionales Gleichgewicht, ermöglichen Ihnen ein flexibles Eingehen auf Ihre Mitmenschen und auf Situationen, dämpfen Ihre Angst und verhelfen Ihnen zu solchen Gaben wie Empathie, Einsicht und Intuition.[3]

Tatsächlich umfasst das höhere Gehirn ungleich viel mehr Funktionen. Das würde allerdings den Rahmen solch einer kurzen Zusammenfassung sprengen. Jedenfalls kann man mit guten Gründen geltend machen, dass es *der* große Wurf in der Evolutionsgeschichte ist, die größte Einzelleistung des natürlichen Ausleseprozesses. Das erweist sich an den vielfältigen Formen von Intelligenz und Begabung, die aus der Großhirnrinde, dem Kortex, hervorgehen, und – noch augenfälliger – an den Weltwundern der Antike und der Moderne, die das höhere Gehirn geschaffen hat. Der Evolutionsprozess, in dessen Verlauf sich das höhere Gehirn entwickelt hat, grenzt an ein Wunder. Die Schnelligkeit, mit der es entstand, ist in dem Teil der Evolution, den wir heute nachvollziehen können, vollkommen einzigartig.[4] Dieser Prozess gleicht geradezu dem magischen Akt eines Magiers, der mal gerade eben kurz den Zauberstab schwenkt.

Wenn dieses hoch entwickelte Gehirn optimal funktioniert, kann jeder Tag wundervoll sein, erfüllt von Begeisterung, sozialer Intelligenz und von Freude darüber, sich schon wieder selbst zu übertreffen. In meinem ersten Buch *Das stressfreie Gehirn* habe ich den Versuch unternommen, einen jener wundervollen Tage zu beschreiben, an denen Ihr höheres Gehirn durch den gewöhnlichen Genius beglückt wird, in einen *Flow*-Zustand – ein müheloses Fließen – eintritt und Sie den Eindruck haben, einfach alles schaffen zu können:

> Von Zeit zu Zeit erlebt jeder von uns die Beglückung des gewöhnlichen Genius, wenn wir versuchen, etwas Bedeutsames zu verwirklichen, das unsere Fähigkeiten ganz und gar fordert. Vielleicht wurden wir zu Beginn

von dem üblichen Sturm von Anforderungen, Druck und Zweifel heimgesucht, doch es gelang uns, durch subtile Wendungen und Ausweichmanöver dem Sturm zu entfliehen und sein Auge zu finden, wo der Druck, etwas zu leisten, sich in die Herausforderung verwandelte, etwas Außerordentliches hervorzubringen. Und indem wir uns in diesem Auge einrichteten, übernahm ein müheloses Fließen von Intelligenz die Führung und riss uns mit in seiner unausweichlichen Strömung. Unser Geist wurde klar und arbeitete mit Präzision. Die Zeit stand still. Wir fühlten uns beschwingt und vermochten unsere Begeisterung zu kanalisieren, zu sammeln und zu bewahren und so ein hohes Maß an Energie aufrechtzuerhalten. Allmählich legten wir eine erstaunliche Beherrschung der vorliegenden Aufgabe an den Tag und bewahrten uns einen Blick für das Ganze, auch dann, wenn wir uns um Details kümmerten. Die Dinge rückten ohne Anstrengung an ihren Platz, als verbänden sich die Puzzlesteinchen ganz von selbst miteinander. Unsere Vision des Ganzen weitete sich aus, indem uns mehr Möglichkeiten bewusst wurden. Auf diese Weise zu arbeiten kam uns nicht mehr wie Arbeit vor. Es war mehr so etwas wie eine belohnende Liebesmüh.[5]

Solch eine Erfahrung, die man im antiken Griechenland als Freude bezeichnet hat, hängt voll und ganz von der uneingeschränkten Funktionsfähigkeit des höheren Gehirns ab. Bei Mihaly Csikszentmihalyi, der Vaterfigur der Positiven Psychologie, heißt es dazu: „Und wenn wir von dieser Freude erst einmal gekostet haben, werden wir alle Anstrengungen verdoppeln, sie wieder zu empfinden. So wächst das Selbst."[6] Auf die gleiche Weise wird auch das Netzwerk des höheren Gehirns weiter ausgebaut und werden in dieses neue Verknüpfungen mit einbezogen.

Das zweite System, das untere Gehirn, hält Sie im Grunde genommen davon ab, Ihr Erfolgspotenzial wirklich zu nutzen. Im unteren Gehirn ist das Stressreaktionssystem angesiedelt. Und das Stressreaktionssystem wird, wie in hohem Maß auch andere Teile des unteren Gehirns, über die Amygdala gesteuert, das Angstzentrum des Gehirns. Bei negativen Geisteszuständen – bei Kummer und Verzweiflung beispielsweise, bei Aggression, Besorgnis, Niedergeschlagenheit und all jenen Emotionen, die der Rubrik Kampf, Flucht oder ohnmächtige Erstarrung hinzuzurechnen sind – spielt die Amygdala eine ganz entscheidende Rolle.

Allerdings kann die Amygdala eine real existierende Gefahr nicht von dem unterscheiden, was Sie fälschlich als Bedrohung wahrnehmen. Denn ihre Intelligenz ist reaktiv, nicht analytisch. In einer möglicherweise bedrohlichen Situation fordert sie das höhere Gehirn nur im Fall einer neuartigen Erfahrung auf, sich mit einzuschalten.[7] Registriert Ihr Nervensystem eine wie auch immer beschaffene Bedrohung, dann wird ein Signal an den Thalamus (eine Art neurologische Schaltstelle) geschickt und von dort an die Amygdala übermittelt, um entweder eine Angriffs- oder aber eine Abwehrreaktion einzuleiten. Dieser Vorgang, vom Augenblick der registrierten Bedrohung bis zur Angstreaktion, läuft reflexartig ab, blitzschnell, außerhalb der bewussten Wahrnehmung. Das Amygdala-System soll unser Überleben sichern. Es geht, mit anderen Worten, kein Risiko ein. Hier heißt die Devise: „Wer zaudert, ist schon tot." Die Amygdala ist also darauf programmiert, zuerst zu schießen und erst anschließend Fragen zu stellen. Bei einer real vorhandenen Gefahr, in Gestalt einer zusammengerollten Klapperschlange beispielsweise, erhöht sich für uns aufgrund der extrem schnellen Reaktionsfähigkeit der Amygdala die Chance, auch am nächsten Tag noch am Leben zu sein.

Die meisten Menschen leben heutzutage freilich nicht mehr in der Wildnis, wo blitzschnelles Reagieren für das Überleben von entscheidender Bedeutung ist. Unser Dasein spielt sich im weitestgehend abgesicherten Korridor eines zivilisierten gesellschaftlichen Umfelds ab. Mit Kampf, Flucht oder ohnmächtiger Erstarrung handeln wir uns dort Probleme ein. Außerdem werden wir durch die rundum auf Angstreaktionen eingestellte Amygdala leicht zum Opfer von Einbildung, indem sie Bedrohungen in Situationen hineininterpretiert, in denen überhaupt keine Bedrohung vorhanden ist. Diese Tendenz resultiert aus der sogenannten „kontextuellen Furchtkonditionierung".

Joseph LeDoux hat die kontextuelle Furchtkonditionierung in seinem bahnbrechenden Buch *Das Netz der Gefühle* beschrieben: Gibt man eine Ratte in eine Kiste und setzt sie dort, während sie gleichzeitig einen bestimmten Ton zu hören bekommt, einige Male einem schwachen elektrische Stromstoß aus, wird sie auf den Ton furchtkonditioniert. Von nun an löst der Ton eine Angstreaktion aus. Allerdings wird die Ratte damit zugleich auf die Kiste furchtkonditioniert. Denn Letztere repräsentiert für die Ratte den Kontext, in dem sie das Schocktrauma erlebt hat. Man braucht die Ratte also bloß wieder in die Kiste zu setzen, und schon wird, selbst wenn kein Ton zu hören ist, eine Stressreaktion in Gang gesetzt.[8]

Dieses Forschungsergebnis macht deutlich: Unter starkem Stress speichert die Amygdala alle möglichen Informationen darüber, was in unserem Umfeld geschieht. In der Tat sind all unsere traumatischen Erfahrungen in einem gewöhnlich als „emotionales Gedächtnis" bezeichneten Teilbereich, oder Teilaspekt, des Gehirns gespeichert. Bei den schmerzlichen und mitunter krankhaften posttraumatischen Stressreaktionen von Kriegsveteranen stellt das emotionale Gedächtnis ein zentrales Problem dar. Bemerkt die Amygdala nämlich, dass eines oder mehrere im emotionalen Gedächtnis gespeicherte Elemente zu irgendetwas, was im Kontext einer aktuellen Situation auftaucht, in Entsprechung steht, kann dadurch eine Erinnerung reaktiviert werden – der Veteran erlebt einen Flashback. Unter Umständen wird eine Kampf-Flucht-oder-Erstarrungsreaktion ausgelöst.

Die Amygdala spielt quasi das Spiel „Wie heißt die Melodie", und solch ein Prozess läuft bei uns unentwegt ab. Den momentanen Vorgängen und Situationen in der Außenwelt misst die Amygdala diese oder jene Bedeutung zu. Das geschieht auf der Grundlage von Verdachtsmomenten, die sie den in uns gespeicherten traumatischen Erinnerungen entnimmt, und dementsprechend steuert sie dann unser emotionales Verhalten. Zum Beispiel können wir tatsächlich jemanden einfach deshalb unsympathisch finden, ihn fürchten oder gar attackieren, weil die Amygdala ein Merkmal der betreffenden Person mit jemand anderem in Zusammenhang bringt, von dem wir uns früher irgendwann einmal verletzt gefühlt haben.

Eines Tages bin ich gegenüber einer Referentin, die bei einem wichtigen Geschäftstermin Informationen von entscheidender Bedeutung vorlegte, herablassend und respektlos gewesen. Ich hatte die Frau eben erst kennengelernt, persönlich noch nie zuvor mit ihr zu tun gehabt. Normalerweise bin ich nicht schnippisch oder unhöflich zu anderen Menschen. Mein Verhalten ergab also keinen Sinn. Die Frau unternahm den Versuch, aus einer unangenehmen Situation noch das Beste zu machen. Damit kam sie allerdings nicht weit. Allen Anwesenden, sie inbegriffen, war klar, dass ich sie nicht mochte beziehungsweise dem, was sie sagte, nicht traute. Erst ein wenig später, als ich allein war, wurde mir auf einmal bewusst, dass die Frau mich in ihrem Auftreten und Verhalten an einen anderen Menschen erinnerte, der mir Jahre zuvor sehr viel Leid zugefügt hatte. Das war die treibende Kraft hinter meinem Verhalten bei dem Geschäftstermin gewesen. Mein emotionales Gedächtnis hat mich derart auf Trab gebracht, dass ich mich an fast nichts von dem erinnern konnte, was die Referentin gesagt hatte. Das emotionale Gehirn hatte dafür gesorgt, dass ich viel zu sehr mit meiner Abneigung gegen die Frau beschäftigt war, um ihr noch zuhören zu können.

Assoziiert die Amygdala ein in der gegenwärtigen Situation registriertes Element mit einem im emotionalen Gedächtnis abgespeicherten Streit, dann kann die Angelegenheit einen noch übleren Verlauf nehmen und uns dazu bringen, mit großer Heftigkeit zu reagieren – einer Heftigkeit, die angesichts der ursprünglichen Bedrohung womöglich angebracht gewesen wäre, in die augenblickliche Situation jedoch überhaupt nicht hineingehört.

So bemächtigt sich die Vergangenheit der Gegenwart. Deshalb sagen Psychologen: Wenn wir uns über etwas ärgern, hat das fast ausnahmslos nicht den Grund, den wir annehmen.[9] Sofern Ihr höheres Gehirn das negative Muster erkennt, wird es auf der Stelle einschreiten, um die emotionalen Reaktionen unter Kontrolle zu halten. Das erfordert allerdings einen ausgewachsenen mentalen Kraftakt, der dann auf Kosten eines intelligenten und aufmerksamen Umgangs mit der aktuellen Situation geht. Denn nun bleibt man im Grunde darauf festgenagelt, die negativen Emotionen, die einen innerlich aufwühlen, im Zaum zu halten, statt sich darum zu kümmern, diejenigen Dinge, die sich gerade im äußeren Umfeld abspielen, zu regeln. Das hält einen davon ab, kreativ etwas zu einer Lösung für die aktuelle Situation beizutragen, zu einer konstruktiven Entscheidung zu kommen und aus neuen Informationen Einsichten zu gewinnen. Und scheitert man in dem Bemühen, die emotionale Reaktion unter Kontrolle zu halten – was ohne Weiteres geschehen kann –, legt man letzten Endes wahrscheinlich ein Verhalten an den Tag, das einem anschließend leid tun wird.

Eines sollte Ihnen jedenfalls klar sein: Je weiter gehend das untere Gehirn das Ruder übernimmt, umso mehr stehen Sie unter Stress. Und je mehr Sie unter Stress stehen, umso gründlicher gehen die Dinge den Bach runter.

In seinen wegweisenden Studien zur menschlichen Leistungsfähigkeit kam Wesley Sime an der University of Nebraska zu dem Schluss, dass „mit zunehmendem Stress die Wahrscheinlichkeit, schlechte Entscheidungen zu treffen, immer größer wird". Die Kommunikation verkümmert und kommt zum Erliegen, angesichts von Aggression und Fluchtverhalten bleibt Ihre Kooperationsbereitschaft auf der Strecke, und die stressbedingte Ambiguitätsintoleranz[10] geht auf Kosten Ihrer Fähigkeit, kreative Problemlösungen zu finden. In einem stark stressbelasteten Umfeld, so stellte Sime fest, werden Ziele, die das Überleben sichern sollen, tendenziell an die Stelle solcher Zielsetzungen treten, die auf langfristigen Erwägungen beruhen. Die Wahrscheinlichkeit, riskante Entscheidungen zu treffen, erhöht sich dadurch beträchtlich.[11] Das entspricht nicht gerade dem, was wir uns unter einer Spitzenleistung vorstellen. Wenn in einer Firma jemand im Eifer des Gefechts beschließt, seinen Frustrationen durch Schuldzuweisungen in einer aggressiv formulierten Email, die er dann gleich an alle Kolleginnen und Kollegen in seiner Abteilung versendet, Luft zu machen, können Sie sicher sein, dass hier gerade das untere Gehirn von der Leine gelassen wurde. Vielfach gerät daraufhin bei anderen Leuten in der Abteilung das untere Gehirn ebenfalls in Wallung und macht entweder gemeinsame Sache mit dem Versender der Email oder schießt zurück. Für die schrillen Missklänge einer die Arbeitsmoral untergrabenden emotionalen Negativität, die nun ertönen, können Sie sich bei der Amygdala bedanken.

Bei der Besetzung einer wichtigen Position in einer Firma wird dort im Grunde das höhere Gehirn unter Vertrag genommen, und man hofft, dass es mit voller Leistung funktionieren und so die für eine erfolgreiche Arbeit benötigte Intelligenz produzieren wird. Bringt man das betreffende Gehirn allerdings in ein unter hohem Druck stehendes Umfeld, ohne der betreffenden Person beizubringen, wie man den Stress hinter sich lässt, dann wird sich aufgrund der Stresshormone die Gehirnleistung verringern. Chronischer Stress bedeutet: Das Stressreaktionssystem befindet sich praktisch im Dauereinsatz und sorgt unablässig für den Zustrom toxisch wirkender Hormone, wodurch die Gehirnleistung herabgesetzt wird.

Tatsache ist: Drei von vier Angestellten haben am Arbeitsplatz das Gefühl, jede Woche mindestens wegen einer Sache unter Stress zu stehen,[12] und ein Drittel von ihnen gibt an, der Stress sei außerordentlich hoch.[13] Diese Zahlen zeugen von einer Belastung, die auf die intellektuelle Leistungsbilanz einer Organisation ähnlich schwerwiegende Auswirkungen hat wie ein partieller Ausfall der Elektrizität auf die Stromversorgung einer Stadt. Das wirft die Frage auf: Um wie viel wettbewerbsfähiger und erfolgreicher wäre eine Organisation, wenn ihre Leistungsfähigkeit voll und ganz wiederhergestellt würde?

Hinzu kommt, dass Depression und Stress eng miteinander verknüpft sind. Dem Auftreten einer Depression gehen in 80 Prozent der Fälle Ereignisse voraus, die von den Betroffenen als schwere Belastung empfunden werden[14] und zu einer stark erhöhten Ausschüttung von Stresshormonen führen.[15] Die Gehirnchemie, die Sie unter günstigeren Voraussetzungen auf der Höhe des Geschehens hält, wird dadurch überfordert. Zwei mittels Positronen-Emissionstomografie in der Mayo-Klinik angefertigte Aufnahmen lasen den Einfluss auf die Gehirnfunktion erkennen.[16] Der eine Scan zeigt ein von Depression in Mitleidenschaft gezogenes und der andere zeigt ein gesundes, vor Aktivität strotzendes Gehirn. Die Abbildung der gesunden Gehirnaktivität erinnert an jenes Lichtermeer, das man erblickt, wenn man in stockfinsterer Nacht über eine Großstadt fliegt. Das unter Depression leidende Gehirn dagegen lässt eher an einen gedämpften Lichtschein denken, wie man ihn vielleicht bei einem Flug über dünn besiedeltes Farmland zu sehen bekommt. Der dramatische Unterschied führt uns vor Augen, wie signifikant die Gehirnaktivität unter dem Einfluss von Stresshormonen abnimmt. Die hell leuchtende Aufnahme entspricht jenem Gehirn, das die Vizepräsidentin eines Unternehmens gerade engagiert zu haben hofft, wenn sie jemandem eine Schlüsselposition in ihrer Abteilung angeboten hat. Die Aufnahme mit den gedämpften Lichtverhältnissen zeigt, was im Lauf der Zeit bei jemandem passieren kann, der nicht gelernt hat, über den Stress hinauszugelangen. Neurologisch betrachtet ist ein permanent unter Stress stehendes Gehirn schlicht und einfach außerstande, Tag für Tag Spitzenleistungen zu erbringen.

Stress ist eine ernste Sache

Wie ich schon zu Beginn des Kapitels sagte, ist Stress eine ernste, ja eine lebensbedrohlich ernste Angelegenheit und zählt keinesfalls zu den Dingen, bei denen man sich erst einmal getrost Zeit lassen kann, bevor man sich mit ihnen auseinandersetzt. Letzteres tun bedauerlicherweise aber die meisten Menschen nicht. Bei Umfragen stimmt zwar fast jede/r der Aussage zu, Stress mache uns krank und unproduktiv, 83 Prozent der US-Bürger unternehmen jedoch rein gar nichts dagegen – ein alarmierend hoher Prozentsatz.[17]

Und weshalb befassen die Menschen sich nicht mit Stress? Weil sie, und für die Unternehmen gilt das Gleiche, vor ihm kapituliert haben.

Inzwischen akzeptiert man Stress als die neue Normalität. Versuchen Sie doch mal, einem leitenden Angestellten ein Programm zur Stressreduzierung zu verkaufen. Höchstwahrscheinlich werden Sie aus ihrer oder seiner Richtung dann ein Stöhnen hören, gefolgt von den Worten: „Auf Wiedersehen". Solch eine Gleichgültigkeit rührt daher, dass Unternehmen in dem Bestreben, etwas für die Stressreduzierung zu tun, bereits Millionen von Dollar investiert haben. Nur hat leider bis jetzt nichts wirklich funktioniert. Im Gegenteil, im Verlauf der drei Jahrzehnte, seit es die herkömmlichen Stressbewältigungsprogramme gibt, hat das Ausmaß der Stressbelastung noch weiter zugenommen – um 30 Prozent.[18]

Sollte Ihnen ein Stressproblem zu schaffen machen, hat das in hohem Maß damit zu tun, dass Sie wahrscheinlich aufgrund von genetischen Faktoren und einer leidvollen Vergangenheit mit neuralen Verknüpfungen für ein hyperaktives Stressreaktionssystem ausgestattet sind. Der Anteil der „leidvollen Vergangenheit" ist darin zu sehen, dass Sie Eltern hatten, denen erblich bedingt die gleichen Stress auslösenden Gene mit auf den Lebensweg gegeben wurden. Und die können dazu beigetragen haben, dass Sie infolgedessen eine stressige Kindheit hatten. Entsprechende Untersuchungen fördern immer deutlicher zutage, dass Stress mit der genetischen Codierung mehr zu tun hat als mit der Arbeit, die ein Mensch verrichtet.

Timothy Judge von der University of Notre Dame, Indiana, hat 594 Zwillinge untersucht, eineiige wie zweieiige, die teils gemeinsam, teils voneinander getrennt aufwuchsen. Für das Verhältnis zur Arbeit, so stellte er fest, spielen gemeinsame Gene eine um ein Vierfaches wichtigere Rolle als die Arbeit selbst.[19] Das lässt darauf schließen, dass Arbeitsstress in weit höherem Maß mit genetischen Faktoren zu tun hat, als die Forscher einst angenommen haben. Zwei Menschen können der gleichen Arbeit unter gleichen Bedingungen nachgehen, und dennoch kann jeder von beiden am Arbeitsplatz eine völlig andere Erfahrung machen. Der eine fühlt sich gestresst, überfordert und hasst den Job, während der andere, froh und guter Dinge, sein Tagespensum mit Leichtigkeit schafft.

„Das bedeutet", erklärt Dr. Judge, „dass Stress möglicherweise weniger mit den objektiven Merkmalen des Arbeitsumfelds zu tun hat als mit dem individuellen genetischen ›Code‹."[20] Dies erklärt das Scheitern der herkömmlichen Stressbewältigungsprogramme. Denn sie betrachten Stress eher im Sinn von äußerem Druck, äußeren Belastungen, die dann zu Verhaltensproblemen führen, obgleich das stressbezogene Verhalten tatsächlich in den neuralen Netzwerken des Gehirns fest verankert ist. Häufig läuft es reflexartig ab. Eine Lösung für das Stressproblem erfordert darum neue Verknüpfungen in diesen Netzwerken. Und was das angeht, ist die Neurowissenschaft lange gegen die von ihr selbst errichtete Backsteinmauer angerannt. Hundert Jahre lang hat man geglaubt, die Struktur des Gehirns sei fest vorgegeben, deshalb könne sich, mit anderen Worten, das Gehirn nicht verändern. Demnach würden Sie, falls Sie mit einem hyperaktiven, Sie zu einem Pessimisten stempelnden Stressreaktionssystem zur Welt gekommen sind, vermutlich bis ans Grab jammern und klagen.

Nun, gründlicher hätte die Wissenschaft wirklich nicht daneben liegen können. Denn wie sich herausgestellt hat, ist das Gehirn hochgradig formbar. Beispielsweise lässt das Gehirn sich, wie Studien gezeigt haben, dahingehend verändern, dass ein Blinder – zumindest partiell – sehen kann. Oder das Gehirn kann gewissermaßen seinen Grund und Boden neu aufteilen und mit veränderten Funktionen belegen, damit Sie die durch einen Schlaganfall verloren gegangene Mobilität zurückgewinnen. Und geht es um ein für Stress vernetztes Gehirn, können Sie dafür sorgen, dass dieses Netzwerk neue Verknüpfungen bildet, indem Sie Ihre Einstellung verändern. Buchstäblich! Das nennt man Neuroplastizität. Das Buch, das Sie in der Hand halten, wird Ihnen dabei behilflich sein, diese Lösung für den Stress in die Tat umzusetzen.

Welchen Einfluss die Einstellung auf unsere Fähigkeit, erfolgreich zu sein, nehmen kann, haben zahlreiche Menschen schon lange erkannt. Thomas Jefferson hat gesagt: „Einen Mann mit der richtigen inneren Einstellung kann niemand aufhalten … einem Mann mit der falschen inneren Einstellung vermag nichts auf Erden zu helfen." Heutzutage wissen wir, dass Jeffersons Worte eine neurologische Grundlage haben. Die richtige innere Einstellung ist neuroplastisch; sie stärkt, erweitert und aktiviert neurale Netzwerke, die dem Erreichen von Zielen dienen. Hingegen lassen durch die falsche innere Einstellung hervorgebrachte Stresshormone diese Netzwerke buchstäblich schrumpfen.

Wenn ich im Lauf der Jahre in lokal veranstalteten Seminaren oder in Internet-Seminaren Teilnehmer/innen danach gefragt habe, ob Menschen dem Stress ein Ende bereiten können, haben sie die Frage zu rund 90 Prozent mit Nein beantwortet. Frage ich sie jedoch, ob Menschen die Art und Weise, wie sie das Leben erfahren, durch einen Wandel ihrer Einstellung verändern können, dann antwortet fast jede/r mit Ja. Über den engen Zusammenhang zwischen Einstellung und Stress sind sich die meisten Menschen keineswegs im Klaren. Zwischen unserer Einstellung und der Fähigkeit des Gehirns, sich in der Weise zu verändern, dass Stressreaktionen ein Ende haben und die Hirnleistungen entsprechend zunehmen, besteht jedoch ein direkter Zusammenhang. Das ist ein ganz einfacher Algorithmus: Durch einen Einstellungswandel, der Ihre Erfahrung verändert, wird buchstäblich die Struktur Ihres Gehirns verändert.

Lassen Sie uns das ein kleines bisschen vertiefen, damit Sie sehen können, was das genau heißen soll. Eine neuartige Lebenserfahrung hervorzubringen ist eine Frage der Einstellung. Und die Einstellung formt unsere Erfahrung. Verändern Sie Ihre Einstellung so, dass Sie mitfühlender sind und weniger voreingenommen, offen und nicht in einer Abwehrhaltung! Schon werden Sie Ihre Mitmenschen anders erleben. Verändern Sie Ihre Einstellung so, dass Sie nicht pessimistisch, sondern optimistisch sind, und Sie werden im Umgang mit Problemen andere Erfahrungen machen. Probleme werden dann, anstatt Ärgernisse und Schwierigkeiten zu sein, die Sie als Stress erleben, zu Herausforderungen, die Sie annehmen. Ihre neue Einstellung verhilft Ihnen sogar zur Einsicht in die Lösung für die Herausforderung. Verändern Sie Ihre Einstellung so, dass Hoffnung und Vertrauen an die Stelle von Sorge und Zweifel treten, und Sie werden das Dasein auf eine völlig neue Art und Weise erleben. Verändern Sie Ihre Einstellung so, dass innerer Friede an die Stelle von Angst tritt, und Sie werden den Stress beenden.

„Keine Angst" ist aus biologischer Perspektive gleichbedeutend mit „keine Stressreaktion". Wenn Sie sich jeden Tag darin üben, Ihre Einstellung im Sinn dieser soeben beschriebenen Grundausrichtung zu verändern, wird sich Ihr Gehirn innerhalb von nur vier bis acht Wochen neu vernetzen, um Stressreaktionen immer weiter abklingen, sie leiser werden und schließlich verstummen zu lassen, die höheren Gehirnfunktionen hingegen zu verstärken.[21]

Sollten Sie immer noch nicht glauben, dass die innere Einstellung das Gehirn in einer für Sie letztlich todbringenden Weise vernetzen und eine veränderte Einstellung dem Gehirn zu neuen Verknüpfungen verhelfen kann, die Sie genau davor bewahren, dann bedenken Sie bitte Folgendes: Zwischen Stress, der inneren Einstellung und der Chromosomengesundheit besteht ein unmittelbarer Zusammenhang. Die Chromosomen sind Träger unter anderem derjenigen Gene, die im Körper die physische Erneuerung und Schadensbehebung regulieren. Und den Chromosomen dienen ihre Enden, die sogenannten Telomere, als eine Art Schutzkappe. Aufgabe der Telomere ist es, dafür zu sorgen, dass unsere Chromosomen gesund bleiben und richtig arbeiten. Zu diesem Zweck halten die Telomere die Chromosomenenden auf ähnliche Weise zusammen, wie ein Band die zerfaserten Enden eines Seils zusammenhält. Ein „Verschleiß" der Telomere, eine Verschlechterung ihres Zustands, kann den Verlust von genetischer Information bei der Zellteilung zur Folge haben. Dann kann es geschehen, dass anschließend krankhaft veränderte Zellen entstehen, die Krebs verursachen. Außerdem bewirken zerfaserte oder verkürzte Telomere eine schnellere Alterung gesunder Zellen. Das zieht viele mit dem Alterungsprozess zusammenhängende Erkrankungen nach sich, die unsere Lebensdauer verkürzen.

Wie kommt es, dass Telomere zerfasern und kürzer werden? Die Antwort lautet: durch die Stresshormone. Stresshormone verkürzen die Telomere. Die Länge der Telomere hängt direkt mit dem Ausmaß der persönlichen Stressbelastung und der Anzahl der Jahre zusammen, in denen Sie den Stress über sich ergehen ließen.[22] Die Neuropsychologin Elissa Epel und die Nobelpreisträgerin Elizabeth Blackburn, beide von der University of California, San Francisco, führten eine Studie mit Müttern durch, die ein schwer behindertes Kind zu versorgen hatten.[23] Der Alltag verlangt diesen Müttern sehr viel ab und setzt sie so hohen Belastungen aus, dass sie sich vielfach überfordert fühlen. Die Studie zeigte unter anderem, dass ein hoher Prozentsatz dieser Mütter verkürzte Telomere hatte. Und eine Analyse ihrer Blutkörperchen machte deutlich, dass die vorzeitige Alterung bei ihnen mehr als zehn Jahre betrug – bei vorsichtiger Schätzung, wie Frau Blackburn hervorhob.

Allerdings wiesen nicht all diese Mütter die Telomerverkürzung auf. Die Telomere von Müttern, die eine positive, friedvolle Einstellung kultiviert hatten, waren nach wie vor intakt und leisteten ihren Beitrag zur Chromosomengesundheit. Infolgedessen würden diese Mütter wahrscheinlich ein erheblich längeres und gesünderes Leben haben. „Ich habe eine sehr schöne Einstellung", sagte eine der Mütter, „weil ich mir das zur Aufgabe mache. Es ist mein Ziel, eine gute Einstellung zu haben. Denn hätte ich keine gute Einstellung, wer würde dann mit mir reden wollen?"[24] Das, woran sie nichts zu ändern vermochte, hat sie angenommen, und die Herausforderung, sich zu verändern, hat sie bestanden. Die Einstellung, die sie entwickelt hat, wies über ihre Lebensumstände hinaus, und infolgedessen waren ihre Telomere nach wie vor intakt.

„Wie wir den Sinn und Zweck des Daseins erleben", erklärt Dr. Steven Cole von der University of California, Los Angeles, „scheint ein immer wiederkehrendes Thema zu sein, das mit vorteilhaften Veränderungen auf der molekularen Ebene in einem engen Zusammenhang steht."[25] Immer mehr Anzeichen weisen darauf hin, dass die innere Verfassung auf die menschliche Biologie, von der Gehirnstruktur bis hin zu den Chromosomen, prägend wirkt.

Noch erstaunlicher ist, dass es relativ wenig Zeit braucht, bis eine Einstellungsveränderung einen positiven Einfluss auf Ihre Biologie ausübt. „Die Art und Weise, wie man über die Welt denkt und zu ihr in Beziehung tritt, für die Dauer von zwei oder drei Monaten zu verändern", stellt Cole fest, „reicht tatsächlich aus, um auf der Molekularebene eine merkliche Wirkung herbeizuführen."[26] Im Fall der besagten Mütter lässt sich „die Welt" mit all den Umständen gleichsetzen, über die sie nie eine vollständige Kontrolle würden ausüben können. Demgegenüber war die innere Einstellung das Einzige, das voll und ganz ihrer Kontrolle unterlag. Für die Mütter, die eine positive und friedvolle Einstellung kultivierten, hat dies den entscheidenden Unterschied ausgemacht – biologisch, psychologisch und spirituell.

Darüber hinaus lassen die Forschungsergebnisse Edward Nelsons von der University of California, Irvine, darauf schließen, dass beschädigte Telomere wieder instand gesetzt werden können. In einer Studie, durchgeführt mit Patientinnen, die eine Krebserkrankung am Gebärmutterhals überlebt hatten, fand Dr. Nelson heraus: Wenn diese Frauen eine psychologische Beratung erhielten, durch die sich die Stressreaktion verringerte, nahm bei ihnen die Länge der Telomere wieder zu.[27]

Jede/r von uns hat den Wunsch, nach Möglichkeit ein längeres, gesünderes, glücklicheres Leben zu führen. Der Ausgangspunkt für all das, so viel haben diese Befunde deutlich gemacht, ist die Qualität Ihrer inneren Einstellung. Die Devise: „Alles eine Frage der Einstellung", ist nicht einfach nur ein Slogan oder ein Leitsatz der auf einem Poster prangt, das Sie motivieren soll, sondern sie ist genau das Richtige für Sie: *die* ärztliche Verordnung für ein besseres Leben.

Von Angst zu innerem Frieden

Derjenige Einstellungswandel, dem die eindrucksvollen Veränderungen aufgrund von Neuroplastizität zuzuschreiben sind, beinhaltet die grundlegende Wende von Angst zu innerem Frieden. Man spricht in dem Zusammenhang auch von *positiver Neuroplastizität,* und die ist der Schlüssel zu einem besseren Leben – einem Leben, in dem es Ihnen gut geht und Sie sich wohlfühlen, während Sie zusehends aufblühen. Dieses Buch thematisiert Angst und inneren Frieden nicht in einem spirituellen Sinn, sondern aus einer neurologischen Blickrichtung.

Aus neurologischer Sicht ist Angst der Auslöser, der Stressreaktionen in Gang setzt: die Angst vor Gefahr. Im Fall des modernen Menschen wird das Stressreaktionssystem freilich kaum jemals durch eine real gegenwärtige Gefahr aktiviert, durch die von einer Klapperschlange ausgehende Gefahr beispielsweise. Überwiegend werden Stressreaktionen durch eine psychologisch bedingte Form von Angst ausgelöst, durch eine Angst, die ein aufgewickeltes Seil fälschlich für eine Klapperschlange hält. „Wir Menschen sind intelligent genug, um alle möglichen Stressereignisse einzig und allein bei uns im Kopf entstehen zu lassen, ... sodass sie nur mit den eigenen Gedanken zusammenhängen, mit nichts sonst", schreibt Robert Sapolsky von der Stanford University School of Medicine.[28] Diese Gedanken rufen verstörende Emotionen hervor, die eine Bedrohungswahrnehmung produzieren und dadurch Gehirn und Geist in Aufruhr versetzen.

Kurzum: Sie selbst malen sich mit Ihren Gedanken eine Ecke aus, in die Sie sich stellen und in der Sie dann unter Stress stehen. Indem Sie aber des geistigen Musters gewahr werden, dem Sie da in die Falle getappt sind, holen Sie sich aus der Ecke, in die Sie sich selbst gestellt, und aus der Klemme, in die Sie sich so gebracht haben, wieder heraus. Gewahrsein, Aufmerksamkeit, sorgt im Gehirn für eine Art Bruchstelle in den eingefahrenen Denk- und Verhaltensmustern. Einen Moment lang entsteht somit eine Pause, die Ihnen die Möglichkeit verschafft, sich für eine positivere Handlungsoption zu entscheiden – für eine, bei der Ihr innerer Frieden gewahrt bleibt. Wenn Sie ein Stressgedankenmuster ins sichere Gewahrsein bringen, wo es hinterfragt, als Illusion erkannt und aufgelöst werden kann, wird dadurch ein neues Gedächtnis aufgebaut, das die alte konditionierte Reaktion unterbindet.[29] Bewusstes Gewahrsein regt einen neuroplastischen Prozess an, der eine spezielle, aus Gamma-Aminobuttersäurefasern (GABA-Fasern) bestehende Nervenbahn stärkt. Diese Nervenbahn reicht bis zur Amygdala, dem Angstzentrum des Gehirns, und sondert Peptide ab, die auf Angstreaktionen neutralisierend wirken. Keine Angst bedeutet: keine Stressreaktion. Und keine Stressreaktion, wie wir bereits gesehen haben: keinen Leistungsverlust des Gehirns. Das höhere Gehirn geht nun ans Netz und kann Sie anschließend darin unterstützen, eine kluge Entscheidung zu treffen. Die klügste Entscheidung aus neurologischer Sicht, so stellt sich heraus, ist die Entscheidung für inneren Frieden. Denn innerer Frieden begünstigt diejenige Gehirnchemie und -struktur, die zu größerer Intelligenz führt.

Friede beginnt da, wo der Stress endet. Lassen Sie uns also Frieden im neurologischen Sinn definieren. Soweit es Ihr Gehirn betrifft, steht Frieden für neurale Netzwerke, die sich miteinander verbinden und gemeinsam aktiv werden, um die sprichwörtliche Ruhe inmitten des Belagerungszustands aufrechtzuerhalten. Diese versetzt Sie in die Lage, sich frei von Angst mit einem Problem zu befassen, es klug zu analysieren, sich kreativ mit ihm auseinanderzusetzen und in einer gegebenen Situation die beste Wahl oder Entscheidung zu treffen, die gerade verfügbar ist. „Stressfrei sein" ist im Wesentlichen eine auf dynamische Weise friedvolle Geisteshaltung. Üben Sie sich darin, Ihre Erfahrung von Angst auf inneren Frieden umzustellen, und in einigen Wochen findet eine positive neuroplastische Veränderung statt.

Diese Umstellung von Angst auf Frieden kommt zustande, indem Sie sich an ein paar einfache Grundsätze halten: Angst loslassen. Sich weigern, sorgenvollen, pessimistischen, Stress auslösenden Gedanken Glauben zu schenken. Präsent sein, hier und jetzt, jeden Augenblick voll und ganz leben und erleben. Dem Entfaltungsprozess des Lebens vertrauen, dabei verändern, was Sie verändern können, und akzeptieren, was Sie nicht verändern können. Offen, aufrichtig und flexibel sein. Sich erden in der Aufrichtigkeit dessen, was Sie im Kern zu dem Menschen macht, der Sie sind, anstatt irgendeinem Ideal nachzueifern, von dem Sie selbst oder andere meinen, dass Sie es ihm gleichtun sollten. Selbstvertrauen haben. Zielstrebig dem nachgehen, was Sie gern tun, und dabei in Gedanken immerzu auf ein positives Ergebnis aus-

1 • EIN FÜR STRESS VERNETZTES GEHIRN

gerichtet sein. Den Menschen in Ihrem Leben positive Beachtung und Empathie entgegenbringen, und zwar vorbehaltlos. Ihnen aufmerksamer zuhören, weniger über sie urteilen, ihnen bereitwilliger vergeben und freundlicher zu ihnen sein.

Wenn ich diese Grundsätze „einfach" nenne, will ich damit nicht sagen, sie seien leicht in die Tat umzusetzen. Allerdings müssen sie auch nicht schwer umsetzbar sein. Grundsätze wollen kultiviert werden, genau wie ein Garten. Selbst wenn Sie nur einige dieser Qualitäten kultivieren, werden die schließlich zu einer Ganzheit werden, aus der eine auf dynamische Weise friedvolle Einstellung erwächst. Entwickeln und verankern Sie eine auf dynamische Weise friedvolle Einstellung in Ihrem Alltag, und innerhalb von ein paar Wochen wird diese neue Einstellung neuroplastisch werden; sie wird, mit anderen Worten, diejenige Gehirnstruktur hervorbringen, die Ihren Bestrebungen mehr Erfolg bringt, die mehr Freude in Ihre Arbeit, mehr Liebe in Ihre zwischenmenschlichen Beziehungen, mehr Ruhe und Frieden in Ihren Tagesablauf und mehr Schwung in Ihr Leben bringt.

Anhand all dieser Befunde haben mein Expertenteam und ich ein Modell entwickelt, um den Menschen zu vermitteln, wie man auf der Grundlage solcher kognitiver, emotionaler und die Einstellung betreffender Prozesse, die auf die Neuroplastizität einen günstigen Einfluss ausüben, dem Stress ein Ende bereiten kann. Das Modell, dessen Übung Sie dazu befähigt, macht Sie mit einer Reihe von Hilfsmitteln und meditativen Prozessen vertraut, aus denen sich allmählich eine individuelle Praxis entwickelt, die zum Bestandteil Ihres Alltags wird.

Das Training ist auf acht Wochen angelegt und entspricht damit jener Zeitspanne, die der neuroplastische Prozess benötigt. Für das vorliegende Buch wurde das Trainingsmodell in ein Programm umgewandelt, an das Sie sich leicht halten können. Wenn Sie die Übungen konsequent ausführen, sich also der Hilfsmittel bedienen und sich die meditativen Prozesse zu eigen machen, wird sich Ihr Gehirn dahingehend verändern, dass es dem Stress ein Ende bereitet. Wie lange das in Anspruch nimmt, hängt davon ab, wie viel und wie intensiv Sie den Übungen nachgehen. Doch selbst wenn Sie die Übungen nicht durchführen, werden die Informationen aus diesem Buch Sie ein Stück weit den Berg hinauf befördern. Aus den Hilfsmitteln und meditativen Prozessen eine persönliche Praxis für Ihren Alltag zu entwickeln kann Sie andererseits bis auf den Gipfel führen.

Sich üben bedeutet: Den richtigen Schritt immer wieder gehen, bis der Schritt Sie mühelos, fast von allein in die von Ihnen gewünschte Richtung trägt. Über die neurologische Bedeutung des inneren Friedens und das ihm innewohnende Potenzial, Ihnen zu einer optimalen Lebenserfahrung – im Beruf, im Privatleben, in Ihrem Innenleben – zu verhelfen, wissen Sie nun Bescheid. In Frieden zu sein, darauf kommt es letztlich an im Leben.

Übung erfordert Disziplin. Disziplin bedeutet einfach, dass Sie wissen, was Sie wollen, und sich dann konsequent dafür entscheiden. Die Disziplin des inneren Friedens fällt umso leichter, je häufiger Sie sich dafür entscheiden – einfach weil alles leichter fällt, wenn Sie in Frieden sind. Die Umstellung von Stress auf Frieden ist energetisch gleichbedeutend damit, sich nicht länger geschwächt, sondern lebendig und gesund zu fühlen. Mental entspricht sie dem Übergang von dem Gefühl, sich sorgen zu müssen, lustlos und von sich selbst abgekoppelt und abgeschnitten zu sein, in einen Zustand, in dem man – klar, strahlend und schwungvoll – auf sein Umfeld einzugehen vermag.

Legen wir also los. Sollten Sie den Abschnitt mit der Überschrift „Zur Handhabung des Buches" in der Einführung nicht gelesen haben, dann holen Sie das bitte jetzt nach. Wenn Sie damit bereits vertraut sind, wenden Sie sich bitte dem zweiten Kapitel zu, um mit „Schritt 1" zu beginnen. Er begünstigt den neuroplastischen Wandel, denn er hilft Ihnen, Ihrem Stressmuster mit größerem Gewahrsein zu begegnen.

Schritt 1:

Gewahrsein entwickeln

Die Einsicht, die dem Stress ein Ende bereitet, indem Sie ihn erkennen

2

Den Stress einschätzen und sich mit der Frage auseinandersetzen, auf welchem Auge Sie blind sind

Entwickeln Sie *Gewahrsein* für Ihr Stressmuster. Das ist der erste Schritt zur Befreiung von Stress. Schätzen Sie darum zunächst einmal selbst ein, welches Ausmaß der Stress derzeit bei Ihnen hat. Zu entdecken, in welchen Bereichen Ihres Lebens der Stress seine hässliche Fratze zeigt, ist der erste Schritt auf dem Weg zu innerem Wandel. Stress auslösende Verhaltensweisen werden derart zur Gewohnheit, dass Sie sie womöglich überhaupt nicht wahrnehmen, geschweige denn dabei an Stress denken. „Im Normalzustand", heißt es bei Alan Watts, „sehen wir die Dinge weniger, als wir sie übersehen", und was wir nicht sehen, kann uns dann scheinbar aus heiterem Himmel treffen.[1]

Ein Kardiologe hat mir eines Tages erzählt, es sei durchaus nichts Ungewöhnliches, dass Patienten in der Rekonvaleszenz nach einem akuten Herzproblem sagen: „Mir war überhaupt nicht klar, dass ich unter Stress stand." Dabei arbeiteten die meisten dieser Menschen üblicherweise in Jobs mit hoher persönlicher Belastung circa 50 bis 60 Stunden in der Woche und hatten seit Jahren keinen richtigen Erholungsurlaub mehr gehabt. An ein Leben unter Stressbelastung kann man sich derart gewöhnen, dass man meint, dies sei ganz normal. Manche Menschen kokettieren sogar mit dem Stress, den sie haben, als sei er so etwas wie eine Auszeichnung, eine Art Orden. Dem eigenen Verständnis zufolge gleichen sie Kriegern, die mit den Anforderungen und dem Druck daheim wie am Arbeitsplatz gut klarkommen und alles erfolgreich auf die Reihe kriegen. Bis ihnen eines Tage aufgrund eines akuten ischämischen Schlaganfalls unvermittelt der eine Mundwinkel herabhängt – Anzeichen einer halbseitigen Gesichtslähmung – oder sie im Brustbereich eine Beengtheit und einen Schmerz verspüren, der ihnen das Atmen nahezu unmöglich macht. Falls diese Menschen richtig großes Glück haben, meint mein Freund der Kardiologe, verschwinden die Symptome ganz von alleine wieder, werden aber von den Betroffenen als nicht länger von der Hand zu weisendes Warnsignal verstanden. Und sie beschließen daraufhin, kürzer zu treten. Wenn sie richtig großes Pech haben, sterben sie daran. Oder sehen sich mit einer Lähmung konfrontiert.

Dieses Buch soll Ihnen helfen, eine/r von den Glücklichen zu sein. Dazu müssen Sie sich zunächst einmal der Anzeichen und Symptome von Stress bewusst werden, damit er Sie nicht völlig unvorbereitet trifft.

Auf der folgenden Seite finden Sie das Arbeitsblatt zur Stresseinschätzung. Ich empfehle Ihnen, diese gleich anschließend vorzunehmen, indem Sie jede Aussage, die Ihre Lebenserfahrung aus jüngster Zeit beschreibt, ankreuzen oder mit einem Häkchen versehen. Die Antworten sollten dem aktuellen Stand entsprechen (sich auf die vorige Woche oder den vergangenen Monat beziehen). Lassen Sie sich Zeit, und seien Sie vollkommen ehrlich zu sich selbst. Fakten, die wir zutage fördern, meinen es gut mit uns, selbst wenn uns, was da ans Tageslicht kommt, nicht schmeckt. Bleiben sie hingegen im Dunkeln, werden unliebsame Tatsachen leicht zu Quälgeistern, die uns notorisch schwächen und schwer zu schaffen machen. Bei Licht betrachtet werden sie regelrecht zu einer Art Segnung – können wir Ihnen doch entnehmen, was wir lernen und verändern müssen, um zu leben, zu lieben und dabei auf ganzer Linie erfolgreich zu sein.

Jede von Ihnen angekreuzte Aussage spiegelt ein Anzeichen beziehungsweise Symptom von Stress wider. Wie viele Aussagen Sie ankreuzen, spielt keine Rolle. Hier handelt es sich nicht um einen jener Tests mit einem Punktestand, den Sie mit einer Diagnose gleichsetzen können, sondern um eine Selbsteinschätzung, die Ihnen ein Gefühl oder einen Eindruck davon gibt, wo Stress Auswirkungen auf Ihr Leben hat. Zugleich entwickeln Sie so ein höheres Gewahrsein dafür, auf welch

2 • DEN STRESS EINSCHÄTZEN

Die persönliche Stresseinschätzung

- ○ Aktivitäten, denen ich früher gern nachgegangen bin, machen mir inzwischen immer weniger Freude.
- ⊗ Ich kann mich nur schwer entscheiden.
- ⊗ Mein Gedächtnis und meine Konzentrationsfähigkeit sind nicht so gut, wie sie waren.
- ○ Selbst einfache Dinge sind mir lästig, oder ihre praktische Umsetzung fällt mir schwer.
- ⊗ Die Sicherungen brennen mir heutzutage schneller durch. Ich bin ungeduldiger, gereizter, leichter frustriert oder verletzt.
- ○ Verstörende Emotionen wie Angst, Paranoia, Niedergeschlagenheit, Besorgnis oder Pessimismus erlebe ich nun verstärkt oder für längere Zeit.
- ⊗ An meiner besseren Hälfte mäkele ich öfters herum, über Dinge, die in unserer Beziehung nicht richtig rund laufen, gerate ich schnell ins Grübeln, ich streite mich häufiger und mache meine Partnerin/meinen Partner für unsere Probleme verantwortlich.
- ⊗ Ich bin nicht mehr sonderlich gesellig und ertappe mich dabei, dass ich mir wünsche, die Leute – meine Freunde und meine Familie inbegriffen – sollten mich lieber in Ruhe lassen.
- ⊗ Ich esse mehr, um mit meinem emotionalen Zustand zurechtzukommen, oder habe meinen Appetit verloren.
- ○ Meinen Alkohol-, Tabak- und sonstigen Drogen-/Genussmittelkonsum habe ich nicht zuletzt deshalb erhöht, um Stress abzubauen.

- ⊗ An den meisten Tagen fühle ich mich müde, und gelegentlich bin ich richtig erschöpft.
- ○ Ich habe Schwierigkeiten mit dem Einschlafen, weil ich einfach nicht zur Ruhe komme.
- ○ Ich bin nicht mehr sonderlich zuversichtlich, dass ich meine persönlichen Probleme in den Griff bekommen kann.
- ⊗ Bisweilen fühle ich mich überfordert und außerstand, die wichtigen Dinge in meinem Leben auf die Reihe zu bekommen.
- ⊗ Ich verliere den Überblick über Kleinigkeiten, zum Beispiel wo ich meine Schlüssel hingelegt habe.
- ⊗ Ich mache mir über Dinge Sorgen, die sich ohnehin meiner Kontrolle entziehen.
- ⊗ Meine Erregung oder Frustration kann bisweilen den Punkt erreichen, wo ich mit der Faust auf den Tisch haue, Sachen durch die Gegend schmeiße, rumschreie oder mich sonst wie abreagiere.
- ⊗ Mein Interesse an Sex hat nachgelassen.
- ⊗ Ich habe das Gefühl, dass ich zu häufig krank werde. Ich habe mit der Gesundheit ernsthafte Probleme oder mache mir Sorgen, ich könnte sie bekommen.
- ⊗ Ich habe Spannungskopfschmerz, Magendarmprobleme, muskuläre Verspannungen im Rücken-, Nacken- oder Kieferbereich, oder all das gleichzeitig.

▼. Unter www.windpferd.de/stressbesiegen/arbeitsblatt-seite_43.pdf können Sie das Arbeitsblatt zum Ausdrucken herunterladen.

unterschiedliche Art und Weise sich Stress manifestiert. Denn den einen oder anderen Punkt werden Sie vorher vielleicht nicht unbedingt mit Stress gleichgesetzt haben. Wenn Sie sich dann die Ergebnisse anschauen, kommt es entscheidend auf Ihre Bereitschaft an, sich klar vor Augen zu führen, was die angekreuzten Anzeichen und Symptome besagen, und gewahr zu werden, inwiefern jedes von ihnen Sie ausbremst.

Lesen Sie sich, nachdem Sie die Einschätzung vorgenommen haben, die angekreuzten Punkte selbst vor. Tun Sie das im Plauderton, als würden Sie das Ausmaß Ihrer Stressbelastung einem vertrauten Freund beschreiben. Solch eine Aufarbeitung der Resultate sollte Ihnen intuitiv eine gute Vorstellung davon vermitteln, wie viel Ärger Ihnen der Stress im Leben macht.

Sind Sie mit der Aufarbeitung Ihrer Einschätzung fertig, dann kreuzen Sie in der nachfolgenden kleinen Liste bitte die Zeile an, die aus Ihrer Sicht das Ausmaß der persönlichen Stressbelastung am besten wiedergibt:

- ☐ extremer Stress
- ☐ hoher Stress
- ☒ mittlerer Stress
- ☐ geringer Stress
- ☐ stressfrei

Das neurologische Problem hinter jeder dieser Fragen

Die nachfolgend (in **Fett**druck) wiedergegebenen Aussagen entstammen der Fallstudie einer Person, die extremen Stress erlebt hat. Im Anschluss an die von ihr jeweils angekreuzte Aussage wird erläutert, welche Auswirkungen aus neurobiologischer Sicht das betreffende Problem aufs Gehirn hat.

Aktivitäten, denen ich früher gern nachgegangen bin, machen mir inzwischen immer weniger Freude. Neurobiologische Erklärung: Bei starkem oder chronischem Stress interagiert ein als Nebennierenglukokortikoid bezeichnetes Stresshormon mit Serotoninrezeptoren im Gehirn. Dadurch wird unsere Fähigkeit beeinträchtigt, Freude zu empfinden und motiviert zu bleiben.[2] Eine andauernd aus dem Gleichgewicht geratene Serotoninausschüttung ergibt jene Gehirnchemie, die zu Depression führt.

Ich kann mich nur schwer entscheiden. Neurobiologische Erklärung: Setzt man Ratten einer Stressbelastung aus, die sich ihrer Kontrolle entzieht, verschlechtert sich für mehrere Tage ihre Entscheidungsfähigkeit so sehr, dass sie nicht mehr herausfinden können, welche von zwei Belohnungen die größere ist.[3] Außerdem wächst mit zunehmendem Stress die Wahrscheinlichkeit, dass wir schlechte Entscheidungen treffen.[4]

Mein Gedächtnis und meine Konzentrationsfähigkeit sind nicht so gut, wie sie waren. Neurobiologische Erklärung: Akuter seelischer Stress verringert das Arbeitsgedächtnis wie auch die zukunftsbezogene Gedächtnisleistung (das prospektive Gedächtnis)[5] und bewirkt eine Umverteilung der neuralen Ressourcen zu Ungunsten der den Führungsfunktionen zugeordneten Netzwerke.[6] Soweit der Fachjargon. In der Alltagssprache würden wir normalerweise wohl eher von stressbedingten Erinnerungslücken und von Aufmerksamkeitsdefiziten sprechen – oder davon, dass die Netzwerke des höheren Gehirn außerstande sind, einen Plan durchzuführen.

Selbst einfache Dinge sind mir lästig, oder ihre praktische Umsetzung fällt mir schwer. Neurobiologische Erklärung: Aufgrund eines erhöhten Dopaminspiegels im Gehirn können Stresshormone ein Nachlassen der kognitiven Leistungsfähigkeit bewirken.[7] Und bei nachlassender kognitiver Leistungsfähigkeit kann es sein, dass uns die Bewältigung selbst leichter Aufgaben schwer fällt. Außerdem hören wir unter Stressbelastung womöglich auf, uns nach neuen Lösungen für altbekannte Aufgaben umzusehen, auch wenn eine bereits längere Zeit angewendete Methode uns kein Stück weiterbringt. Leidet das Gehirn unter Stress, besteht die Tendenz, sich einfach einem gewohnten Muster entsprechend zu verhalten. Das Gehirn beschränkt sich nun darauf, denselben unproduktiven Prozess ein ums andere Mal zu wiederholen. Letztlich mit der Konsequenz, dass wir es irgendwann satt haben und unter die betreffende Aufgabe einen Schlussstrich ziehen.[8]

Die Sicherungen brennen mir heutzutage schneller durch. Ich bin ungeduldiger, gereizter, leichter frustriert oder verletzt. Und verstörende Emotionen wie Angst, Paranoia, Niedergeschlagenheit, Besorgnis oder Pessimismus erlebe ich nun verstärkt oder für längere Zeit. Neurobiologische Erklärung: Stress steht in enger Beziehung zu Angst. Fürchten wir eine Bedrohung, dann wechselt das Gehirn in den Überlebensmodus. Die Amygdala, das Angstzentrum des Gehirns, aktiviert die Automatismen von Kampf, Flucht oder ohnmächtiger Erstarrung, und damit einhergehend schaltet sie den emotionalen Sollwert des Gehirns auf negativ. Wir werden aggressiv, wütend oder gehen in die Defensive. Denn eine feindselige Haltung angesichts von Bedrohung, so hat sich im Verlauf des Evolutionsprozesses herausgestellt, war eine bessere Überlebensstrategie als ein friedvolles und herzensgutes Verhalten, Das trifft natürlich voll und ganz zu, wenn ein Grizzlybär vor uns steht. Kaum jemand von uns hat allerdings tatsächlich schon einmal eine Bedrohung durch ein wildes Tier erlebt. Werden wir heutzutage nervös, dann geschieht das aufgrund einer vorgestellten Bedrohung, die in vielen Fällen überhaupt nicht vorhanden ist.

An meiner besseren Hälfte mäkele ich öfters herum, über Dinge, die in unserer Beziehung nicht richtig rund laufen, gerate ich schnell ins Grübeln, ich streite mich häufiger und mache meine Partnerin/meinen Partner für unsere Probleme verantwortlich. Neurobiologische Erklärung: Benjamin Karney von der University of California, Los Angeles, hat in 15-jähriger Forschungsarbeit ermittelt, dass wir mit zunehmender Stressbelastung auf das normale Auf und Ab in der eigenen Familie immer heftiger ansprechen.[9] Je stärker wir unter Stress stehen, umso eher werden wir und unser/e Partner/in miteinander in Streit geraten, einander kritisieren, die Schuld für dieses oder jenes geben und uns die Zuneigung versagen. Mit deutlich höherer Wahrscheinlichkeit werden wir die Beziehung insgesamt als negativ einstufen und den/die Partner/in für ein Problem verantwortlich machen, ohne uns darüber im Klaren zu sein, wie sehr unser Blick auf die Beziehung vom Stress getrübt ist. Darüber hinaus tragen Stresshormone zur zunehmenden Entfremdung auch durch die Schwächung des Sexualtriebs ihren Teil bei.

Ich bin nicht mehr sonderlich gesellig und ertappe mich dabei, dass ich mir wünsche, die Leute – meine Freunde und meine Familie inbegriffen – sollten mich lieber in Ruhe lassen. Neurobiologische Erklärung: Chronischem Stress ausgesetzt, hat der Mensch die Neigung, sich zurückzuziehen. Tatsächlich spielt für die menschliche Unfähigkeit, mit Stress umzugehen, die gesellschaftliche Isolation eine große Rolle.[10] Typ-A-Persönlichkeiten[11] erleben extremen Stress, suchen im Allgemeinen jedoch wenig oder gar nicht den Kontakt zu anderen Menschen, mit deren Unterstützung sie diesen am Ende eines anstrengenden Tages abschwächen und mildern könnten. Im Gegenteil – sie scheuen sich davor, Unterstützung in Anspruch zu nehmen.[12]

Ich esse mehr, um mit meinem emotionalen Zustand zurechtzukommen, oder habe meinen Appetit verloren. Neurobiologische Erklärung: Stress macht ungefähr zwei Drittel der Menschen hyperphagisch (sie essen mehr) und den Rest hypophagisch (sie essen weniger). Glukokortikoid ist das Stresshormon, das den Appetit anregt. Und es kann Stunden dauern, bis Glukokortikoide wieder vollständig aus dem Blutkreislauf verschwunden sind.[13] Nicht selten hat jemand in der Zwischenzeit längst eine Tüte Kartoffelchips, einen Softdrink und den einen oder anderen Schoko-Cookie verschlungen.

Meinen Alkohol-, Tabak- und sonstigen Drogen-/Genussmittelkonsum habe ich nicht zuletzt deshalb erhöht, um Stress abzubauen. Neurobiologische Erklärung: Stresshormone können Drogen- und Genussmittelmissbrauch auslösen[14] und erhöhen bei einem abstinent gewordenen Alkoholiker die Rückfallwahrscheinlichkeit.[15]

An den meisten Tagen fühle ich mich müde, und gelegentlich bin ich richtig erschöpft. Neurobiologische Erklärung: An einem stressigen Tag befindet sich das Stressreaktionssystem des Gehirns praktisch im Dauereinsatz – mit der entsprechenden Ausschüttung von Stresshormonen in die Blutbahn. Diese erhöhen ihrerseits die Herz- und Atemfrequenz, aktivieren außerdem das sympathische Nervensystem. Und das sympathische Nervensystem mobilisiert zu Kampf oder Flucht, oder es bewirkt hilflose Erstarrung. Das System wendet viel Energie auf und lässt uns ermüden. Daher fühlen wir uns, wenn der Tag schließlich zur Neige geht, vielfach erschöpft.[16]

Ich habe Schwierigkeiten mit dem Einschlafen, weil ich einfach nicht zur Ruhe komme. Neurobiologische Erklärung: Wer schlecht schläft, das zeigen Untersuchungen, weist im Blutkreislauf gewöhnlich einen höheren Stresshormonspiegel auf. An einem Tag mit besonders hoher Stressbelastung werden wir in der Nacht wahrscheinlich wenig schlafen. Stresshormone verringern freilich nicht nur die Schlafmenge, sondern wenn wir dann schließlich Schlaf finden, können sie darüber hinaus seine Qualität mindern.[17] Infolgedessen kehren wir am nächsten Tag mit noch weniger Energie an unseren Arbeitsplatz zurück als am Vortag.

Ich bin nicht mehr sonderlich zuversichtlich, dass ich meine persönlichen Probleme in den Griff bekommen kann. Neurobiologische Erklärung: Hat jemand das Gefühl, ein Großteil der obigen Aussagen, oder sie alle, seien zutreffend, wird es nicht weiter verwundern, dass der oder die

SCHRITT 1: GEWAHRSEIN ENTWICKELN

Betreffende sich dann auch nicht in der Lage fühlt, mit den persönlichen Problemen zurechtzukommen. Wie könnte jemand, dessen Gehirn derart schlecht funktioniert, Zuversicht in die eigene Fähigkeit zur Problembewältigung haben? Durch die erhöhte Ausschüttung von Stresshormonen werden wir deprimiert, wodurch unser Selbstwertgefühl abnimmt und die Gehirnchemie uns nicht länger in die Lage versetzt, auf der Höhe des Geschehens zu bleiben.[18]

Das alles kann sich ändern

Hinter all diesen Problemen steht ein durchaus umkehrbarer, ein reversibler Prozess. In den folgenden Kapiteln werden Sie lernen, wie Sie die Einstellung entwickeln können, die über den Stress hinausgelangt, Ihre Gesundheit und Ihr Wohlbefinden sicherstellt und Ihr höheres Gehirn zur vollen Leistungsfähigkeit aktiviert. Das Resultat der gerade vorgenommenen Stresseinschätzung ist keine unabänderliche Konstante. Vielmehr hilft es Ihnen, auf längere Sicht beurteilen zu können, welche Fortschritte Sie in Bezug auf die neurologischen Probleme machen, die ich hier auf wenigen Seiten kurz zusammengefasst habe. Nachvollziehen zu können, inwieweit es Ihnen bereits gelungen ist, diese Probleme zu verringern, wirkt außerordentlich motivierend.

Als Beispiel folgt nun der Fall einer Person, die lernt, über extremen Stress hinauszugelangen. Die hier aufgeführten Punkte stehen für die Themen, die Sie bei der anfangs vorgenommenen Stresseinschätzung angekreuzt haben. Die Verringerung der Probleme, die diese Frau mit den entsprechenden Punkten hatte, ist die Konsequenz der Anwendung jener Hilfsmittel und meditativen Prozesse, die im vorliegenden Buch beschrieben werden. An ihrem Beispiel können Sie ablesen, wie sich Ihr Leben dank Anwendung der Hilfsmittel Woche für Woche zum Vorteil verändern kann.

Nach zwei Wochen: Folgende vier Punkte sind inzwischen nicht mehr angekreuzt

- ☑ Ich mache mir über Dinge Sorgen, die sich ohnehin meiner Kontrolle entziehen.
- ☑ Die Sicherungen brennen mir heutzutage schneller durch. Ich bin ungeduldiger, gereizter, leichter frustriert oder verletzt.

☑ Verstörende Emotionen wie Angst, Paranoia, Niedergeschlagenheit, Besorgnis oder Pessimismus erlebe ich nun verstärkt oder für längere Zeit.

☑ Meine Erregung oder Frustration kann bisweilen den Punkt erreichen, wo ich mit der Faust auf den Tisch haue, Sachen durch die Gegend schmeiße, rumschreie oder mich sonst wie abreagiere.

Da diese vier Punkte nicht länger angekreuzt sind, wird sie nun der Stress auslösenden Gedanken besser gewahr sein und aktiv darauf hinwirken, dass sie solchen Gedanken keinen Glauben mehr schenkt. Infolgedessen wird sie weniger besorgt und für die Dinge, die sie früher aufgeregt haben, nicht mehr so anfällig sein. Aus diesem positiven Stimmungswandel erwächst das Gefühl, sich besser beherrschen zu können. Allmählich empfindet sie vermehrt inneren Frieden.

Nach vier Wochen: Fünf weitere Punkte sind inzwischen nicht mehr angekreuzt

☑ Aktivitäten, denen ich früher gern nachgegangen bin, machen mir inzwischen immer weniger Freude.

☑ Ich kann mich nur schwer entscheiden.

☑ Mein Gedächtnis und meine Konzentrationsfähigkeit sind nicht so gut, wie sie waren.

☑ An den meisten Tagen fühle ich mich müde, und gelegentlich bin ich richtig erschöpft.

☑ Ich habe Schwierigkeiten mit dem Einschlafen, weil ich einfach nicht zur Ruhe komme.

Nach mittlerweile vier Wochen konsequenter Übung hat die Frau in diesem Beispiel wieder mehr Freude an der Arbeit und das schöne Gefühl, mit klarem Kopf durch den Tag zu gehen, anstatt abgelenkt und müde zu sein. Gedächtnis und Konzentrationsfähigkeit haben sich verbessert, und sie kriegt mehr geschafft. Sie verfügt wieder über größere Energie und spürt, wie die Lebenskraft in sie zurückkehrt. Der niedrigere Stresshormonspiegel im System bedeutet, dass sie leichter einschläft und sich nun beim Aufwachen frisch fühlt, nicht mehr überfordert.

Acht Wochen sind mittlerweile seit ihrer ersten Stresseinschätzung vergangen, in denen sie konsequent die Hilfsmittel angewendet und die meditativen Prozesse geübt hat. Von den ursprünglich angekreuzten Punkten blieb nur noch einer übrig. Infolgedessen ist die Frau nun an ihrem Arbeitsplatz in Bestform oder zumindest nicht mehr weit von ihr entfernt. Ihre zwischenmenschlichen Beziehungen, daheim wie auch im Umgang mit Freunden, sind erfreulicher geworden und bringen ihr mehr Erfüllung. Konstruktive Gewohnheiten treten an die Stelle von destruktiven. Kurzum, durch eine grundlegende Wende in ihrer Einstellung, die zu neuen Verknüpfungen im Gehirn geführt hat, ist das Leben dieser Frau wie verwandelt.

Im Grunde ist sie nun stressfrei. Positive Neuroplastizität war der Schlüssel zu dem Umschwung. Dieses Beispiel steht repräsentativ für den außergewöhnlichen Wandel, den gewöhnliche Menschen durchlaufen können.

Der Glaube bringt die Tatsache hervor

William James, der Vater der US-amerikanischen Psychologie, hat gesagt: „Wer seinen Geist verändern kann, der kann sein Leben verändern." Und weiter: „Der Glaube bringt die Tatsache hervor." Zu visualisieren, wie dieser Glaube sich bewahrheitet, ist eine Möglichkeit, ihn zu bekräftigen und zu stärken. Stellen Sie sich also einen persönlichen Durchbruch in puncto Stress und Angst vor. Nehmen Sie sich einen Moment Zeit, und glauben Sie fest daran, dass auch Sie jene Veränderungen bewerkstelligen können, die Sie in die Lage versetzen, unliebsame Punkte von Ihrer Stresseinschätzungsliste zu streichen. Gestatten Sie Ihrer Vorstellungskraft, für einen Augenblick die Möglichkeit, sich zu verändern, wahr werden zu lassen.

- Überlegen Sie einen Moment lang, wie Sie sich bei der Arbeit fühlen wollen. Nun stellen Sie sich vor, dass Sie sich so fühlen.
- Überlegen Sie sich, welche geistige Verfassung Sie den ganzen Tag hindurch aufrechterhalten wollen. Stellen Sie sich dann vor, dass Sie diese geistige Verfassung erreichen.
- Überlegen Sie sich, wie Sie zu Ihren Kolleginnen und Kollegen sein wollen. Stellen Sie sich vor, wie Sie sich ihnen gegenüber genau so verhalten.

- Welche Gehirnleistung wollen Sie bei der Arbeit haben? Stellen Sie sich vor, dass Sie durchgängig auf der Höhe Ihrer Leistungsfähigkeit bleiben.
- Wie wollen Sie sich Tag für Tag körperlich fühlen? Stellen Sie sich vor, dass Sie sich Ihren Wünschen entsprechend fühlen.
- Überlegen Sie sich, wie Sie das Zusammensein mit Ihren Lieben verbringen wollen, wenn Sie nach der Arbeit heimkehren. Stellen Sie sich vor, dass Sie zu Hause genau so sind.

Stellen Sie nun all das, was Sie sich gerade vorgestellt haben, auf die Beine, und glauben Sie, dass dies der Prozess des Wahrwerdens ist: „Der Glaube bringt die Tatsache hervor", glauben Sie es also. Glauben Sie, dass diese Veränderung zustande kommen wird.

Ein Hilfsmittel für den Start in den Tag

Kommen wir zum ersten Hilfsmittel: „Den Tag in Ruhe beginnen". Es dient als Gegenmittel dagegen, dass Sie am Morgen hektisch zur Tür hinausstürmen, und ermutigt Sie, allmorgendlich erst einmal fünf Minuten einzuplanen, in denen Sie bewusst eine auf dynamische Weise positive und friedvolle Geisteshaltung entstehen lassen, damit Sie anschließend, voller Selbstvertrauen, den Herausforderungen des Tages gewachsen sind.

Üblicherweise beginnen die Menschen den Tag nicht gerade in einer ruhigen und bewussten Geisteshaltung. Die meisten von uns springen förmlich aus dem Bett, gießen eine Tasse Kaffee in sich hinein, oder zwei, geben den Kindern was zu essen und kleiden sie an, machen sich anschließend selbst startklar und fahren dann geradewegs hinein in den morgendlichen Verkehrsstau. Solch ein Ablauf gibt unweigerlich den Rahmen für einen Tag voller Stress vor. Demgegenüber unterstützt Sie das Hilfsmittel „Den Tag in Ruhe beginnen" darin, ganz bewusst einen höher gestimmten Gemütszustand hervorzurufen und den neuen Tag dann *so* anzugehen, damit Sie gar nicht erst in die Abwärtsspirale des Stress hineintappen. Am Schluss des Kapitels finden Sie, Schritt für Schritt, die Anleitung zur Anwendung des Hilfsmittels.

Der für dieses Hilfsmittel grundlegende Gedanke begleitet uns bereits seit der Antike. Der lateinische Leitsatz *carpe diem*, in jüngerer Zeit gewöhnlich mit „nutze den Tag" übersetzt, gibt ihn wunderbar

SCHRITT 1: GEWAHRSEIN ENTWICKELN

wieder. Der Ausdruck *carpe diem* entstammt den Oden des Horaz, der damals, zur Zeit des Augustus, Roms bedeutendster Lyriker war. Auf Lateinisch heißt *carpe* wörtlich „pflücke die Frucht" und *diem* „den Tag". Für die Römer bedeutete der Ausdruck also: „Pflücke den Tag, denn er ist reif", und aus den Worten wurde eine Überzeugung. Die moderne Übersetzung – nutze den Tag – kann nun zu Ihrer Überzeugung werden, jeden Tag bewusst zu gestalten, indem Sie die Kraft der inneren Einstellung wirksam werden zu lassen.

Eine signifikante Veränderung herbeizuführen, indem Sie sich allmorgendlich fünf Minuten dafür vorbehalten, sich ruhig hinzusetzen und sich auf eine bestimmte Geisteshaltung einzustimmen, das wird Ihnen vielleicht nicht sonderlich plausibel erscheinen. Doch wenn die Teilnehmer/innen meiner Seminare diese Übung zum Bestandteil ihrer Morgenroutine machen, berichten sie, dass sie den weiteren Verlauf des Tages viel reibungsloser erleben.

Jeden Tag so zu beginnen, dass Sie als Erstes die Kraft der inneren Einstellung zur Geltung bringen, dafür gibt es einen neurologischen Grund: Die Evolution hat das Gehirn auf den Überlebensmodus voreingestellt. Das war einst, als wir Menschen in der Wildnis lebten und es für uns jeden Tag darauf ankam zu überleben, völlig unerlässlich. Aber nun leben wir natürlich nicht mehr in der Wildnis. Bloß blieben der Evolution nicht die Jahrtausende, die sie für eine gründliche Überarbeitung des Gehirns bräuchte. Deshalb können Sie beim Aufwachen täglich darauf zählen, dass das Überlebenssystem des Gehirns schon auf Zack ist – einsatzbereit, willig und fähig, Sie beim ersten Anzeichen von Ärger, bei dem es sich in 99 Prozent der Fälle um eine bloße Fehleinschätzung Ihres unteren Gehirns handelt, mit Stresshormonen zu überfluten. Diese Voreinstellung müssen Sie schon bewusst korrigieren. Ansonsten werden Sie an diesem Tag für Stressreaktionen anfällig sein.

2 • DEN STRESS EINSCHÄTZEN

Ihre Praxis für diese Woche

Lassen Sie den Tag ganz bewusst in Ruhe angehen, indem Sie sich an den einfachen Ablauf halten, der in der folgenden Übung beschrieben wird.

Hilfsmittel

Den Tag in Ruhe beginnen

Lesen Sie diese Seite jeden Tag, bis Ihnen der ganze Ablauf völlig klar ist und Sie ihn verinnerlicht haben.

- Wachen Sie ungefähr 15 Minuten früher auf, als der Trubel losgeht.
- Setzen Sie sich an einem Ort, an dem Sie nicht gestört werden, ruhig hin. Zunächst können Sie, sofern das ungestört möglich ist, diese Übung durchführen, während Sie darauf warten, dass der Kaffee aufgebrüht wird. Später, wenn Sie mit dem Ablauf vertraut sind und er Ihnen in Fleisch und Blut übergegangen ist, werden Sie sich wahrscheinlich lieber anderswohin begeben – an einen Ort, der besser dazu beiträgt, inneren Frieden zu erreichen.
- Schließen Sie die Augen, oder senken Sie den Blick. Neigen Sie den Kopf Richtung Herz, und folgen Sie Ihrer Atmung. Fühlen Sie, wie jeder Atemzug Ihr Herz weicher werden lässt und es sich weiter öffnet.
- Fühlen Sie, wie jeder Atemzug Ihr Gehirn mit Sauerstoff belebt und Sie wach macht.
- Empfinden Sie Wertschätzung für das Geschenk eines weiteren Tages in Ihrem Leben.
- Richten Sie Ihre Intention darauf aus, einen lohnenden und produktiven Tag zu haben.
- Verpflichten Sie sich, heute positiv und innerlich in Frieden zu sein, ganz gleich, was sich draußen abspielt.
- Fühlen Sie, wie die Kraft Ihrer inneren Einstellung den Tag ergreift und ihn zu einem wundervollen Tag werden lässt.
- Rufen Sie sich in Erinnerung, was William James gesagt hat: „Wer seinen Geist verändern kann, der kann sein Leben verändern." Und: „Der Glaube bringt die Tatsache hervor."

3
Das Gewahrsein, das den Stress beseitigt

Bisher habe ich gezeigt, dass innerer Friede eine neurologisch wirksame Kraft ist: Für die Entwicklung eines kraftvollen Gehirns kommt einer auf dynamische Weise friedvollen Geisteshaltung, wie die Neurowissenschaft sie definiert, eine Schlüsselrolle zu. Ferner habe ich gezeigt, dass Stress mit psychologisch bedingter Angst gleichzusetzen ist. Er spielt sich weit mehr *in Ihnen* ab, als Ihnen *von außen* zu widerfahren. Aber erst wenn Sie anhand der eigenen Erfahrung empirisch nachvollziehen können, dass eine Aussage wirklich den Tatsachen entspricht, führt das zu einem tiefer gehenden Verständnis.

Beginnen wir also mit meiner Aussage, dass innerer Frieden Kraft bedeutet, um zu sehen, wo Ihnen die Friedensdynamik im Leben Kraft gibt. Nehmen Sie zu dem Zweck bitte ein Blatt Papier zur Hand, und listen Sie, ohne einen Blick auf die nachfolgende Auflistung zu werfen, zehn bis zwölf Eigenschaften auf, die Ihre Erfahrung kennzeichnen, wenn Sie sich auf der Höhe Ihrer Leistungsfähigkeit befinden: im *Flow* sind, völlig in etwas aufgehen, etwas Tolles auf die Beine stellen, mit Leichtigkeit etwas Bedeutsames zustande bringen. Nehmen Sie sich Zeit, und überlegen Sie, wie diese kraftvolle Erfahrung sich angefühlt hat.

Schauen Sie sich nun die kleine Auflistung auf der nächsten Seite an. Diese Liste ist typisch dafür, wie Teilnehmer/innen meiner Seminare in all den Jahren seit Einführung der Übung die Erfahrung definieren,

SCHRITT 1: GEWAHRSEIN ENTWICKELN

die sie auf der Höhe ihrer Leistungsfähigkeit machen. Verschaffen Sie sich einen Überblick, und vergleichen Sie sie mit Ihrer Liste. Jeden hier abgedruckten Eintrag, der auch auf Ihre Erfahrung zutrifft, können Sie der eigenen Liste hinzufügen.

schöpferisch	entschlossen
energiegeladen	angeregt
engagiert	ruhig
selbstbewusst	in Frieden
schnell	starkes Verbundenheitsgefühl
produktiv	Blick für das Ganze
feierlich	ein Gesamtbild ergebend
kommunikativ	leidenschaftlich
positiv	kooperativ
die freie Wahl haben	synergetisch
furchtlos	bewegend
besser zuhören können	kontemplativ

Von den Eigenschaften auf dieser Liste, die Sie auf der Höhe Ihrer Leistungsfähigkeit beschreiben, kann man ebenso gut sagen, dass sie für eine bestimmte innere Einstellung stehen. Meine Firma zur Optimierung der menschlichen Leistungsfähigkeit führt diese Übung seit neun Jahren durch, und am häufigsten wird dabei *eine* innere Qualität angesprochen: Gelassenheit und geistige Klarheit empfinden beziehungsweise in Frieden sein. Friede ist die eigentliche Grundlage für all die Eigenschaften, die hier auf der Liste auftauchen. In ihrer Gesamtheit ergeben diese Attribute eine auf dynamische Weise positive und friedvolle Einstellung, das diametrale Gegenteil jener Verfassung, in die wir unter dem Einfluss von Stress geraten.

Manche Menschen meinen, Friede sei gleichbedeutend mit bequemer Selbstzufriedenheit oder Passivität; oder er gehe auf Kosten der Bestform, auf Kosten der Fähigkeit, Spitzenleistungen zu erbringen. Kaum jemand unter uns stellt sich vor, dass Friede die Pforte ist, über die wir Zugang zur vollen Leistungsfähigkeit des Gehirns erhalten. Allerdings gibt uns die obige Liste ja wohl kaum eine Beschreibung von Selbstzufriedenheit. Und allein schon der Umstand, dass Menschen sich eine Liste einfallen lassen können, die eine auf dynamische Weise friedvolle innere Einstellung mit Spitzenleistung gleichsetzt, zeugt von einem Verständnis dieses Zusammenhangs – einem Verständnis, das vielleicht tiefer geht, als ihnen selbst klar ist. Hier muss also nicht unbedingt etwas neu erlernt werden, vielmehr kommt es darauf an, im Alltag so lange andere Schwerpunkte zu setzen, bis daraus für Sie tatsächlich eine alltägliche Erfahrung geworden ist.

Sie können gleich damit beginnen. Ich habe eine Liste mit Eigenschaften zur Charakterisierung einer auf dynamische Weise friedvollen Einstellung angelegt und nenne dort diejenigen Eigenschaften, die besonders häufig angeführt werden, wenn Menschen den Zustand auf der Höhe ihrer Leistungsfähigkeit beschreiben. Daraus habe ich dann ein Hilfsmittel zur Überwindung von Stress gemacht und es als „Attribute einer auf dynamische Weise friedvollen inneren Einstellung" bezeichnet.

Ich lade Sie ein, drei Eigenschaften auszuwählen, bei denen Sie im Lauf dieser Woche, beginnend mit dem heutigen Tag, für sich persönlich den Schwerpunkt setzen wollen. Sehen Sie sich jede Eigenschaft an, auf die Ihre Wahl fällt, eine nach der andern, und rufen Sie sich in Erinnerung, wie es sich anfühlt, so zu sein. Lassen Sie dann diese Erfahrung aus der Vergangenheit ganz real wieder erstehen, als komme sie gerade jetzt in diesem Augenblick zustande. Vermutlich werden Sie selbst überrascht darüber sein, wie lebhaft Sie sich die Erfahrung vergegenwärtigen können. Doch auch ein weniger deutliches Vorstellungsbild genügt schon. Jede Eigenschaft auf diese Weise wachzurufen setzt, während Sie sich wie gewohnt den Dingen widmen, die es am betreffenden Tag zu erledigen gilt, die Veränderung in Gang. Sie dürfen darauf vertrauen, dass Sie auf eine ganz natürliche Art und Weise die nötigen Mittel und Wege finden, alle drei Eigenschaften zu stärken und zu bekräftigen. Erhalten Sie das Gewahrsein dafür aufrecht, wo Sie den Schwerpunkt setzen wollen. Das weist Ihnen den Weg zu einer Veränderung Ihrer Erfahrung.

Auf dynamische Weise friedvoll
In dieser dreieinhalbminütigen Audio-Anleitung beschreibt Don die auf dynamische Weise friedvolle Geisteshaltung.
www.windpferd.de/stressbesiegen/1_dynamisch-friedvoll.mp3

Attribute einer auf dynamische Weise friedvollen inneren Einstellung[3]

Kreuzen Sie drei hier aufgeführte Eigenschaften an, die Sie stärken wollen.

○ gelassen	○ nachgiebig und wiederstandsfähig
○ ein klares Empfinden der eigenen Stärke und die persönliche Integrität, diese zur Geltung zu bringen, ohne dadurch andere zu überfordern	○ Vertrauen angesichts widriger Umstände
○ furchtlos	○ sich vertrauensvoll auf den Prozess einlassen
○ ohne Eile	○ Freude an der Herausforderung
○ sorgenfrei	○ sich einfühlendes Verstehen
○ selbstbewusst	○ bereit zu vergeben
○ schöpferisch	○ kein Interesse an Be- oder Verurteilung
○ offen und empfänglich, aufgeschlossen und unvoreingenommen	○ eine tief empfundene Verbindung zum eigenen Herzen, zu anderen Wesen und zum Leben selbst
○ eine vollkommen präsente Wissbegierde	○ ein jederzeit vorhandenes Gefühl für jenes Ganze, das mehr ist als die Summe seiner Bestandteile
○ energiegeladen	○ ein Gespür für das Heilige

▶ Unter www.windpferd.de/stressbesiegen/arbeitsblatt-seite_58.pdf können Sie das Arbeitsblatt zum Ausdrucken herunterladen.

Diese Attribute geben keine äußeren Umstände wieder, sondern Ihre innere Verfassung, und ihnen wohnt das Potenzial inne, Sie über die äußeren Umstände hinauswachsen zu lassen. Darin steckt enorm viel persönliche Kraft. Das deckt sich bedauerlicherweise jedoch nicht mit der Alltagserfahrung der meisten Menschen. Wie bereits im ersten Kapitel angesprochen, empfinden drei von vier Personen an ihrem Arbeitsplatz jede Woche mindestens eine Sache als Stressbelastung,[1] und ein Drittel von ihnen ist fast jeden Tag extrem gestresst.[2] Ein Gehirn unter Stress kann allerdings unmöglich dafür sorgen, dass Sie auf der Höhe Ihrer Leistungsfähigkeit bleiben. Stress hat zur Folge, dass die Funktionsfähigkeit des Gehirns schlagartig nachlässt und Ihnen dann die gegenteilige Erfahrung beschert. Werfen wir also einen Blick auf die zweite Prämisse, die besagt, dass Stress psychologisch bedingte

Angst ist – sich also weit mehr in Ihnen abspielt, als Ihnen von außen zu widerfahren. Schaun wir mal, ob sich das mit Ihrer Erfahrung deckt.

Drehen bitte das Blatt Papier um, auf dem Sie eben aufgelistet haben, welche Eigenschaften Ihrer Ansicht nach die eigenen Erfahrungen auf der Höhe Ihrer Leistungsfähigkeit kennzeichnen. Nehmen Sie sich, ohne einen Blick auf die anschließend im Buch zu findende Stressliste zu werfen, ein paar Momente Zeit, und notieren Sie zehn bis zwölf Worte oder Wendungen, die Ihnen in den Sinn kommen, wenn Sie sich darauf besinnen, unter welchen Voraussetzungen Sie persönlich im Leben Stresserfahrungen machen.

Sehen Sie sich anschließend die folgende Liste an. Dort sind die Punkte aufgeführt, die bei meinen Seminaren und bei den Referaten, die ich gehalten habe, am häufigsten genannt wurden. Nehmen Sie sich die Zeit, Ihre Liste mit der hier abgedruckten zu vergleichen. Übernehmen Sie ruhig das eine oder andere Stichwort, das auch Ihre Erfahrung charakterisiert, in die eigene Liste.

Stress wie wir ihn kennen

niedergeschlagen
Verkehrsstaus
das Gefühl festzustecken
mein/e Chef/in
mein Team
entmutigt
etwas als Niederlage empfinden
lange Sitzungen
familiäre Anforderungen
Versagensangst
Aufgabenliste
Angst

Verwirrung
Wut
Abwehr
Erinnerungslücken
emotional negativ
Konzentrationsschwierigkeiten
zurückgezogen
Kontrollverlust
Überforderung
Schlaflosigkeit
übermäßig viel Essen
Alkoholmissbrauch

Betrachten Sie diese Liste im Ganzen. So zu leben, dafür würde sich ja niemand entscheiden wollen. Umso mehr muss einen der Gedanke stutzig machen, dass das Leben vieler Menschen dennoch genau darauf hinausläuft. In Seminaren fordere ich die Teilnehmer/innen als Nächstes auf, ihre Stressliste durchzugehen und zu ermitteln, bei welchen Einträgen es um etwas Innerliches geht, also um etwas, das ihre geistige

SCHRITT 1: GEWAHRSEIN ENTWICKELN

Verfassung widerspiegelt, und bei welchen Einträgen um äußere Faktoren, die ihnen durch die Umstände auferlegt werden. Ich lade Sie nun ein, anhand Ihrer Liste ebenfalls diese Übung vorzunehmen. Gehen Sie jeden Punkt durch, und entscheiden Sie, ob er für einen inneren Zustand steht oder für eine äußerlich auferlegte Bedingung.

Untenstehend finden Sie die eben vorgelegte Stressliste nun ein weiteres Mal, jetzt allerdings mit einer Kennzeichnung jedes einzelnen Punkts, je nachdem ob die Teilnehmer/innen ihn als innere Erfahrung oder als einen äußerlichen Faktor eingestuft haben. Die mit (I) gekennzeichneten Punkte wurden von der Gruppe als etwas Innerliches, die mit (Ä) gekennzeichneten Punkte hingegen zunächst als etwas Äußerliches eingeschätzt, während der Vermerk (B) besagt, dass hier beides, innen und außen, eine Rolle spielt. Der Liste können Sie entnehmen, dass diese Punkte in ihrer weit überwiegenden Mehrzahl als innere Reaktion gewertet wurden.

Stress: innerlich oder äußerlich?

niedergeschlagen (I)
Verkehrsstaus (B)
das Gefühl festzustecken (I)
mein/e Chef/in (Ä)
mein Team (Ä)
entmutigt (I)
etwas als Niederlage empfinden (I)
lange Sitzungen (Ä)
familiäre Anforderungen(B)
Versagensangst (I)
Aufgabenliste (B)
Angst (I)

Verwirrung (I)
Wut (I)
Abwehr (I)
Erinnerungslücken (I)
emotional negativ (I)
Konzentrationsschwierigkeiten (I)
zurückgezogen (I)
Kontrollverlust (I)
Überforderung (I)
Schlaflosigkeit (I)
übermäßig viel Essen (I)
Alkoholmissbrauch (I)

Wenn ich die Teilnehmer/innen bat, sich die als äußerlich eingestuften Punkte genauer anzuschauen, haben sie häufig entschieden, dass man sie in den meisten Fällen tatsächlich im doppelten Sinn definieren kann, als äußerlich und innerlich (markiert mit einem B). Zum Beispiel ist ein Verkehrsstau beides, der Rückstau einer langen Schlange von Autos, aber auch die Art und Weise, wie man mit dieser Autoschlange umgeht.

Gleiches kann man von einer Aufgabenliste sagen, die sich in der gegebenen Form nicht in die Tat umsetzen lässt. Versuchen Sie mit Hilfe des Gelassenheitsgebets, das Gefühl von sehr starkem Stress, das Sie angesichts Ihrer Aufgabenliste manchmal überkommt, zu verändern. In dem Gebet heißt es: „Gib mir die Gelassenheit, Dinge hinzunehmen, die ich nicht ändern kann; den Mut, die Dinge zu ändern, die ich ändern kann; und die Weisheit, das eine vom anderen zu unterscheiden."

Ich lade Sie ein, sich Ihre Liste mit den noch zu erledigenden Aufgaben anzuschauen und dann, nachdem Sie das Gebet gesprochen haben, in Betracht zu ziehen, solche Punkte loszulassen, von denen Sie wissen, dass Sie sie unmöglich werden erledigen können; zumindest nicht in absehbarer Zeit. Ordnen Sie anschließend diejenigen Punkte, die anzugehen Sinn macht, nach Priorität, und sehen Sie sich dann nochmal an, wie es um Ihre Stressbelastung steht.

Indem Sie Ihre Stressliste betrachten, zeichnet sich für Sie allmählich ab, wie viel von dem, was eine schwächend wirkende Stressreaktion auslöst, sich weit mehr in Ihnen abspielt, als dass es Ihnen von außen widerfährt. Wenn wir innehalten und einmal tief Luft holen, können wir erkennen, dass wir hier vor einer Wahl stehen: Entweder können wir uns entscheiden, weiterhin in jenem Stressreaktionsmodus zu verharren, der uns schwächt, oder Verantwortung für die eigene geistige Verfassung übernehmen. Das ist der erste Schritt, mit dem wir unser Gehirn dahingehend verändern, dass sich unsere Erfahrung wandelt. Und an dem Schritt führt kein Weg vorbei.

Das soll nicht heißen, wenn Ihnen die Arbeitsstelle gekündigt oder Ihnen die Diagnose einer schweren Erkrankung oder die anstehende Zwangsversteigerung Ihres Hauses mitgeteilt wird, widerfahre Ihnen all das tatsächlich gar nicht. Doch selbst unter den allerschlimmsten Umständen können wir immer noch solch einen transformierend wirkenden Wandel in Gang setzen. Am Leben Viktor Frankls zeigt sich beispielhaft die außergewöhnliche Fähigkeit eines gewöhnlichen Menschen, selbst über eine scheinbar hoffnungslose Situation hinauszugelangen. Frankl, ein österreichischer Neurologe, Psychiater und Holocaust-Überlebender, hat drei Jahre in Auschwitz und Dachau verbracht, wo er als Arbeitssklave eingesetzt wurde. Seine Frau und, abgesehen von einem einzigen Familienmitglied, all seine unmittelbaren Angehörigen sind durch die Hand der Nazis gestorben. In den Lagern

SCHRITT 1: GEWAHRSEIN ENTWICKELN

übernahm Frankl, so gut er unter den gegebenen Umständen dazu in der Lage war, die Organisation einer medizinischen Grundversorgung für die Gefangenen und richtete darüber hinaus eine Abteilung ein, in der selbstmordgefährdete Lagerinsassen unter Beobachtung bleiben konnten.

Als er die Männer behandelte, fand er etwas Wichtiges heraus. Wollte man eine Aussage darüber treffen, wer vor dem Hintergrund der unsäglichen physischen und psychischen Misshandlungen in den Lagern die besseren Überlebenschancen hatte, dann fiel regelmäßig *ein Faktor* besonders ins Gewicht: die innere Einstellung. „Was hier not tut", schrieb Frankl, „ist eine Wendung in der ganzen Fragestellung nach dem Sinn des Lebens: Wir müssen lernen und die verzweifelnden Menschen lehren, *dass es eigentlich nie und nimmer darauf ankommt, was wir vom Leben zu erwarten haben, vielmehr lediglich darauf: was das Leben von uns erwartet!*"[4]

Später wurde Frankl zum Begründer einer als Logotherapie bekannten Schulrichtung der Psychologie und schrieb über seine Erfahrungen in den Konzentrationslagern ein Buch mit dem Titel *Der Mensch vor der Frage nach dem Sinn*. Dieses wurde von der öffentlichen Forschungsbibliothek des US-Kongresses, der Library of Congress, zu einem der zehn einflussreichsten Bücher in den USA erklärt.[5] Des Öfteren erhielt Frankl Einladungen, an bedeutenden Universitäten in aller Welt, einschließlich der Harvard University, als Gastprofessor Vorlesungen zu geben. Dabei kam es recht häufig vor, dass in der Phase mit Fragen und Antworten am Ende seiner Vorlesung jemand aus dem Publikum ihn als einen großartigen Menschen, ja als eine Art Lichtgestalt pries. Immerhin sei es ihm ja gelungen, den blanken Horror, mit dem er konfrontiert gewesen war, auf eine Art und Weise zu überwinden, wie es die meisten Menschen nicht gekonnt hätten. Solche Lobpreisungen wies Frankl entschieden zurück. Dies komme einer Selbsterniedrigung gleich, einer Kapitulation. Wer so denke, nehme die persönliche Verantwortung dafür, *seinen* Weg zu gehen, ganz gleich wie die äußeren Umstände beschaffen sind, *nicht* wahr. Er beteuerte, dass die Einstellung, die ihn während all der Torturen am Leben hielt, als Potenzial in jedem von uns vorhanden ist. „Auch dort", heißt es in seinem Buch, „wo wir mit einem Schicksal konfrontiert sind, das sich nicht ändern lässt ..., ja gerade dort, lässt sich das Leben noch immer sinnvoll gestalten, denn dann können wir sogar das Menschlichste im Menschen verwirklichen, und das ist seine Fähigkeit, auch eine Tragödie – auf der menschlichen Ebene – in einen Triumph zu verwandeln."⁶ Während der jüngsten Wirtschaftkrise haben wir alle von Menschen gehört, die ihren Arbeitsplatz verloren und ihr Haus zwangsversteigern lassen mussten. Manche US-Amerikaner hatten mit bereits vorher vorhandenen Gesundheitsproblemen zu kämpfen, jedoch keine Krankenversicherung mehr, die für die Behandlungskosten aufkam. Was die Betreffenden durchmachten, konnte ich gut nachvollziehen. Denn ich hatte so etwas auch schon erlebt.

Tatsächlich trafen mich seinerzeit drei Schicksalsschläge fast zur selben Zeit. Vor 25 Jahren brach das, was ich als meinen ausgewachsenen Stresswirbelsturm bezeichne, über meine Frau herein. Meine Arbeitsstelle an der Stanford Medical School – dort arbeitete ich mit Menschen zusammen, die in ihrem jeweiligen Bereich zur absoluten Weltspitze zählten – verlangte mir Höchstleistungen ab, und ich befand mich damals gerade auf dem Höhepunkt meiner Karriere. Innerhalb von nur einer Woche wurde mein Leben jedoch komplett auf den Kopf gestellt. Zu Beginn jener Woche hat man mich von meinem Job an der Stanford Medical School gefeuert, und am Ende der Woche wurde ein Gehirntumor bei mir diagnostiziert. Mit meiner Frau hatte ich vier kleine Kinder, ich musste Hypotheken mit variablem Zinssatz abbezahlen. Der Zins war mittlerweile derart in die Höhe geschnellt, dass die Arbeitslosenunterstützung oder die Zahlungen aus der Arbeitsunfähigkeitsversicherung die laufenden Kosten unmöglich decken konnten. Und als sei das nicht schon schlimm genug, stand meine Ehe auf der Kippe. Jahrelang war ich eher mit meinem Beruf verheiratet gewesen als mit meiner Frau, und durch den Stress der ganzen Situation wurde der eine oder andere Riss, den unsere eheliche Verbindung ohnehin schon erhalten hatte, nur noch weiter vertieft.

Wie sähe Ihre Reaktion aus, würden sich die finsteren Wolken solch eines Stressorkans über Ihrem Leben zusammenbrauen? Würden Sie dann wütend die Faust gen Himmel recken und ausrufen: „Warum ich?" Eine Zeit lang habe ich das getan. Würden Sie sich zu einem Knäuel aus nackter Angst zusammenrollen und versuchen, vor der Wirklichkeit die Augen zu verschließen? Auch das habe ich getan. Oder würden Sie den Tatsachen direkt ins Auge blicken und sagen: „Toll, welch eine Gelegenheit, ›das Menschlichste‹ in mir zu verwirklichen und ›eine Tragödie – auf der menschlichen Ebene – in einen Triumph zu verwandeln‹", wie Viktor Frankl es getan hat? Bei mir lief die Geschichte anfangs ganz anders, keine Frage.

Das einzig Gute an meiner Situation war, dass der Hirntumor ziemlich langsam wuchs. Das verschaffte mir tatsächlich jene sechs Wochen Zeit, die es dauerte, bis im prall gefüllten Terminkalender des besten Neurochirurgen in der Region ein freier Operationstermin zu ergattern war. Andererseits bedeutete es jedoch, dass mir auch viel Zeit blieb, über diesen Schicksalsschlag zu grübeln. Der Chirurg hatte mir geraten, mich seelisch darauf einzustellen, womöglich eine Gesichtslähmung davonzutragen, halb taub zu sein, ein Laufgestell zu benötigen, um im Zimmer von A nach B zu kommen, nebst einer Warnung vor weiteren Furcht einflößenden Komplikationen, die durch einen chirurgischen Eingriff am Gehirn hervorgerufen werden könnten.

Solche Aussichten jagten mir Angst ein. Dass mich in solch einer physischen Verfassung noch jemand würde einstellen wollen, hielt ich für undenkbar. Das hieß, mit meiner Karriere war es aus und vorbei, für meine Familie schien der Weg ins Armenhaus unausweichlich vorgezeichnet zu sein, und ich würde am Ende meiner Tage wie ein Versager dastehen. Während der ersten Wochen wachte ich Nacht für Nacht in den frühen Morgenstunden auf und starrte, von Angst überwältigt, aus dem Fenster hinaus in die Finsternis.

Eines Nachts gelangte ich an den Punkt, an dem ich mich fragte, was schlimmer war: Dieser riesige Wust von Problemen, vor denen ich stand, oder das Riesenproblem mit der Angst, die ich in mir trug. Irgendwie habe ich es schließlich geschafft, mich innerlich über die Angst und den Stress zu erheben und an einen Ort des Friedens und der Ruhe zu gelangen. In der entspannten Atmosphäre, die sich daraufhin einstellte, begriff ich Folgendes: Die Dinge würden wesentlich günstiger für mich stehen, wenn ich, anstatt mich andauernd selbst in Bedrängnis zu bringen, indem ich im Geist eine Untergangsstimmung in düstersten Farben heraufbeschwöre, eine vertrauensvolle Einstellung entwickeln könnte. Ich hatte zwar keine Idee, wie sich die Dinge zum Guten wenden könnten. Aber solch eine veränderte Einstellung, das zumindest konnte ich sehen, würde bewirken, dass es mir ungleich viel besser ginge.

Auf der Stelle beschloss ich, am Loslassen von Angst und Stress zu arbeiten, meine Bereitschaft, in Frieden zu sein, zu stärken und Vertrauen zu haben, während ich jenen Dingen begegnete, denen ich am betreffenden Tag eben begegnen müsste.

3 • DAS GEWAHRSEIN, DAS DEN STRESS BESEITIGT

Mir blieb es nicht erspart, mich an der Stanford Medical School noch einen Monat lang an meinem bisherigen Arbeitsplatz verfügbar zu halten, um in meinem Ressort für einen geregelten Übergang zu sorgen. Eigentlich eine ungewöhnliche Vereinbarung. Und ich hasste es, einen Monat lang täglich wieder dorthin zurückkehren zu müssen, aber das war nun mal Bestandteil der Abfindungsregelung. Dank meiner neu gewonnenen inneren Einstellung veränderte sich jedoch mein emotionales Verhältnis zu diesem Umstand. Nun wollte ich einfach gute Arbeit leisten und alles wohlgeordnet übergeben. Als ich nächstes Mal an den Arbeitsplatz kam, stellte ich fest, dass die üblichen Stressfaktoren mir keine Probleme bereiteten. Die Dinge locker zu nehmen gelang mir viel besser. Ich hatte eine klarere Vorstellung, was ich erreichen konnte und was nicht; worauf ich steuernd Einfluss nehmen konnte und worauf nicht. Ich konzentrierte mich einfach auf die Bereiche, in denen ich etwas bewirken konnte. Selbst zu Leuten, die ich zuvor als Widersacher, als meine Gegner, angesehen und für meine Entlassung verantwortlich gemacht hatte, war ich freundlich.

Angstbesetzten, urteilenden Gedanken und Wahrnehmungen schenkte ich nicht länger Glauben. Und zwar vor allem deshalb, weil ich meinem Geist jede Chance zur Heilung einräumen wollte – in der Hoffnung, das werde mein Gehirn heilen. Noch bis wenige Tage vor der Operation habe ich gearbeitet und mich in all der Zeit, soweit ich mich entsinne, keinem einzigen negativen Gedanken hingegeben. Sich dafür zu entscheiden, in Frieden zu sein, war gar nicht so schwer, wie ich gedacht hatte. Im Gegenteil, es erleichterte alles.

Meine veränderte Einstellung veränderte das Ergebnis. Der chirurgische Eingriff am Gehirn war ein voller Erfolg, und mir blieb es erspart, den Rest meines Lebens behindert und erwerbsunfähig zu sein. Heutzutage würde die Medizin das positive Ergebnis als eine Konsequenz meiner positiven Geisteshaltung betrachten. Durch sie entsteht die Art von Verbindung zwischen Geist und Körper, die dafür sorgen kann, dass eine medizinische Intervention, anders als prognostiziert, über alle Maßen gut anschlägt. Tatsächlich hat man damals seitens der Stanford Medical School sogar die Kündigung revidiert. Der Dekan eröffnete mir die Möglichkeit, mich um eine Stelle in einem anderen Fachbereich zu bewerben. Der Institutsleiter, der mich schließlich eingestellt hat, sagte mir, ihm sei es wegen meiner positiven Einstellung wichtig, mich bei sich im Team zu haben. Zu guter Letzt habe ich Stanford aber den Rücken gekehrt und eine ganz neue Richtung eingeschlagen, mit der ich mehr meinem Herzen folgte. Wäre ich weiter gestresst und verängstigt geblieben, dann wäre all das nicht eingetreten. Nichts daran war eine heroische Großtat. Da gab es lediglich eine Entscheidung, die ich traf, um nicht länger unter mir selbst zu leiden.

Während der Wirtschaftkrise habe ich mit einer Reihe von Leuten gearbeitet, die zum selben Schluss gekommen sind und in der Folge ihre emotionale Stärke und jenes kreative Denken zurückerlangt haben. Beides versetzte sie in die Lage, sich aufzurappeln und wieder auf die Beine zu kommen.

Über Stress und Angst haben wir mehr Kontrolle, als wir es uns vielleicht vorstellen. Wir können uns selbst darauf ausrichten, in Frieden zu sein, ungeachtet der äußeren Umstände. Friede erwächst ganz natürlich aus der Entscheidung, von unserem höheren Gehirn Gebrauch zu machen, anstatt zuzulassen, dass das untere Gehirn von uns Gebrauch macht.

Bei den meisten Punkten auf der Stressliste geht es in der einen oder anderen Form um psychologisch bedingte Angst, hervorgegangen aus den Funktionen des unteren Gehirns, das zwischen einer wirklich vorhandenen und einer eingebildeten Gefahr nicht unterscheiden kann. Egal ob eingebildet oder tatsächlich vorhanden – in beiden Fällen setzt das untere Gehirn eine Stressreaktion in Gang. Kurzum, eine psychologisch bedingte Angst entsteht dadurch, dass der Geist einen Notfall vorgaukelt und das Gehirn annimmt, dies sei ein realer Notfall. Mit seiner Feststellung: „Mein Leben war eine Abfolge schrecklicher Ereignisse, von denen die meisten nie eingetreten sind", hat der große französische Essayist Michel de Montaigne diesen Sachverhalt wunderbar auf den Punkt gebracht.[7]

Um festzustellen, wie viele von den Katastrophen, die wir uns ausmalen, tatsächlich eintreten, hat man an der Cornell University eine Studie durchgeführt.[8] Bei der Studie hat man die Probanden gebeten, über einen Zeitraum von zwei Wochen hinweg all ihre Sorgen aufzuschreiben, um anschließend herauszufinden, welche von ihnen sich tatsächlich bewahrheitet haben. Die Studie ergab, dass 85 Prozent von dem, worüber die Probanden sich sorgten, niemals eintraf. Und bei jenen 15 Prozent der Sorgen, die sich bewahrheiteten, kamen 79 Prozent der Probanden mit der Situation unerwartet gut zurecht. Die Ergebnisse lassen darauf schließen, dass wir uns in 97 Prozent der Fälle

3 · DAS GEWAHRSEIN, DAS DEN STRESS BESEITIGT

völlig unnütz Sorgen machen. Könnten wir unsere von Angst erfüllten Gedanken in den Griff bekommen – Gedanken, die eingefahrenen Gewohnheitsmustern folgen, oft unbewusst sind und uns manchmal unablässig durch den Kopf gehen –, dann könnten wir dem Stress, so wie wir ihn kennen, ein Ende bereiten. Dieses Buch gibt Ihnen eine Reihe simpler Werkzeuge an die Hand, mit deren Hilfe Sie sich daranmachen können, die psychologisch bedingte Angst aus dem Verkehr zu ziehen.

In Seminaren unterstütze ich die Teilnehmer/innen durch einen geführten meditativen Prozess dabei, in ein noch nicht sehr lange zurückliegendes Stressgeschehnis hineinzugehen. Dabei machen wir uns ihre Vorstellungskraft zunutze, um die Erfahrung möglichst lebendig wieder erstehen zu lassen. Anschließend lasse ich sie zuerst ihre *geistige Reaktion* notieren, dann ihre *emotionale Reaktion* und schließlich ihre *körperliche Reaktion*. Zu guter Letzt bitte ich sie, jede *Veränderung in ihrer Einstellung*, die möglicherweise eintrat, als sie sich von dem Stressgeschehen lösten, schriftlich festzuhalten. Anhand einer Skala von 0 bis 100, wobei 100 für eine extreme Reaktion steht und 0 für keinerlei Reaktion, schätzen die Teilnehmer/innen ein, wie intensiv ihre Reaktion in jeder der vier Kategorien (mental, emotional, körperlich und in puncto veränderte Einstellung) gewesen ist. Stets versehen sie die geistige Reaktion auf ein stressbetontes Geschehen mit einer sehr hohen Punktzahl, die zwischen 85 und 100 liegt. Nicht weit dahinter folgt eine starke emotionale Reaktion, doch normalerweise stehen die stressbelasteten Gedanken auf Platz eins. Die körperlichen Reaktionen hinken im Allgemeinen hinter den Emotionen her. Außerdem berichtet praktisch jede/r, unter dem Stressgeschehen habe die Einstellung gelitten.

Im Wesentlichen besagen die Daten Folgendes: Die Ausschaltung des Stressreaktionssystems hat mehr damit zu tun, dass Sie Ihr negatives, Stress auslösendes Denken verändern, und gar nicht so viel mit einer Veränderung der äußeren Umstände. Stress ist eindeutig eine innere Angelegenheit, und Friede ebenso. Beides beginnt mit Ihren Gedanken und erstreckt sich von dort aus in die äußere Welt. Ein ängstlicher, sorgenvoller Geist bringt eine stressbelastete Wahrnehmung der Welt hervor. Entsprechend erwächst aus einem auf dynamische Weise positiven und friedvollen Geisteszustand eine stressfreie Erfahrung.

SCHRITT 1: GEWAHRSEIN ENTWICKELN

Das Hilfsmittel
Die Gedanken aufmerksam wahrnehmen

Uns steht ein Werkzeug zur Verfügung, mit dessen Hilfe wir uns den Übergang von Stress zu innerem Frieden ermöglichen und den Schaden, den eine ungesunde Geisteshaltung vielleicht anrichtet, beheben können. Wir nennen es das Hilfsmittel „Die Gedanken aufmerksam wahrnehmen": *Stattdessen könnte ich die Erfahrung von Frieden machen.*[9]

Für die Anwendung dieses Hilfsmittels kommt es zunächst einmal darauf an, die Aufmerksamkeit auf belastende, ängstliche Gedanken, auf besorgniserregende Situationen, „ärgerliche" Personen oder Geschehnisse zu richten, und auf alles, was bei Ihnen sonst noch stressige, unfreundliche, feindselige oder pessimistische Gedanken hervorruft. Machen Sie sich zu alldem ein paar Notizen, und achten Sie darauf, wie sich die Gedanken in negative Emotionen verwandeln, die es mit sich bringen, dass Sie eine Bedrohung wahrnehmen.

Versuchen Sie nicht, während Sie diese negativen Gefühle eines nach dem anderen erleben, sie in irgendeiner Weise zu verändern. Beobachten Sie sie einfach. Und falls Sie angesichts der negativen Gedanken und Gefühle, die Sie bei sich feststellen, sich selbst kritisieren, sich Vorwürfe machen oder verurteilen, dann beobachten Sie auch das – als einen weiteren negativen Gedanken. Sagen Sie sich, während Sie sich solche Stress auslösenden Gedanken anschauen: *Dieser Gedanke oder dieses Gefühl existieren in mir, nicht in der äußeren Realität.* Nehmen Sie sich dann einen Moment Zeit, bis Ihnen voll und ganz klar geworden ist, dass es sich diesbezüglich genau *so* verhält.

Schenken Sie einem Gedanken, der Sie mit Stress belastet, keinen Glauben. Für diese Übung gibt es einen einfachen Grund: Wenn Sie einem belastenden, ängstlichen, pessimistischen Gedanken keinen Glauben schenken, hat er keine Macht mehr über Sie. Er ist dann lediglich ein weiterer Gedanke, der kommt und geht, anstatt sich anschließend in Form von Stress, Angst oder Depression zu manifestieren.

Wenn Sie so weit sind, dann sagen Sie sich: *Stattdessen könnte ich die Erfahrung von Frieden machen.* Ihr Augenmerk auf die Idee zu lenken, dass es eine friedvolle Alternative gibt, und sich diese Idee bedachtsam immer wieder vor Augen zu führen, wird Ihnen zu einer positiven Veränderung Ihrer Weltwahrnehmung verhelfen.

3 • DAS GEWAHRSEIN, DAS DEN STRESS BESEITIGT

Rufen Sie sich zu guter Letzt, während sich Ihre Einstellung verändert, in Erinnerung, dass solche negativen Gedanken und Gefühle zwar *in* Ihnen, jedoch nicht mit dem *gleichzusetzen* sind, was *Sie* ausmacht. Vielmehr kommen und gehen sie wie die Wolken am Himmel, während die Essenz Ihres Seins dem blauen Himmel gleicht, über den die Wolken wandern und den sie manchmal verdecken. Lassen Sie Ihren Geist vollständig los. Werden Sie für einen Moment zum blauen Himmel.

Wenden Sie das Hilfsmittel „Die Gedanken aufmerksam wahrnehmen" täglich an, über den ganzen Tag hinweg, bis es zu Ihrer unmittelbaren Reaktion auf Stress auslösende Gedanken und Wahrnehmungen wird. Am Schluss des Kapitels finden Sie, Schritt für Schritt, die Anleitung zur Anwendung dieses Hilfsmittels.

Indem Sie diesen meditativen Prozess üben, wird Ihr unteres Gehirn allmählich ruhiger werden. Die uns belastenden ängstlichen Gedanken laufen großenteils unbewusst ab, außerhalb unseres Gewahrseins. Solange wir uns solche Gedanken nicht bewusst machen, werden sie weiterhin automatisch das Stressreaktionssystem in Gang setzen. Erhält das untere Gehirn von Ihnen jedoch die Mitteilung, dass dieser oder jener Gedanke bloß ein Gedanke ist, keine Notfallsituation, und es nichts zu befürchten gibt, wird es sich nach und nach entspannt zurücklehnen. Auf diese Weise bleibt Ihnen nicht nur all die Energie erhalten, die ansonsten von den stressigen Gedanken verbraucht werden würde, sondern Sie werden so zugleich davon abgehalten, einen paranoiden, lediglich aus einer fehlerhaften Wahrnehmung und Fehleinschätzung hervorgegangenen Gedanken derart auszuagieren, dass es Ihnen anschließend leid tun wird.

An einem Tag, an dem Sie besonders viel zu tun haben oder den Sie als besonders belastend empfinden, können Sie sich mit einer kürzer gefassten Anwendung dieses Hilfsmittels begnügen. Jedes Mal wenn ein ängstlicher Gedanke einen Vorstoß in den Bereich Ihres emotionalen Wohlbefindens unternimmt – in Form von Niedergeschlagenheit, Angst oder Besorgnis –, können Sie intervenieren, indem Sie einfach einmal tief durchatmen, Ihren Geist einen Moment lang loslassen und sich dann in Gedanken sagen: „Anstelle dieses Gefühls [der Niedergeschlagenheit, Angst oder Besorgnis] kann ich Frieden in mich einkehren lassen." Wiederholen Sie die Aussage in Gedanken so lange, bis Sie eine Erleichterung verspüren.

SCHRITT 1: GEWAHRSEIN ENTWICKELN

Üben Sie sich immer wieder darin, das Hilfsmittel „Die Gedanken aufmerksam wahrnehmen" anzuwenden. Denn genau das – üben, üben, üben – ist der Schlüssel zu seiner Wirkung. Zuerst werden Sie es vielleicht nicht sonderlich gut handhaben können, die Umsetzung schwierig finden, ja womöglich nicht einmal daran denken, es anzuwenden. Aber bleiben Sie am Ball. Mit zunehmender Übung fällt Ihnen die Anwendung nicht nur immer leichter, sondern sie wird auch immer wirkungsvoller. Zu guter Letzt verändert dieses Hilfsmittel den Autopiloten Ihres Gehirns: Aus einem Autopiloten, der aufgrund seiner eingefahrenen Gewohnheiten lediglich Stress produziert, wird einer, der dafür sorgt, dass Sie in Frieden sein können.

Die folgenden Beispiele führen Ihnen vor Augen, welch riesengroßen Unterschied die Anwendung des Hilfsmittels „Die Gedanken aufmerksam wahrnehmen" ausmachen kann. Die Beispiele zeigen Ihnen zwei Menschen mit sehr unterschiedlichen Problemen. Trotzdem, jeder von beiden erlebt mit seinem jeweiligen Problem den gleichen Stress.

Im ersten Fall geht es um einen Mann, dessen Frau unlängst nach langer Krankheit verstorben ist. In seinem Kummer gibt er sich Grübeleien hin, was er für sie alles hätte tun können und sollen. Und diese Gedanken verwandeln sich in die Angst, womöglich habe er versagt, sie im Stich gelassen. Er meint, besser hätte er wohl die Arbeit an den Nagel gehängt, um in den letzten Monaten ihres Lebens bei ihr zu Hause sein zu können – lässt dabei freilich außer Acht, dass dies den drohenden Verlust der Krankenversicherung zur Folge gehabt hätte. Er denkt über die letzten paar Tage im Leben seiner Frau nach, jene Tage, an denen sie immer wieder das Bewusstsein verlor. Und ihn überkommt das Gefühl, dass er bestimmt mehr hätte tun können, um ihr über diese kritische Phase hinwegzuhelfen. Die Schuldzuweisungen eskalieren: Er hält sich eine ganze Litanei von Fehlern und Versäumnissen vor, die er, wie er nun meint, im Verlauf ihrer 30-jährigen Ehe zu verantworten hatte, und alles gipfelt in seinem Urteil, er sei keineswegs jener gute Ehegatte gewesen, der er einst zu sein glaubte. Eine erste Reaktion dieser Art ist für einen Menschen, der gerade eine/n seiner Lieben verloren hat, durchaus nichts Ungewöhnliches.

Im zweiten Beispiel geht es um ein in der Wirtschaft im Grunde alltägliches Vorkommnis. Damit meine ich den Schrecken, der in der oberen Führungsetage eines Unternehmens jedem in die Glieder fährt, wenn das Unternehmen einen wichtigen Kunden verliert und aufgrund dessen den Ausfall beträchtlicher Einnahmen verkraften muss. Selbstverständlich kommt dies einer ganz realen Krise gleich, die danach verlangt, dass man ihr klar denkend begegnet. Anfangs kann eine leitende Führungskraft durch solch eine Krise allerdings durchaus überfordert sein. Zuerst werden die Betreffenden wütend und zeigen mit dem Finger auf andere. Aber es braucht nicht lange, bis sie feststellen, dass der Finger auf sie selbst zurückweist. Dann sind sie ganz konsterniert in Anbetracht all der Fehler, die ihnen, wie die Angst ihnen einflüstert, offenbar unterlaufen sind: „Letzten Endes trage ich die Verantwortung", sagt eine Führungskraft gewöhnlich, „also muss ich auf die eine oder andere Weise versagt haben." Daraus wird die Angst, im Grunde überall Fehler gemacht und versagt zu haben, angefangen bei den Investoren, über die Angestellten, bis hin zur eigenen Familie. Die Tatsache, dass sie jahrelang eine Unternehmenssparte erfolgreich geleitet, interessante Arbeitsplätze geschaffen und vielen Menschen zu einem guten Lebensunterhalt verholfen haben, lassen sie in einer Situation, die sie emotional derart überfordert, völlig außer Acht. Intelligent genug, um mit der Situation angemessen umzugehen sind sie jedenfalls. Sie wissen, dass sie schnell einen Plan schmieden und ihre Leute um sich scharen müssen. Aufgrund ihrer derzeitigen geistigen Verfassung sind sie jedoch wie gelähmt.

In beiden Beispielen haben die Betroffenen zugelassen, dass Angst die Oberhand über ihre Einstellung gewinnt und sie von sich selbst negativ denken lässt. Solch eine Selbstverurteilung verschlimmert eine schwierige Situation nur noch weiter. Wieso wurde die Einstellung dieser beiden Personen so sehr in Mitleidenschaft gezogen? Weil sie Gedanken, die im Wesentlichen nicht stimmen, Glauben geschenkt haben. Hat aber erst einmal die Angst vom Geist Besitz ergriffen, dann kann man nur noch mit Mühe erkennen, dass man alles, die Funktionsfähigkeit des höheren Gehirns inbegriffen, von einem Moment auf den anderen verbessern kann, indem man die ängstlichen Gedanken beseitigt. Und das Rezept dafür lautet: Auf Leid verursachende und Stress auslösende Gedanken sollten Sie unbedingt ein wachsames Auge haben. Achten Sie darauf, wie weit gehend solch ein leidvoller emotionaler Zustand auf die eigenen Gedanken – und nicht auf die äußere Realität – zurückzuführen ist. Im nächsten Schritt gilt es dann, belastende Gedanken einfach dadurch zurückzuweisen, dass man keinem von ihnen noch länger Glauben schenkt. Und um das zu erreichen,

SCHRITT 1: GEWAHRSEIN ENTWICKELN

kommt es entscheidend darauf an, sich so lange über alles hinwegzusetzen, was das negative Ego sagt, bis Sie zu der wohltuenden und erhebenden Erfahrung jenseits des leidvollen Bildes, das die Angst Ihnen vorgaukelt, gelangt sind.

Auf ganz natürliche Weise erwächst daraus eine ruhigere, intelligentere, realitätsgerechtere und optimistischere Sicht- und Seinsweise, und sie gibt Ihnen den Weg frei, auf dem Sie weiter vorankommen werden. Im Fall eines Ehemanns, dem der Kummer über den Tod seiner Frau schwer zu schaffen macht, hat der Betreffende, sobald sich der Weg vor ihm öffnet, jetzt die Freiheit, einerseits zwar den Tod seiner Frau zu betrauern, zugleich aber in seinem Herzen die Würde jener Liebe, die ihn mit seiner Frau verband, zu wahren. Und im Fall des Unternehmens, das einen Großkunden verliert, verfügt die leitende Führungskraft nunmehr über die Freiheit, sich das Problem, vor dem das Unternehmen steht, genau anzusehen, ohne dass Angst den Blick trübt und die Gedanken beherrscht. So kann sie oder er zu guter Letzt der Unternehmensführung einen inspirierenden Lösungsvorschlag unterbreiten.

Ihre Praxis für diese Woche

- Laden Sie sich unter www.windpferd.de/stressbesiegen das Arbeitsblatt „Attribute einer auf dynamische Weise friedvollen inneren Einstellung" (S. 58) herunter, und drucken Sie es aus. Kreuzen Sie dann die drei Eigenschaften an, bei denen Sie in der kommenden Woche für sich persönlich den Schwerpunkt setzen wollen. Hängen Sie die Liste, zu Hause und am Arbeitsplatz, an eine Stelle, an der sie Ihren Blick häufig auf sich zieht.
- Schauen Sie jeden Tag auf die drei Punkte, die Sie sich auf der Liste herausgesucht haben, um sie zu stärken und zu bekräftigen. Finden Sie Mittel und Wege dies zu tun.
- Machen Sie in der kommenden Woche von dem Hilfsmittel „Die Gedanken aufmerksam wahrnehmen" Gebrauch, jeden Tag, von morgens bis abends. Hin und wieder werden Sie es vielleicht nicht so prickelnd finden, sich diesem meditativen Prozess zu widmen. Aber lassen Sie sich nicht beirren. Machen Sie einfach damit weiter. Und bei anderen Gelegenheiten werden Sie womöglich ein selbstkri-

tisches Urteil fällen, weil Sie derart viele negative Gedanken bei sich zutage fördern. Unter Umständen werden Sie sich sogar entmutigt fühlen und meinen, das Ganze sei ein hoffnungsloses Unterfangen. Beobachten Sie auch diese Urteile und Empfindungen – als eine weitere Manifestationsform jener besorgniserregenden und Stress auslösenden Gedanken, die Sie sich gerade aktiv bewusst machen.

Und setzen Sie diese Übungen weiter fort

- Üben Sie weiterhin mit dem Hilfsmittel „Den Tag in Ruhe beginnen". Den Tag so zu beginnen sollte für Sie einen ebenso hohen Stellenwert haben wie die morgendliche Tasse Kaffee oder Tee (sofern Sie denn Kaffee oder Tee trinken).

Hilfsmittel

Die Gedanken aufmerksam wahrnehmen:
Stattdessen könnte ich die Erfahrung von Frieden machen.

Lesen Sie diese Seite jeden Tag, bis Sie den gesamten Ablauf völlig klar vor Augen haben und Sie mit der praktischen Umsetzung dieses Prozesses bestens vertraut sind.

- Richten Sie die Aufmerksamkeit auf belastende, ängstliche Gedanken, besorgniserregende Situationen, „ärgerliche" Personen oder Geschehnisse, und auf alles, was bei Ihnen sonst noch stressige, unfreundliche, feindselige oder pessimistische Gedanken hervorruft. Machen Sie sich dazu ein paar Notizen, und achten Sie darauf, wie die Gedanken sich in negative Emotionen verwandeln, die zu einer Wahrnehmung von Bedrohung führen.
- Unternehmen Sie, während Sie sich einen negativen Gedanken oder ein negatives Gefühl anschauen, erst einmal nicht den Versuch, an ihnen irgendwas zu verändern. Beobachten Sie sie einfach. Und falls Sie angesichts der negativen Gedanken und Gefühle, die Sie bei sich feststellen, sich selbst kritisieren, Vorwürfe machen oder verurteilen, dann beobachten Sie es einfach: Sehen Sie darin lediglich einen weiteren negativen Gedanken.

SCHRITT 1: GEWAHRSEIN ENTWICKELN

- Sagen Sie sich: *Dieser Gedanke oder dieses Gefühl existieren in mir, nicht in der äußeren Realität.* Nehmen Sie sich einen Moment Zeit, bis sich Ihnen die Einsicht in den tatsächlichen Sachverhalt voll und ganz erschlossen hat.
- Schenken Sie einem Gedanken, der Sie mit Stress belastet, keinen Glauben. Wenn Sie einem belastenden, ängstlichen, pessimistischen Gedanken keinen Glauben schenken, hat er keine Macht mehr über Sie. Er ist dann lediglich ein weiterer Gedanke, der kommt und geht. Ein negativer Gedanke, dem Sie keinen Glauben schenken, ruft weder Stress noch Angst oder Depression hervor.
- Sagen Sie sich: *Stattdessen könnte ich die Erfahrung von Frieden machen.* Führen Sie sich diese Idee bedachtsam immer wieder vor Augen, während Sie mit ansehen, wie sich Ihre Wahrnehmung der Welt verändert.
- Rufen Sie sich abschließend in Erinnerung, dass negative Gedanken und Gefühle zwar *in* Ihnen, jedoch keineswegs *identisch* mit Ihnen sind. Vielmehr kommen und gehen sie wie Wolken. Die Essenz Ihres Seins gleicht jedoch dem blauen Himmel, über den die Wolken dahinziehen und der von jenen manchmal verhüllt wird. Lassen Sie Ihren Geist vollständig los, und werden Sie für einen Moment zum blauen Himmel.

4
Die Frage,
die hinter allem Stress steht

Wer mit dem Hilfsmittel „Die Gedanken aufmerksam wahrnehmen" die negativen, Stress auslösenden Gedanken zutage fördert, die das Gehirn hervorbringt, bei dem stellt sich anfangs fast zwangsläufig der eine oder andere Zweifel ein. Oft werde ich gefragt: „Was aber, wenn die Angst einen stichhaltigen Grund hat, wenn sie sich bewahrheitet?" Dann weise ich darauf hin, dass es wichtig ist, den Gedanken sorgfältig zu prüfen, um zu sehen, ob die Besorgnis sich auf eine ernst zu nehmende, tatsächlich vorhandene Bedrohung bezieht oder ob dahinter nichts als Angst steckt – das untere Gehirn, das sich Katastrophenszenarien ausdenkt. Geben wir der Angst nach, wird sich die ganze Angelegenheit wahrscheinlich zu einer starken Stressreaktion steigern. Daraufhin wird eine wahre Flut von Stresshormonen freigesetzt, und schon bleibt die zur Problemlösung dringend benötigte Fähigkeit des Gehirns zu Höchstleistungen auf der Strecke.

Ein weiterer meditativer Prozess kann Ihnen dabei behilflich sein, eine angstbetonte Wahrnehmung auf Herz und Nieren zu überprüfen, bevor solch eine Wahrnehmung Sie mit sich reißt. Das entsprechende Hilfsmittel heißt: „Wovor habe ich Angst?" Am Ende des Kapitels finden Sie, Schritt für Schritt, die Anleitung zur Anwendung dieses Hilfsmittels, außerdem einen Link zu einer Audiodatei, in der ich Sie durch den Prozess geleite.

Das Hilfsmittel ermuntert Sie, eine Situation, die Ihnen Probleme bereitet, auf den eigentlichen Kern der Sache zu reduzieren, indem Sie sich immer wieder auffordern, der Frage nachzugehen: „Wovor habe ich Angst?" Nehmen wir mal an, Sie hätten Angst, dass Ihnen das nötige Geld für den Urlaub fehlt. Nun nehmen Sie diese Antwort und verwandeln sie in die nächste Frage: „Sollte sich diese Angst tatsächlich bewahrheiten, wovor hätte ich dann Angst?" Ihre Antwort darauf könnte beispielsweise lauten, dass jede/r in Ihrer Familie Ihnen Vorwürfe machen und Sie hassen wird. Erneut formulieren Sie nun auf der Grundlage der Antwort die nächste Frage. Den ganzen Prozess wiederholen Sie, solange er Sie weiter führt. Im Allgemeinen geht er über fünf oder sechs Runden.

Wenn Sie dieses Hilfsmittel verwenden, kommt es maßgeblich darauf an, dass Sie die Sprache des unteren Gehirns so zu Wort kommen lassen, wie sie ist, ohne den Wortlaut zu überarbeiten, ihn „salonfähig" oder irgendwie gefälliger zu machen. Das untere Gehirn spricht eine rüde, eine verstörend wirkende, zur Ausmalung von Katastrophenszenarien neigende Sprache. An Fakten hat es kein Interesse. Sein Interesse gilt dem Überleben, und vor diesem Hintergrund zieht es oft aberwitzige, von Angst dominierte Schlussfolgerungen. Ihre Aufgabe besteht darin, es einfach sprechen zu lassen, damit Sie feststellen können, was es mit dem Albtraum auf sich hat, den das untere Gehirn vor sich sieht und auf den es reagiert.

Lesen Sie, sobald Ihre Liste vollständig ist, jede Aussage. Streichen Sie dann jeweils den Vordersatz: „Ich habe Angst, dass ...", und verwandeln Sie auf diese Weise die Frage in eine faktische Feststellung. Anstatt beispielsweise zu sagen: „Ich habe Angst, dass ich nicht genügend Geld für unseren Urlaub habe", lesen Sie den Satz nun so, dass er eine Tatsache konstatiert: „Ich habe nicht genügend Geld für unseren Urlaub." Anstatt zu sagen: „Ich habe Angst, dass jeder in meiner Familie mich hassen wird", lautet der Satz jetzt: „Jeder in meiner Familie wird mich hassen." Sämtliche Aussagen lesen Sie sich nun so vor, als würden Sie sich eine Geschichte erzählen.

Im letzten Schritt stellen Sie jede einzelne Aussage auf den Prüfstand, indem Sie fragen, ob sie zutrifft. Hier in diesem Beispiel würden Sie also fragen, ob es tatsächlich zutrifft, dass es keinerlei Möglichkeit gibt, Geld für den Urlaub aufzubringen. Ist es wirklich wahr, dass die ganze Familie Sie angesichts solch einer Enttäuschung hassen wird? Und so weiter.

4 • DIE FRAGE, DIE HINTER ALLEM STRESS STEHT

Um Ihnen zu verdeutlichen, wie das im Einzelnen abläuft, erzähle ich Ihnen am besten eine Geschichte, die Geschichte eines leitenden Mitarbeiters in der Verkaufsabteilung eines Unternehmens. Ich werde ihn Justin nennen. Die Story habe ich mir zwar ausgedacht, sie zeigt aber sehr schön, wie der Prozess abläuft.

Beinahe ein Jahr lang hatte Justin auf einen Verkauf hingearbeitet, mit dem er – einmal in trockene Tücher gebracht – nicht nur sein Soll vorzeitig erfüllt hätte, sondern er würde ihm darüber hinaus noch eine Bonuszahlung einbringen. Bedauerlicherweise vereitelte, als der Verkauf kurz vor dem Abschluss stand, ein Pförtner des in Aussicht stehenden Unternehmens das Projekt. Der Grund dafür war aus Justins Sicht, dass der Mann Angst hatte, mit der Einführung dieses Produkts würden manche Funktionen, die bis jetzt er als Pförtner wahrgenommen hatte, entbehrlich werden. Alles kam zum Stillstand. Und Justin hatte Angst, damit könne das so lange angebahnte Geschäft geplatzt sein, was ihm enorm zu schaffen machte.

Fast die gesamten drei Wochen produzierten seine Gedanken einen emotionalen Zustand, der zwischen Wut, Angst und Entmutigung hin und her schwankte und ihn in Depression verfallen ließ. Das Ganze erreichte einen Punkt, an dem er nicht mehr in der Lage war, das Problem mit einer kreativen Lösung anzugehen, und er Angst hatte, seinen kämpferischen Elan einzubüßen.

Daraufhin vereinbart Justin einen Termin mit mir, und ich führe ihn durch den Prozess von: „Wovor habe ich Angst?"

Als Erstes frage ich Justin: „Was macht Ihnen in dieser Situation solche Angst?"

„Dass der Verkauf geplatzt ist", antwortet er.

„Wovor haben Sie Angst, falls Ihnen dieser Abschluss entgeht?", frage ich.

„Dann hat all das, worauf ich im letzten Jahr hingearbeitet habe, zu nichts geführt", sagt er. „Das heißt, ich enttäusche alle, und mir wird es schwer fallen, mein Verkaufssoll zu erfüllen."

„Welche Angst steht für Sie hinter der Nichterfüllung Ihres Solls?"

Er antwortet: „Nun, meine Firma wird anfangen, sich Gedanken darüber zu machen, ob man mir nicht besser den Laufpass gibt und sich einen anderen holt, der es versteht, ein Geschäft auch tatsächlich zum Abschluss zu bringen."

SCHRITT 1: GEWAHRSEIN ENTWICKELN

„Und wovor haben Sie Angst, falls man Sie feuern würde?", will ich wissen.

„Dann werde ich am Ende total abgebrannt sein, mein Zuhause verlieren und meine Frau hängen lassen", meint er.

„Und weshalb haben Sie Angst davor, Ihr Zuhause zu verlieren und Ihre Frau hängen zu lassen?"

„Das bedeutet so viel wie: am Leben gescheitert sein", erwidert er.

„Und weshalb haben Sie Angst davor, am Leben zu scheitern?", ist meine nächste Frage.

„Niemand wird noch Achtung vor mir haben", entgegnet Justin. Sein Gesicht wird aschfahl, und er lässt den Kopf sinken. Als ich ihn bitte, zu beschreiben, was er empfindet, sagt er: „Ich fühle mich völlig wertlos, ganz wie der totale Verlierer, zu dem ich nach Aussage meines Vaters einmal werden würde." Aus dieser Antwort können Sie ersehen, wie tief in uns verwurzelt solche Befürchtungen sein können.

„Und wovor haben Sie Angst, falls Sie niemanden zufriedenstellen können und niemand Respekt vor Ihnen hat?"

„Am Ende werde ich unter einer Brücke landen, wo ich jedem völlig gleichgültig bin", erklärt er. Dann lacht er, obgleich er schwer mitgenommen aussieht – sowas zu sagen ist in der Tat lächerlich. Aber hier spricht nicht Justins rationaler Verstand, sondern sein unteres Gehirn.

In der nächsten Phase des Prozesses mache ich aus seinen auf Angst basierenden Antworten eine Geschichte, die ich ihm erzähle. „Die Geschichte, die Sie sich da erzählen, beinhaltet, dass Ihnen dieser Verkaufsabschluss entgeht und alles, worauf Sie im vergangenen Jahr hingearbeitet haben, zu rein gar nichts führen wird. Ihre Firma wird Sie feuern und Sie durch jemanden ersetzen, der besser ist als Sie. Schließlich werden Sie pleite sein und Ihr Zuhause verlieren, zur Enttäuschung Ihrer Frau, die sich im Stich gelassen fühlt. Niemand, der Ihnen etwas bedeutet, wird jemals wieder Achtung vor Ihnen haben, weil Sie ein Verlierer sind, ganz so wie es einst Ihr Vater gesagt hat. Und am Ende werden Sie obdachlos, einsam und verlassen sein."

Diese Geschichte war in den vergangenen drei Wochen in Justins Hinterkopf immer wieder abgespult worden, hatte ihn tyrannisiert und eine Reihe verstörender Emotionen ausgelöst. Rufen Sie sich bitte in Erinnerung, was ich im ersten Kapitel über die „kontextuelle Furchtkonditionierung" gesagt habe. Der Begriff bezeichnet die Art und Weise, wie das untere Gehirn ein Element aus der gegenwärtigen Situation mit einem verstörenden Erlebnis der Vergangenheit in Zusammenhang bringt, welches das Gehirn in seinem emotionalen Gedächtnis gespeichert hat. Kontextuelle Furchtkonditionierung bringt uns dazu, eine Bedrohung in einer Situation wahrzunehmen, in der diese Bedrohung real gar nicht vorhanden ist. Für Justin wurde durch das Versagen, das er in dem misslungenen Verkaufsabschluss wahrzunehmen meinte, jenes Trauma reaktiviert, das sein Vater einst durch sein vernichtendes Urteil hervorgerufen hatte. Das untere Gehirn sieht in der Zurückweisung durch den Vater einen Fingerzeig, dass Justin eines Tages auf die Straße gesetzt und alleingelassen werden wird. Vor nichts anderem aber hat das untere Gehirn im Grunde größere Angst.

Eigentlich würde jeder, der an eine Geschichte wie diejenige glaubt, die hier auf die Leinwand von Justins Geist projiziert wurde, dadurch unter Stress gesetzt werden und verängstigt reagieren. Manche Menschen werden wahrscheinlich mit Justin Mitleid haben und denken: *Der arme Mann. Ich hoffe, er findet noch einen Weg, den Verkauf sicherzustellen, damit nicht sein ganzes Leben ruiniert ist.* Manche Menschen werden vielleicht ängstlich und besorgt sein, falls seine Geschichte bei ihnen einen Nerv trifft. Andere wieder werden Justin womöglich mit Abscheu betrachten, als glaubten sie, er sei wirklich ein Verlierer. All diesen Reaktionen läge etwas Gemeinsames zugrunde: Die Betreffenden schenken, wenigstens bis zu einem gewissen Grad, Justins Geschichte Glauben.

Im nächsten Teil des „Wovor habe ich Angst?"-Prozesses, hake ich nach, um zu sehen, ob an Justins Aussagen etwas Wahres dran ist. Nachdem Sie das Buch bis zu dieser Stelle gelesen haben, wissen Sie mittlerweile, welch destruktive Auswirkungen die Stresshormone auf die höheren Gehirnfunktionen haben. Sie sind neurotoxisch, sie bewirken, mit anderen Worten, dass wir erst einmal im Modus von Kampf, Flucht oder ohnmächtiger Erstarrung feststecken, wo wir nichts weiter sehen als ein Problem – und keine Lösung. Darum ist es von so entscheidender Bedeutung, zunächst einmal herauszufinden, ob unsere Befürchtungen eine reale Grundlage haben, bevor wir zulassen, dass die Geschehnisse und der Stress die nächste Stufe erreichen und unser Gehirn mit toxisch wirkenden Stresshormonen überfluten. Darum führe ich Justin durch einen Verifizierungsprozess mit dem Ziel, Fakt und Fiktion voneinander zu unterscheiden.

Meine erste Frage: „Ist der Geschäftsabschluss bereits unwiderruflich geplatzt?"

SCHRITT 1: GEWAHRSEIN ENTWICKELN

„Nun", meint Justin, „ganz so weit ist das Ganze, glaube ich, noch nicht. Ich könnte das Geschäft wohl wieder aufleben lassen. Das wäre allerdings eine heikle Geschichte, denn dabei müsste ich den Pförtner übergehen."

„Falls Sie sich also einen gangbaren Weg ausdenken, wie Sie das bewerkstelligen können, bedeutet dies, dass Sie noch nicht aus dem Rennen sind, oder?", frage ich.

„Ja, ich nehme an, so sieht's aus", antwortet er. „Wenn ich mir was Entsprechendes ausdenke, könnte das für den Geschäftsabschluss eine neue Chance bedeuten." Dann erzählt Justin mir, sein Chef sei richtig ausgebufft, wenn es darauf ankommt, heikle Dinge durch taktisch geschickte Manöver zu regeln. Allerdings sei er seinem Chef in der Zwischenzeit aus dem Weg gegangen. Er wollte ihm nicht erzählen, dass es mit dem Verkaufsabschluss große Probleme gab, solange er keinen Plan zur Lösung des Problems parat hatte. Doch natürlich war er nicht in der Verfassung gewesen, sich einen geeigneten Plan auszudenken, da er zu bedrückt und zu verstört gewesen war, um kreativ denken zu können. Dann dämmert ihm mit einem Mal, dass die Angst ihn in eine Zwickmühle gebracht hat. Denn sie hat ihn davon abgehalten, seinen Chef zu bitten, ihm beim Austüfteln solch einer verzwickten Strategie zur Seite zu stehen. Solch eine Strategie war für ihn aber genau der richtige Plan, der einzige Plan, den er brauchte. Angesichts dieser Entdeckung hellt sich seine Miene zu einem Lächeln auf, und zum ersten Mal lehnt er sich in seinem Sessel entspannt zurück.

Als Nächstes frage ich ihn: „Falls Sie das Geschäft nicht wieder in Gang bringen können, bedeutet das dann wirklich, dass alles, worauf Sie im letzten Jahr hingearbeitet haben, im Sand verläuft?"

„Nun, eigentlich ist es kein Rundumverlust", erwidert er, „ich habe bessere Werbeartikel zur Produktbegleitung konzipiert und eine Powerpointpräsentation so weiterentwickelt, dass sie die vorherige weit in den Schatten stellt. Andere Leute aus unserem Verkaufsteam haben begonnen, die Materialien auch bei ihren Verkaufspräsentationen einzusetzen."

„Nun, dann müssen Sie ja das Gefühl haben, etwas zustande gebracht zu haben, worauf Sie richtig stolz sein können", sage ich.

„Ja, das stimmt", meint Justin. „Mein Chef hat mir dafür Komplimente gemacht."

„Halten Sie es wirklich für möglich, dass Ihr Chef Sie feuert, falls es mit diesem Verkaufsabschluss nicht klappen sollte?"

„Nein", erwiderte er, „ich habe weitere Eisen im Feuer. Wenn ich wieder richtig beisammen bin, kann ich meine Verkaufszahlen erreichen."

„Und wie steht's mit Ihrer Frau und mit Ihren Freunden. Glauben Sie wirklich, dass die Sie nicht völlig vorbehaltlos gern haben?"

„Nein, natürlich glaube ich das nicht", sagt er.

Schließlich frage ich Justin, ob er meint, die Zeit sei nun reif für ihn, ein wenig Hilfestellung in Anspruch zu nehmen, damit er seinem Vater vergeben und die Angst, am Ende als Verlierer dazustehen, loslassen kann. Er sei bereit, das zu tun, erklärt er. Dann gebe ich Justin die Liste mit seinen Aussagen zu den eigenen Befürchtungen in die Hand und frage: „Was für ein Mensch wären Sie ohne diese ängstlichen Gedanken?"

„Ich wäre viel ruhiger und um einiges gescheiter", erklärt er. „Und weitaus glücklicher, wenn ich am Abend zu meiner Frau nach Hause komme."

Die von Angst dominierten Geschichten, die wir uns unter dem Einfluss von Stress oder Angst selbst einreden, sind ein Produkt des unteren Gehirns. Das untere Gehirn spricht zu uns immer in einer derart rüden, plakativen, verstörend wirkenden Sprache. Es funktioniert im Modus des Überlebenskampfes. Was es sieht, gleicht einem bösen Traum. Das untere Gehirn hat von Justin Gebrauch gemacht. Die realistische Lesart, die sich herauskristallisierte, nachdem seine Befürchtungen sich als gegenstandslos erwiesen hatten, eröffneten Justin die Möglichkeit, nun seinerseits vom höheren Gehirn Gebrauch zu machen, um auf der Höhe seiner Leistungsfähigkeit zu agieren. Und die realistische Lesart ist immer klüger, zuversichtlicher, optimistischer und stärker nach vorne gerichtet. Durch Gewahrsein, durch aufmerksames Betrachten, machen wir uns die Situation bewusst. Unser Bewusstsein erkennt dann, dass wir stets vor einer Entscheidung stehen, die im Kern auf die Frage hinausläuft, ob wir der Angst oder dem Frieden die Oberhand lassen.

Justins Geschichte nahm ein glückliches Ende. Er begab sich an die Arbeit, und als er sich schließlich wieder für die Verkaufsabteilung ins Zeug legte, war er in Topform. Sein Bemühen, den Verkaufsabschluss unter Dach und Fach zu bringen, wurde nicht länger durch Stress untergraben.

SCHRITT 1: GEWAHRSEIN ENTWICKELN

Nun lade ich Sie ein, selbst diesen Prozess zu durchlaufen. Sie können gleich damit beginnen, indem Sie sich die Frage stellen, wovor Sie momentan Angst haben. Denken Sie einen Augenblick lang über die Frage nach. Schreiben Sie die Antwort auf, und halten Sie sich dann an den eben gezeigten Ablauf der Übung „Wovor habe ich Angst?"

Ihre Praxis für diese Woche

Einmal sollten Sie in dieser Woche den Umgang mit dem Hilfsmittel „Wovor habe ich Angst?" üben. Tun Sie das mit der Angst, die Sie ausfindig gemacht und auf Ihr Blatt Papier geschrieben haben.

Und setzen Sie diese Übungen weiter fort

- Üben Sie nach wie vor die Anwendung des Hilfsmittels „Die Gedanken aufmerksam wahrnehmen".
- Setzen Sie die Übung „Den Tag in Ruhe beginnen" ebenfalls weiter fort.

Hilfsmittel
Wovor habe ich Angst?

- Fragen Sie sich: *Wovor habe ich im Moment Angst?* Lassen Sie sich ganz auf diesen beunruhigenden Raum der Bangigkeit und Besorgnis in Ihrem Innern ein, und setzen Sie sich hin, um dieser Frage nachzugehen. Haben Sie die Antwort, dann notieren Sie sie zuoberst auf ein Blatt Papier.
- Ziehen Sie in der Mitte des Blattes eine senkrechte Linie. Schreiben Sie als Überschrift in die linke Spalte: *Wovor habe ich Angst?* Und in die rechte Spalte: *Herausfinden, ob das zutrifft.*
- Formulieren Sie, ausgehend von der Angst, die Sie eingangs genannt haben, Ihre nächste Frage. Fragen Sie sich: *Falls meine zuerst genannte Befürchtung eintritt, wovor habe ich dann Angst?* Schreiben Sie Ihre Antwort in die linke Spalte.
- Wandeln Sie die Beschreibung dieser Angst in die nächste Frage um: *Und sollte sich die soeben notierte Befürchtung bewahrheiten, wovor habe ich dann Angst?* Halten Sie die Antwort wieder schriftlich fest.

- Wiederholen Sie diesen Prozess noch drei- oder viermal – oder so lange, bis Sie merken, dass Sie in Bezug auf diese Situation bei der am tiefsten sitzenden Angst angelangt sind.

Wovor habe ich Angst? – Teil 1
Im Verlauf der siebeneinhalbminütigen Audio-Anleitung erläutert Don, wie der „Wovor habe ich Angst?"-Prozess verläuft und warum wir dieses Hilfsmittel verwenden.
www.windpferd.de/stressbesiegen/2_wovor-angst-1.mp3

Wovor habe ich Angst? – Teil 2
In der neuneinhalbminütigen Audio-Anleitung führt Don Sie Schritt für Schritt durch den „Wovor habe ich Angst?"-Prozess, damit Sie zu dem, was Ihnen Angst macht, in Kontakt treten können.
www.windpferd.de/stressbesiegen/3_wovor-angst-2.mp3

Die Überprüfung vornehmen

- Sehen Sie sich jede einzelne Befürchtung an, eine nach der anderen. Fragen Sie sich: „Bin ich mir wirklich 100-prozentig sicher, dass diese Aussage zutrifft?"
- Wie würde eine realistischere Aussage aussehen. Schreiben Sie die entsprechende Aussage in der rechten Spalte auf.
- Gehen Sie nun die komplette Liste Ihrer Befürchtungen durch, und wiederholen Sie jedes Mal die beiden obigen Schritte.
- Lesen Sie als Nächstes die „Wovor habe ich Angst?"-Spalte so durch, als würden Sie eine Geschichte lesen. Wie fühlt sich das für Sie an? Lesen Sie anschließend die „Überprüfen, ob das zutrifft?"-Spalte. Auch hier wieder so, als würde Ihnen da eine Geschichte erzählt. Welches Gefühl haben Sie diesmal? Welcher Geschichte haben Sie, als Sie unter Stress standen, Glauben geschenkt?
- Fragen Sie sich zu guter Letzt: „Was für ein Mensch wäre ich ohne all diese Angst?" Schreiben Sie die Antwort auf die Rückseite des Blatts.

Schritt 2:

An den Punkt gelangen, an dem Sie sich entscheiden können

Die Geisteshaltung, die Ihr Gehirn transformiert

5
 ## Übung
 ## macht den Meister

Um jene positive Neuroplastizität herbeizuführen, durch die das Gehirn die volle Funktionsfähigkeit erhält, braucht man bloß zu üben, allerdings konsequent. Darum gehen wir, bevor wir auf weitere Punkte zur Beendigung von Stress zu sprechen kommen, in diesem Kapitel zunächst einmal auf die Frage ein, wie wichtig das Üben ist. Beginnen möchte ich mit der Geschichte einer extrem unter Stress stehenden Frau, die einen Durchbruch erlebt hat, während sie von hier im Buch angebotenen Hilfsmitteln Gebrauch gemacht hat. Diese Geschichte führt Ihnen vor Augen, was möglich ist, wenn Sie jeden Tag üben.

Eine Frau, ich werde sie einfach Lilah nennen, hatte wirklich alle Hände voll zu tun. Sie war allein erziehende Mutter zweier Kinder, im Grunde auch eine Art Pflegekraft für ihren betagten Vater und darüber hinaus Projektmanagerin in einem neu gegründeten Unternehmen, in dem alle Mitarbeiter unter starkem Druck standen. Kurzum, sie war ziemlich gestresst. Und der noch fehlende Tropfen, der das Fass letztlich zum Überlaufen brachte, waren die Ferien: Mit Herzrasen wurde Lilah damals auf schnellstem Weg in die Notfallaufnahme eingeliefert. Dort stellte sich heraus, dass glücklicherweise kein Herzinfarkt vorlag. Stattdessen wurde die Stippvisite in der Notfallaufnahme für sie zu

SCHRITT 2: AN DEN PUNKT GELANGEN, AN DEM SIE SICH ENTSCHEIDEN KÖNNEN

einem Weckruf, der sie motivierte, endlich etwas gegen die Stressbelastung zu unternehmen.

Eine Freundin, die an einem meiner Seminare teilgenommen hatte, schickte Lilah die beiden Hilfsmittel „Den Tag in Ruhe beginnen" und „Die Gedanken aufmerksam wahrnehmen". Drei Wochen lang hielt Lilah sich an den Plan: Morgen für Morgen stand sie 20 Minuten früher auf, um in aller Ruhe in den Tag zu starten, übte sich in Dankbarkeit und gab ihrem Tag einen geeigneten Rahmen, indem sie eine positive, auf dynamische Weise friedvolle Einstellung in sich wachrief.

Im weiteren Verlauf des Tages übte sie sich eifrig in der Anwendung des Hilfsmittels „Die Gedanken aufmerksam wahrnehmen" und war ganz verblüfft angesichts der enorm großen Zahl von stresslastigen Gedanken und Urteilen, die ihr Gehirn im Lauf des Tages hervorbrachte. Da sie übte und übte, wurde ihr immer deutlicher bewusst, wie sich negative Gedanken im Handumdrehen zu verstörenden Emotionen wandeln. Und diese emotionale Verstörtheit, das konnte sie inzwischen hin und wieder sogar schon erkennen, war der Grund dafür, dass sie Situationen falsch einschätzte. Solche Fehleinschätzungen wiederum hatten regelmäßig zur Folge, dass sie voreilig entsprechende (Fehl-)Schlüsse zog und zu drastischen Mitteln griff, die sie buchstäblich mit allem und jedem an der Situation Beteiligten in Konflikt brachten. Am allermeisten versetzte sie in Erstaunen, wie viele der belastenden Gedanken, die sie entdeckte, gewohnheitsmäßig außerhalb ihres Bewusstseins aufgetaucht waren und ganz im Hintergrund ihr Werk verrichtet hatten, aber stets auf eine den Vordergrund trübende und verdunkelnde Art und Weise.

Ein negatives Denken, wie es bei ihr gewohnheitsmäßig in solchen Ausmaßen auftrat, musste unweigerlich zur Folge haben, dass Lilah einen Tag voller Stress erlebte. Zu dieser Einsicht gelangte sie am Ende der ersten Woche. Nun erkannte sie, dass auch ihre Erschöpfung mehr mit den eigenen emotionalen Reaktionen auf die stresslastigen Gedanken und Urteile zu tun hatte als mit den einzelnen Umständen ihres Tagesablaufs.

Anfangs war es so: Wenn Lilah einen Stress auslösenden Gedanken entdeckte, ging sie mit sich selbst ins Gericht. *Nie werde ich mich ändern*, dachte sie dann, gefolgt von: *Wenn ich mich nicht ändere, werde ich an einem Herzinfarkt sterben*. Doch schnell fand sie heraus, dass Selbstzweifel einfach nur weitere Stress auslösende Gedanken sind. Als

5 · ÜBUNG MACHT DEN MEISTER

sie sich darin übte, den negativen Gehalt der Gedanken nicht zu beurteilen, sondern all das lediglich zu beobachten, da merkte sie, dass in ihr reaktives Ansprechverhalten allmählich mehr Ruhe hineinkam. Bald schon musste sie unwillkürlich lächeln, wenn sie einen Stress auslösenden Gedanken bemerkte. Was einst einem Horrorfilm ähnelte, erinnerte sie nun eher an eine Situationskomödie. Als sie daran arbeitete, ihren Stress auslösenden Gedanken und Wahrnehmungen keinen Glauben mehr zu schenken, begann sie die Freiheit auf der anderen Seite der Angst zu erleben. Fast kam es einer Offenbarung gleich, als sie begriff, dass Stressfreiheit mehr damit zu tun hat, wie man mit den eigenen Gedanken umgeht, als mit der Ausübung von Kontrolle über andere Menschen oder mit einer Einflussnahme auf die äußeren Umstände.

Irgendwann fiel ihr auf, dass viele Menschen um sie herum gestresst waren, sie hingegen nicht – jedenfalls nicht so sehr wie früher. Etwas in ihr war zur Ruhe gelangt. Das sei so, sagte sie, als hätte sie beschlossen, bei einer Cocktailparty nicht zu trinken, und würde dann feststellen, wie sich die anderen unter dem Einfluss von Alkohol verändern.

Dann kam ein Durchbruch. Eines Tages, Lilah hatte die Hilfsmittel inzwischen drei Wochen lang angewendet, ging sie auf dem Firmenparkplatz zu ihrem Wagen und erlebte, ohne erkennbaren Grund, spontan einen Augenblick der Freude. Sie hielt an und stand einen Moment still da. Und als sie den Blick schweifen ließ, dachte sie: *Welch eine wunderbare Welt.* Sie nannte es „einen perfekten Augenblick".

Das Paradoxe daran: Was den Raum schafft für die Vollkommenheit solch eines Augenblicks, ist unsere Bereitschaft, eine Zeit lang mit dem Beobachten all der Unvollkommenheiten zuzubringen, die im Wahrnehmungsbereich der Stress auslösenden Gedanken auftauchen.

Freude empfinden wir, wenn wir befreit sind von stressigem, besorgtem und ängstlichem Denken. In dem Augenblick wissen wir, was es heißt, frei von Angst und Stress zu leben. Das hat eine bewusstseinsverändernde, eine unser Leben verändernde Wirkung.

Bis zu dieser Stelle haben Sie darauf hingearbeitet, sich einer unliebsamen Erfahrung, gemeint ist der Stress, vollauf bewusst zu werden. Ab jetzt werden wir mit Hilfsmitteln und Prozessen arbeiten, die Ihnen die erwünschte Erfahrung liefern. Das alles Entscheidende dabei aber ist das Üben. Durch Übung entwickeln Sie jene Gehirnstruktur, die notwendig ist, damit sich Stress in Leichtigkeit, Angst in Frieden, Kraftlosigkeit in Kraft verwandelt. Wie schon im ersten Kapitel angesprochen,

SCHRITT 2: AN DEN PUNKT GELANGEN, AN DEM SIE SICH ENTSCHEIDEN KÖNNEN

erfordert Übung Disziplin. Und Disziplin besteht einfach darin, sich zu vergegenwärtigen, was Sie wollen, und sich dann konsequent dafür zu entscheiden. Das lohnt sich für Sie. Denn auf dem so eingeschlagenen Weg sind Sie, wie bereits erwähnt, leistungsfähig und wohlauf, während Sie aufblühen und sich immer weiter entfalten. Was könnte für die Absicht, die Sie verfolgen, und für all Ihre Bemühungen ein verdienterer Lohn sein als solch ein Resultat? Und was könnte stärker motivieren, als genau das zu erlangen, was Sie erreichen wollen?

Anfangs mag Ihnen der Wandlungsprozess frustrierend erscheinen. Vielleicht stellen Sie fest, dass Sie gleich wieder in eine alte Gewohnheit verfallen oder dass die Betriebsamkeit des Alltags Sie daran hindert, die nötige Zeit aufzubringen, um den hier im Buch genannten Übungen nachzukommen. Womöglich haben Sie deshalb sogar Schuldgefühle oder meinen, Sie seien nicht gut genug oder nicht diszipliniert genug, um eine bedeutsame Veränderung vollziehen zu können. Wie Sie inzwischen wissen, ist das Rezept, das in solchen Fällen für Abhilfe sorgt, die Anwendung des Hilfsmittels „Die Gedanken aufmerksam wahrnehmen". Denn Sie *können* diese Veränderung vollziehen! Nur dürfen Sie nicht aufgeben. Das ist, wie bei allem, was Sie zu erreichen versuchen, der entscheidende Punkt. Versuchen Sie es immer wieder, bis Sie den Elan haben, der Sie bis an Ihr Ziel tragen kann.

Häufig höre ich jemanden sagen, in dieser hektischen Welt sei es schwer, sich für Frieden zu entscheiden. Wenn Sie jedoch ein wenig darüber nachdenken, wird klar: Stress und Angst machen uns das Leben schwer! Ein auf dynamische Weise friedvoller Ansatz erleichtert hingegen alles, egal ob es ums Wäschewaschen und ums Rasenmähen geht oder um die berufliche Karriere und die Gründung einer Familie. Je mehr Sie sich darin üben, in Frieden zu sein, umso leichter fällt es Ihnen. Übung vernetzt, neurologisch betrachtet, den Algorithmus für ein neues Verhalten oder einen neuen Zustand des Gehirns in demjenigen Teil des Gehirns, den man als Basalganglien bezeichnet. Dort speichert das Gehirn die Auslösereize, Muster und Belohnungen, die Ihre Gewohnheiten bilden. Durch das Üben programmieren Sie, nach welchem Muster sich die Belohnung dafür einstellt, dass Sie in Frieden verweilen, während ein Stressfaktor auftaucht. Welchen Lohn der Frieden gewährt, können Sie freilich erst wissen, nachdem Sie sich darin geübt haben, in Frieden zu sein.

Ein bekanntes Experiment macht deutlich, wie dieser Autopilot arbeitet.[1] Forscher am Massachusetts Institute of Technology (MIT) haben entdeckt, dass ein Tier, dessen Basalganglien Schäden davontrugen, größte Mühe hatte, neue Routineabläufe zu erlernen. Die Forscher wollten daraufhin herausfinden, ob die Basalganglien an der Entwicklung und Veränderung von Gewohnheiten beteiligt sein könnten. Deshalb bestückten sie den Kopf einiger Laborratten mit den Elektroden eines Elektroenzephalographen, um herauszufinden, was im winzigen Köpfchen der Ratten vor sich ging. Dann setzten sie die kleinen Kreaturen in ein T-förmiges Labyrinth, in dessen hinterstem Winkel sie zuvor ein verlockendes Stück Schokolade verborgen hatten. Die ersten paar Male, als man die Ratten in das Labyrinth setzte, schienen sie die Schokolade zwar zu riechen, waren jedoch nicht in der Lage, sie zu orten. Während sie schnupperten, scharrten und umher rannten, zeigten die EEG-Daten, dass ihr Gehirn auf Hochtouren lief, um die Schokolade ausfindig zu machen. Nach und nach, durch praktisches Ausprobieren im Sinn von Versuch und Irrtum, fanden die Ratten heraus, wo die Schokolade lag. Danach schlugen sie dann routinemäßig den kürzesten Weg zu ihrer im hintersten Winkel des Labyrinths liegenden Belohnung ein. Der verwirrenden Prozedur, das Versteck ausfindig machen zu müssen, brauchten sie sich nun nicht länger unterziehen.

Den EEG-Daten konnten die Forscher dabei etwas Erstaunliches entnehmen: Bei jeder Ratte nahm, sobald sie gelernt hatte, auf welchem Weg sie zur Schokolade gelangte, die geistige Aktivität deutlich ab. Selbst die Aktivität in den Gedächtniszentren verringerte sich. Das Gehirn kam zur Ruhe. Der Algorithmus war jetzt am Zug und betrieb die Steuerung wie ein Autopilot. Keine Schwerstarbeit mehr. Der Prozess von Versuch und Irrtum, der im Erhalt der Belohnung gipfelte, hatte bei den Ratten dazu geführt, dass die Veränderung in einer Neuvernetzung der Basalganglien ihren Niederschlag fand.

Hier nun also die Botschaft für Sie: Üben Sie die Anwendung der Hilfsmittel und Prozesse, die Ihnen dieses Buch anbietet. Dadurch gelangen Sie schneller zur Schokolade. Sollten Sie jedoch irgendwann mal auf der falschen Seite des Bettes aufwachen oder sich in eine Stressreaktion verstricken, hadern Sie keinesfalls mit sich. Lassen Sie los. Zum Prozess des Lebens gehört einfach, dass wir ausprobieren und Fehler machen – Versuch und Irrtum. Diese Phase durchlaufen wir alle auf unserem Weg zur nächst höheren Ebene. Das alte Motto „Übung

SCHRITT 2: AN DEN PUNKT GELANGEN, AN DEM SIE SICH ENTSCHEIDEN KÖNNEN

macht den Meister" will sie nicht unbedingt zu allerhöchster Meisterschaft führen. Vielmehr geht es einfach darum, dass Sie weiter vorankommen – hin zu einem Punkt, an dem Sie sich im Leben mit *Ihren* Qualitäten hervortun.

Indem Sie sich darin üben, in Frieden zu sein, stärken Sie Ihre Fähigkeit, sich Schwierigkeiten zu stellen, ohne Angst davor zu haben. Aufgrund von innerer Stärke bleiben Sie gelassen, klar und kreativ, wenn Sie sich mit einer schwierigen Situation konfrontiert sehen. Frieden zu erlangen bedeutet freilich nicht, dass Sie nie wieder Wut, Erregung oder Besorgnis erleben werden; oder dass Sie sich nie wieder mit Stressfaktoren auseinanderzusetzen haben. Auch wird es Zeiten geben, in denen Sie in einen regelrechten Wirbelsturm von Stress hineingezogen werden, wenn Ihnen eine schlimme Nachricht die Sprache verschlägt oder Sie in die Fänge der eigenen emotionalen Negativität geraten. Ein Ratschlag von Ralph Waldo Emerson kann Ihnen dabei behilflich sein, einen nicht ganz so perfekten Tag loszulassen:

> Beende jeden Tag, indem du ganz mit ihm abschließt. Du hast getan, was du konntest. Sicher haben sich manche Schnitzer und Dummheiten eingeschlichen. Vergiss sie, so schnell du kannst.
>
> Morgen ist ein neuer Tag. Beginne ihn gut und gelassen, in einem Hochgefühl, welches so stark ist, dass die alten Ungereimtheiten dich nicht mehr belasten.
>
> Dieser Tag hat alles, was gut ist und schön. Er ist dir, mit seinen Hoffnungen und Verlockungen, zu wertvoll, um auch nur einen einzigen Augenblick an die von gestern zu verschwenden.[2]

Emersons Erklärung habe ich mir, in einem hübschen Bilderrahmen, auf den Schreibtisch gestellt. Geht der Tag zur Neige, dann schaue ich darauf, bevor ich aus dem Büro gehe, und rufe mir in Erinnerung, den Tag loszulassen und „ganz mit ihm abzuschließen". Ich stelle mir den morgigen Tag „mit seinen Hoffnungen und Verlockungen" vor und spüre die Leidenschaft für die Ziele, die ich mir gesetzt habe, und die Träume, die ich verwirklichen möchte, in meinem Herzen. Dann erfülle ich die Atmosphäre meines Büros mit diesem freudvollen Empfinden, damit es bei meiner Rückkehr am nächsten Morgen gleich schon gegenwärtig ist und mir Auftrieb gibt.

Wenn mich das unangenehme Gefühl beschleicht, im Lauf des Tages auf die eine oder andere Weise Mist gebaut zu haben, lese ich Emersons Worte. Mitunter, wenn ich großen Mist gebaut habe, muss ich sie zwei oder dreimal lesen und erst mal jedes Wort auf mich wirken lassen, bevor ich vollständig loslasse. Zu diesem Punkt des Loslassens zu gelangen ist stets eine große Erleichterung. Es fühlt sich in etwa so an, als hätte ich einen schweren Koffer endlich abgestellt oder einen beengenden Schuh ausgezogen. Dann komme ich wieder mit Leichtigkeit voran und kann mich um die Verwirklichung hoch gesteckter Ziele kümmern.

Setzen Sie diese Übungen weiter fort

- Üben Sie nach wie vor die Anwendung des Hilfsmittels „Die Gedanken aufmerksam wahrnehmen".
- Führen Sie die Übung „Wovor habe ich Angst?" durch, falls ein Gedanke auftaucht, bei dem Ihnen das Loslassen schwer fällt.
- Setzen Sie die Übung „Den Tag in Ruhe beginnen" ebenfalls weiter fort.

6
In aller Ruhe bei der Sache und vollauf präsent

In ihrem Buch *Operating Instructions* zitiert Anne Lamott die Aussage einer Freundin: „Mein Geist gleicht einem üblen Stadtviertel, in das ich nach Möglichkeit keinen Fuß setze, wenn ich allein bin."[1] Über diesen Vergleich können wir lächeln, denn mit dem Bild von unserem Geist als einem üblen Stadtviertel weiß wohl jede/r von uns etwas anzufangen, wenn der sich ohne Sinn und Zweck in einen nicht enden wollenden Strom chaotischer Gedanken verliert – Gedanken, die beurteilen, kritisieren, Vorwürfe erheben, sich beschweren, etwas verteidigen oder angreifen, manchmal lauthals schreiend und krakeelend und einen Nebel von Speicheltröpfchen versprühend. An einem schlechten Tag, so wage ich zu vermuten, können die Straßen dieses üblen Stadtviertels sich mit Tausenden von Stress hervorrufenden Gedanken füllen, die meisten von ihnen Wiederholungstäter. Das wiederum kann zur Folge haben, dass der Geist in die düsteren Gewässer von Gedankenwelten eintaucht, in denen eine Katastrophe auf die andere folgt. So wie bei Justin, dem Mann aus der Verkaufsabteilung in der „Wovor habe ich Angst?"-Übung.

Rufen Sie sich bitte in Erinnerung: Wie war es, als Sie, ähnlich wie Justin, von Versagensangst überwältigt worden sind. Bei dem Gedanken an ein Versagen droht der Geist in einer Vorstellungsflut voller entsetzlicher Katastrophen unterzugehen. Das zieht und zerrt Sie fort vom gegenwärtigen Augenblick, die Misserfolge und Enttäuschungen der Vergangenheit holen Sie ein und lassen ihrerseits die Zukunft in einem albtraumhaften Licht erscheinen. Ihre Emotionen schwanken zwischen Besorgnis, Wut und Depression, bis sich ab einem gewissen Punkt das alles schließlich zu einem wahren Wirbelsturm der Angst steigert. Zum größten Teil, wenn nicht vollständig, gewinnen diese Turbulenzen indes ihre Schubkraft aus den Illusionen, die der Geist selbst produziert hat. So hat auch William Shakespeare einst das Leben beschrieben: „Ein Märchen ist's, erzählt von einem Dummkopf voller Klang und Wut, das nichts bedeutet."[2] Allerdings lesen wir bei Shakespeare auch: „Jetzt fühl ich Frieden in mir, hoch über aller ird'schen Würde, – ein klar und rein Gewissen."[3]

Um dieses „klare und reine Gewissen" zu erlangen, muss man sich aus jener Klemme befreien, in die uns die Katastrophenszenarien des von Stress beherrschten Denkens gebracht haben. Wie das? Indem wir die Angst loslassen und bewusst in den gegenwärtigen Augenblick eintreten – bereit, in geistiger Offenheit, Ruhe und Empfänglichkeit auf das Leben einzugehen. Dabei rufen wir uns in Erinnerung, dass es nur *eine* Zeit gibt: *Jetzt*, die einzige Zeit, in der Sie jemals existieren. Sollten Sie diesen Augenblick verpassen, dann verpassen Sie Ihr Leben.

Angesichts der Ruhe des gegenwärtigen Augenblicks verschwindet die falsche Vorstellung, die Sie von sich selbst haben. Die Vorstellung von einer bedrohlichen Welt verschwindet. Die Urteile, die Sie auf andere Menschen projizieren, verschwinden. Ihre Versagensangst verschwindet, und an deren Stelle tritt kühn als schöpferische Möglichkeit all das, was Sie gleich hier, gleich jetzt hervorbringen können, sofern Sie vor nichts Angst haben. Können Sie sich einen von Angst einflößenden Illusionen freien Zustand des Geistes vorstellen? Versuchen Sie sich an eine Zeit zu erinnern – selbst wenn die Erfahrung nur eine Minute gedauert haben sollte oder vielleicht noch kürzer währte – in der rein gar nichts Ihrem Frieden Abbruch zu tun vermochte und Sie die Gewissheit hatten, geliebt und in Sicherheit zu sein, und in der Ihre Zukunft von keinem Zweifel angefochten wurde. Erinnern Sie sich an einen speziellen Ort oder Zeitpunkt, an dem Sie sich so gefühlt haben. Rufen Sie sich in Erinnerung, wie ruhig Ihr Geist wurde, wie unbeschwert Ihnen in diesem Umfeld zumute war und wie Sie voll und ganz präsent waren.

Falls Sie sich an einen solchen Moment nicht erinnern können, dann stellen Sie ihn sich vor. Entspannen Sie sich hinein in die Möglichkeit, vollkommen in Frieden und vollauf präsent zu sein. Lassen Sie diesen Moment möglichst anschaulich und lebensnah vor sich erstehen, und versuchen Sie, sich vorzustellen, dass er sich immer weiter ausdehnt, bis er zu einem ganzen Tag wird. Stellen Sie sich nun vor, wie er sich so weit ausdehnt, dass er zu Ihrer Erfahrung *eines jeden Tages* wird: Tag für Tag Ihr bester Tag. Das mag Ihnen immerhin eine mehr oder minder vage Idee davon vermitteln, wie es sein könnte, von den Angst einflößenden Illusionen, die ein chronisch unter Stress stehendes Gehirn hervorbringt, frei zu sein. Ohne solche Illusionen gäbe es keine Angst, keinen Stress, keinen Zweifel und keinen Kampf.

Vielleicht meinen Sie, in geistiger Ruhe und mit voller Präsenz sein Leben zu führen und einer Arbeit nachzugehen würde bedeuten, dass Ihnen die Motivation fehlte, etwas zu tun oder auf die Welt Einfluss zu nehmen. In aller Ruhe und mit voller Präsenz an das heranzugehen, was es gerade zu erledigen gilt, erhöht in Wahrheit jedoch, das ist die scheinbare Paradoxie, die Kraft und die Wirkung dessen, was Sie tun. Eine Qualität dieser Präsenz fließt in all Ihr Tun mit ein, verringert den Stress, macht Sie ruhiger, aufmerksamer und bringt Sie mehr in Einklang mit anderen Menschen und mit den Umständen.

Gerald Jampolsky, der bekannte Psychiater und Vater einer psychologischen Schulrichtung, deren Grundlage die innere Einstellung ist, wurde eines Tages eingeladen, beim Treffen des Verwaltungsrates eines großen Unternehmens mit dabei zu sein. Schon seit Monaten hatte es dort Meinungsverschiedenheiten darüber gegeben, wie man einige spezifische Probleme im Unternehmen angehen sollte. Und aus diesen Meinungsverschiedenheiten drohte eine echte Zerreißprobe zu werden. Aus dem Grund hat man Jerry gebeten, an dem Treffen teilzunehmen und sich mit der Gruppe darüber zu beraten, wie sich Bewegung in den Konflikt bringen ließe. In einem friedvollen Geisteszustand saß Jerry während des gesamten Treffens einfach still da, von Mitgefühl erfüllt angesichts der festgefahrenen Situation, in der die Gruppe steckte. Er hörte lediglich zu, während die Leute miteinander diskutierten und stritten. Nach dem Treffen kamen viele von ihnen zu Jerry und dankten ihm für seine großartigen Ratschläge. Er habe ihnen sehr geholfen, die Dinge besser zu verstehen. Dabei hatte er *überhaupt nichts* gesagt, doch irgendwie half seine stille Präsenz einigen Verwaltungsratsmitgliedern,

SCHRITT 2: AN DEN PUNKT GELANGEN, AN DEM SIE SICH ENTSCHEIDEN KÖNNEN

die Dinge anders zu betrachten, von einem Ort gesteigerter Klarheit aus. Wir alle können, das hat uns der große irische Dichter William Butler Yeats versichert, in jenen Zustand der Ruhe eintreten, der die Voraussetzung für Klarsichtigkeit ist:

> Bilder nehmen in unserem Geist unentwegt Gestalt an wie Spiegelbilder in einem Teich. ... Wir können unseren Geist so sehr einem stillen Gewässer gleich werden lassen, dass sich Geschöpfe um uns versammeln, um ... ihr eigenes Bild zu erblicken, und so können wir dank unserer Ruhe für einen Augenblick ein klareres, vielleicht sogar ein intensiveres Leben führen.[4]

Jede/n von uns hat schon irgendwann einmal die ruhige Präsenz einer anderen Person berührt. Vielfach sagen Menschen, sich lediglich in der Nähe ihrer Großmutter aufzuhalten, um dieses Beispiel zu nehmen, habe ihnen dazu verholfen, sich viel friedvoller zu fühlen, als sei stets alles in Ordnung, selbst in einer schwierigen Situation. Die Großmutter habe es irgendwie verstanden, alles Belastende aus einer Situation herauszunehmen. Solch ein Mensch war für mich meine aus Irland stammende katholische Patentante. Sie hatte ein Gesicht, das Licht auszustrahlen schien, und eine ausgesprochen ruhige und würdige Art. Unser Zuhause war sonst voll von dem wilden Durcheinander, das meine beiden Brüder, meine zwei Schwestern und ich anrichten konnten. Doch wenn Genevieve zu Besuch kam, beruhigten wir uns alle und benahmen uns viel besser. Wir liebten es, in ihrer Nähe zu sein. Das gab uns das Gefühl, mit der Welt sei alles in Ordnung, und ihr gelang es, uns den Eindruck zu vermitteln, wir seien ganz vortrefflich, oft ohne ein Wort zu sagen. Ihre Präsenz strahlte die Qualität von Liebe und Respekt aus, mehr als Worte dies jemals gekonnt hätten.

In aller Ruhe bei der Sache und vollauf präsent sein, das ist die eigentliche Essenz inneren Friedens. Vielfach gehen wir davon aus, nach Frieden erst streben zu müssen. Tatsächlich ist innerer Friede jedoch schon in die neuralen Netzwerke des Gehirns integriert: Er ist Bestandteil der menschlichen Natur. Bloß geben wir ihm, darin liegt das Problem, nicht die Chance, im Sinn einer besseren Erfahrung den Schalter umzulegen. Stattdessen wird der Stress zu unserem Autopiloten, und der Tag geht über in Kampf, Flucht oder ohnmächtige Erstarrung. Aber Friede ist jederzeit bereits hier und wartet lediglich darauf, dass Sie sich für ihn entscheiden.

Das Hilfsmittel
Die 30-sekündige Auszeit für inneren Frieden

Für das Umschalten auf Frieden gibt es ein einfaches, leicht anwendbares Hilfsmittel. Und dafür brauchen Sie nur circa 30 Sekunden. Tatsächlich hat es von daher seinen Namen, das Hilfsmittel „Die 30-sekündige Auszeit für inneren Frieden". Es funktioniert folgendermaßen: Lösen Sie sich von dem, was Sie im Moment gerade tun, und lassen Sie für einen Augenblick jegliche Betriebsamkeit hinter sich. Lassen Sie los, was auch immer Sie gerade denken oder fühlen, und lassen Sie zu, dass sich Ihr Gehirn entspannt – so wie ein angespannter Muskel sich entspannt, sobald Sie nicht länger die Muskeln spielen lassen. Möglicherweise verspüren Sie im Scheitelbereich des Kopfes sogar ein Kribbeln.

Lassen Sie zu, dass sich die Muskulatur der Nacken- und Schulterpartie lockert, und lassen Sie dabei den Geist noch ein bisschen mehr los. Lassen Sie für einen Augenblick alles los, und lassen Sie zu, dass die Welt Ihrer Wahrnehmung von Ihnen abfällt. Keine Sorgen, keine Probleme, keine Zielsetzungen, nichts unter Beweis zu stellen. Atmen Sie nun langsam und völlig unbeschwert ein. Lassen Sie zu, dass sich Ihr Geist dabei weit öffnet. Seien Sie genau hier, genau jetzt und lassen Sie zu, dass sich allmählich die Erfahrung von Frieden bei Ihnen einstellt, ganz von allein.

Diese kurze Übung können Sie praktisch überall und bei jeder erdenklichen Gelegenheit ausführen – zum Beispiel während Sie unter der Dusche stehen, beruflich oder privat zu einem Treffen gehen, während eines Verkehrsstaus im Auto sitzen, auf die Ankunft eines Freundes warten oder an einem regnerischen Tag aus dem Fenster schauen. Probieren Sie es ein paarmal im Lauf des Tages aus.

Für das Hilfsmittel „Die 30-sekündige Auszeit für inneren Frieden" gibt es auch eine Anwendungsmöglichkeit, die auf die Probe stellt, wie entschlossen Sie sind, in Frieden zu sein. Sie entstammt einer Übung zur Behandlung von Typ-A-Persönlichkeiten. So bezeichnet man überaus nervöse und unruhige, sehr ehrgeizige und extrem unter Stress stehende Menschen mit einem deutlich erhöhten Herzerkrankungsrisiko. Um Typ-A-Menschen zu helfen, einem frühen Tod zu entgehen, hat der Kardiologe Meyer Friedman eine Reihe von Übungen entwickelt. Diese Übungen stellen die Betreffenden vor die Aufgabe, die Kunst, in Frieden zu sein, in die Tat umzusetzen. Eine der größeren Herausforderungen im Rahmen dieser Übungen bestand darin, sich in einem Laden an der Kasse die längste Schlange auszusuchen, sich dort anzustellen und sich in innerem Frieden zu üben. Ich lade Sie herzlich ein, diese Übung eine Woche lang durchzuführen. Während Sie in der längsten Schlange anstehen, nehmen Sie bitte Ihre Gedankenmuster zur Kenntnis. Achten Sie auf jeden Widerstand gegen die Durchführung der Übung. Achten Sie auf jedes gedankliche Muster, das Ihnen weismacht, Sie hätten nicht genügend Zeit – Sie müssten schleunigst zum nächsten Punkt Ihrer Aufgabenliste kommen. Machen Sie sich jede Beurteilung bewusst, die Sie abgeben: darüber, wie ewig lange es bei der Kassiererin dauert, wie jemand gekleidet ist oder was für ein unsägliches Zeug sich da jemand in den Einkaufswagen gepackt hat. Sagen Sie sich: *Stattdessen könnte ich die Erfahrung von Frieden machen*, ganz so wie Sie es bei Anwendung des Hilfsmittels „Die Gedanken aufmerksam wahrnehmen" tun würden. Üben Sie dann, das Hilfsmittel „Die 30-sekündige Auszeit für inneren Frieden" anzuwenden.

Das Hilfsmittel
Klarheit zulassen

Ein einfaches, auf traditionellen Formen der Meditationspraxis beruhendes Hilfsmittel kann Ihre Erfahrung von Frieden noch weiter vertiefen. Forschungsergebnisse zeigen eindeutig: Meditation kann Symptome von Stress und Angst mindern und bei Patienten mit Stress, generalisierter Angststörung, Panikstörungen oder auch Panikstörungen mit Platzangst die erzielte Verminderung aufrechterhalten.[5] Sie bewirkt, dass Ihr Geist in ein besseres Stadtviertel umzieht. Ein Ansatz, den wir als den „Löschen-Knopf" bezeichnen, hilft Ihnen aus dem unliebsamen Wohnumfeld herauszukommen. Er trägt dazu bei, den Geist von dem unablässig stattfindenden Geplapper zu befreien. Bei täglicher Anwendung vergrößert dieses Hilfsmittel nach und nach den Raum zwischen all den unnützen Gedanken immer mehr, bis man zu guter Letzt in jenem weit offenen Bereich ankommt, in dem innerer Friede und Geistesruhe zu Hause sind.

Das Hilfsmittel „Klarheit zulassen" führt Sie durch einen ganz einfachen Prozess, für den Sie lediglich ein paar Minuten Zeit benötigen – mit dem Ziel, die Dauer der Übung nach und nach von fünf auf zwanzig Minuten auszudehnen. Setzen Sie sich erst einmal bequem auf einen Stuhl, beide Füße fest auf dem Boden, und lassen Sie die gefalteten

Hände im Schoß ruhen. Schließen Sie die Augen, und achten Sie einige Augenblicke auf den Atem. Beobachten Sie dann einfach, was Ihr Geist denkt, fühlt und sich vorstellt, ohne sich in die Gedanken mit hineinziehen zu lassen. Nehmen Sie Abstand davon die Gedanken zu be- oder verurteilen, versuchen Sie nicht, sie zu verändern. Sie haben nur diese Aufgabe: zu beobachten, was sich gedanklich und emotional bei ihnen im Kopf abspielt. Zu Beginn des Prozesses könnte man meinen, da gebe es nichts weiter als Geplapper und Chaos. Man könnte den Eindruck haben, angesichts dieser ausufernden Gedanken, Beurteilungen und Einschätzungen stehe der Geist auf verlorenem Posten. Ihre Aufgabe bleibt davon jedoch unberührt: Beobachten Sie nur. Der Geist wird Sie dazu anstiften wollen, etwas anderes zu tun und sich nicht einfach nur mit diesem meditativen Prozess zu begnügen. Der Körper wird ebenfalls nach Ihrer Aufmerksamkeit verlangen. Kümmern Sie sich nicht darum.

Gegen Ende des fünfminütigen Prozesses sind Sie aufgefordert, all diese Gedanken, Gefühle und Vorstellungen beiseitezulegen, nicht einzeln, sondern alle auf einen Schlag – denn genau das sind sie, von ein und demselben Schlag –, und zuzulassen, dass eine tiefer gehende, umfassendere Selbsterfahrung auf ganz natürliche Weise zustande kommt. Diejenige Geistesqualität, die all das Denken zu beobachten und über es hinauszugelangen vermag, ist kein Gedanke. Vielmehr das Freisein vom Denken – das Feld jenseits von Angst und Stress eines sich sorgenden Geistes, die innerste Essenz all dessen, was Sie sind.

Wenn Ihr Geist ruhig und vollauf präsent ist, wird es Sie womöglich angenehm überraschen, wie schön die Realität sein kann. Außerdem zeigt die Forschung, dass Meditation positive Neuroplastizität bewirkt. Mit anderen Worten: Je mehr Sie meditieren, umso mehr Neuverknüpfungen erstellt Ihr Gehirn für die Aufrechterhaltung einer stressfreien Erfahrung.[6] Am Ende des Kapitels finden Sie eine Audiodatei die Sie zur praktischen Anwendung anleitet.

Dem Augenblick Beachtung schenken

Wann immer Sie von innerem Frieden einen Eindruck gewinnen, beispielsweise indem Sie das Hilfsmittel „Klarheit zulassen" verwenden, um zu meditieren, oder sich aufgrund einer anderen Erfahrung öffnen, sollten Sie dem Augenblick besondere Beachtung schenken. Diese offenen und immer mehr an Weite gewinnenden Momente zu beachten finde ich so wichtig, dass ich eigens ein Hilfsmittel dafür entwickelt habe. Es heißt einfach: „Dem Augenblick besondere Beachtung schenken". Schon solch ein flüchtiger Eindruck ist etwas Einmaliges. Häufig meinen wir, er habe nicht lange genug gedauert, und glauben, er hinterlasse keine bleibende Wirkung beziehungsweise er sei nicht von bleibendem Wert. Vielleicht halten wir uns gar für ungeschickt und denken, zu innerem Frieden seien wir nicht fähig. Das stimmt nicht. Auch solch ein flüchtiger Eindruck von Frieden und Ruhe ist etwas Bedeutsames. Lassen Sie zu, dass er sich dem Gehirn einprägt. Versuchen Sie andererseits jedoch nicht, an der Erfahrung festzuhalten. Erfreuen Sie sich an ihr, solange sie währt, und ärgern Sie sich nicht, wenn sie verschwindet. Wenn Sie innehalten und dem Augenblick auf diese Weise Beachtung schenken, geben Sie ihm Bedeutung und sorgen dafür, dass Ihr Gehirn eine entsprechende Beziehung zu ihm aufbaut: eine Beziehung im Sinn einer Belohnung, zu der regelmäßig geübte Achtsamkeit den Anstoß gab – woraufhin das Gehirn dafür sorgt, dass der ganze Ablauf als Gewohnheit vernetzt wird. Nächstes Mal, wenn sich die Erfahrung von Friede oder Freude einstellt, wird sie daraufhin wahrscheinlich kraftvoller sein und länger andauern.

Bei Thomas Merton, einem der größten spirituellen Denker, den die USA hervorgebracht haben, heißt es: „Alle Probleme sind gelöst, und alles ist klar, einfach weil klar ist, worauf es ankommt."[7] Nicht zuletzt trägt das Hilfsmittel „Klarheit zulassen" zur Klärung der Frage bei, worauf es *nicht* ankommt – auf all das unablässig vonstatten gehende Denken. Der meditative Prozess hilft Ihnen, all der unnützen, nicht enden wollenden Gedanken gewahr zu werden und sie beiseite zu lassen, damit Sie sich der tiefer gehenden Erfahrung im eigenen Innern öffnen können. Deshalb sind Sie gehalten, jenen offenen und immer mehr sich ausweitenden Augenblick des Friedens zu beachten, ganz gleich wie lange er dauert, und ihn zu einem für Sie bedeutsamen Geschehnis zu machen, indem Sie sich auf ihn als etwas beziehen, das eine wichtige Rolle für Sie spielt.

Überdies ergibt das Hilfsmittel „Die Gedanken aufmerksam wahrnehmen" im Zusammenspiel mit „Klarheit zulassen" ein ideales Tandem. Die Anwendung von „Die Gedanken aufmerksam wahrnehmen" beinhaltet unter anderem, sich daran zu erinnern, dass Sie *stattdessen* – mit anderen Worten, anstelle jenes unliebsamen Umfelds, das der Geist durchaus sein kann – *die Erfahrung von Frieden machen* könnten. All das nicht enden wollende Geplapper zu beobachten steht dabei für „statt*dessen*". Wenn Sie also gestresst sind und denken: *Stattdessen könnte ich die Erfahrung von Frieden machen*, rufen Sie sich jenen offenen, immer mehr sich ausweitenden Augenblick in Erinnerung und nutzen ihn für sich gewissermaßen als Wegweiser in Richtung Frieden. „Worauf es ankommt", wird auf diese Weise klargestellt.

Falls Ihnen im Verlauf der „Klarheit zulassen"-Meditation auch kein noch so flüchtiger Eindruck von Frieden zuteil wird, dann üben Sie einfach weiter. Friede wird sich zu guter Letzt ganz von allein einstellen. Die Verknüpfungen der rechten Gehirnhälfte sind bereits darauf angelegt, eine Erfahrung von Frieden hervorzubringen.

Niemand hat wohl die tiefen neuralen Friedensverknüpfungen des Gehirns überzeugender geschildert als die in Harvard ausgebildete Neuroanatomin Dr. Jill Bolte Taylor. Bedauerlicherweise ging dies auf Kosten eines Schlaganfalls. 1996 wachte Dr. Taylor eines Tages mit etwas auf, das sie als pochenden Schmerz hinter dem linken Auge beschrieb, als brennenden Schmerz – wie der Kältekopfschmerz, den man verspürt, wenn man in halb gefrorene Eiscreme hineinbeißt. Kurz darauf versagte ihr der Körper seine Dienste. Als das Blut die höheren Denkzentren des Gehirns überschwemmte, verlor sie allmählich ihre kognitiven Fähigkeiten und konnte bald schon nicht mehr richtig sprechen. Später wurde ein Aneurysma in der linken Gehirnhälfte diagnostiziert, was den Ausfall der logischen, linearen, intellektuellen und sprachlichen Hirnfunktionen nach sich zog. Als der schlimme Schmerz schließlich verschwand, fühlte sie, dass die Verbindung zwischen Körper und Geist unterbrochen war. All das Geplapper im Gehirn war verstummt, und die rechte Gehirnhälfte übernahm komplett die Verantwortung für ihre Erfahrung. Die nun folgende Erfahrung grenzte an Nirvana. In einem Interview erklärte Dr. Taylor:

> In dem Moment verstummte das Geplapper in meinem Gehirn vollständig. Ganz so als hätte jemand eine Fernbedienung in die Hand genommen und die Stummschaltung betätigt. Jeglicher Stress, der mit meiner Arbeit zusammenhing, war fort. Ich hatte einen Frieden in mir gefunden, der mir zuvor unbekannt gewesen war. Ich erlebte reine Stille im Geist. Ich hatte Freude.[8]

Wann immer ich diese Passage in einem Seminar vorlese und die Zuhörer/innen frage, ob jemand so eine Erfahrung würde machen wollen, heben alle die Hand. Dr. Taylor hat acht Jahre gebraucht, bis sie die linke Gehirnhälfte wieder in vollem Umfang nutzen konnte. Glücklicherweise blieb ihr der Frieden, den sie fand, erhalten. „Auf Kommando kann ich mich in das Bewusstsein meiner rechten Gehirnhälfte hineinbegeben", sagte sie.⁹ Sobald Dr. Taylors linke Gehirnhälfte wieder online geschaltet war, konnte sie den Scharfsinn, den sie sich als Wissenschaftlerin angeeignet hatte, nutzen, um uns zu einem tiefer gehenden Verständnis der – bei jedem von uns vorhandenen – neuronalen Friedensnetzwerke im Gehirn zu verhelfen.

Das Hilfsmittel
Die Löschtaste

Das folgende Hilfsmittel bietet uns eine Abkürzung auf dem Weg zu dem Geisteszustand, in dem wir ganz bei der Sache und vollauf präsent sind. Wir nennen es das Hilfsmittel „Die Löschtaste". Stehen Angst auslösende Gedanken im Begriff, eine Stressreaktion in Gang zu setzen, bleiben Ihnen für eine Intervention circa 90 Sekunden Zeit. Falls Sie dieses Zeitfenster von 90 Sekunden nicht entsprechend nutzen, werden Sie unter Umständen eine ausgewachsene Stressreaktion erleben. Sich von ihr zu erholen kann eine Stunde dauern, oder länger. Das Hilfsmittel „Die Löschtaste" bugsiert Sie schnell genug durch dieses Zeitfenster.[10]

Und das funktioniert so: Stellen Sie sich vor, mitten auf Ihrer Handfläche befände sich ein Schalter. Das ist der „Löschen"-Knopf. Wann immer Stress auslösende Gedanken Ihnen ihre hässliche Fratze zeigen und Sie das Gefühl haben, dass sich da gerade eine umfassendere Reaktion aufbaut, dann betätigen Sie mit dem Zeigefinger der anderen Hand den „Löschen"-Knopf und halten ihn gedrückt. Während Sie das tun, stellen Sie sich vor, dass der Schalter ein Signal an Ihr Stressreaktionssystem sendet, sich zu beruhigen. Nach wie vor halten Sie den „Löschen"-Knopf gedrückt, zählen bis drei, atmen bei jedem Zählen langsam tief ein und stellen sich die betreffende Zahl als Farbe vor. Für welche Farbe Sie sich entscheiden, spielt keine Rolle. Beim dritten und letzten Ausatmen lassen Sie alles los, was Sie mit Stress belastet hat, und treten in den gegenwärtigen Augenblick ein. Wenn Sie sicher sind, dass Ihre ins Kraut schießende Reaktion zur Ruhe gekommen ist, befassen Sie sich wieder mit der Situation, ohne jede Angst, voller Vertrauen in die Klarheit, die Ihnen dank innerer Ruhe nun zugänglich ist. Am Ende des Kapitels finden Sie einen Link, über den Sie sich eine Audiodatei herunterladen können, die Sie zur praktischen Anwendung anleitet. Das Hilfsmittel „Die Löschtaste" passt wunderbar mit dem Hilfsmittel „Die Gedanken aufmerksam wahrnehmen" zusammen. Indem Sie die Anwendung des Hilfsmittels „Die Gedanken aufmerksam wahrnehmen" üben, werden Sie immer geschickter darin, ängstliche, pessimistische Gedanken ausfindig zu machen, die eine Stressreaktion in Gang setzen und Ihr Gehirn mit toxisch wirkenden Stresshormonen überschwemmen. Weil Sie darin inzwischen so tüchtig sind, können Sie mit Hilfe des Werkzeugs „Die Löschtaste" das Muster der negativen Gedanken durchbrechen, bevor daraus eine Reaktion entsteht. Nehmen wir mal an, Sie erhalten eine Email, die Sie als beleidigend ansehen. Sie spüren, wie Ihr Blut in Wallung gerät. Da Sie jedoch in der Lage sind, das negative Muster zu erkennen, können Sie mit dem Hilfsmittel „Die Löschtaste" intervenieren und unbeschadet durch das 90-Sekunden-Zeitfenster gelangen.

In manchen Situationen werden Sie den „Löschtasten"-Prozess zwei oder dreimal durchlaufen müssen, um ein Stress hervorrufendes, Angst einflößendes Gedankenmuster komplett zu löschen. Halten Sie dann den „Löschen"-Knopf weiter gedrückt, zählen Sie bis drei, und denken Sie dabei an eine Farbe. Letzten Endes wird es funktionieren. Jedes Mal, wenn Sie den „Löschen"-Knopf drücken, wird die Uhr für das 90-Sekunden-Zeitfenster angehalten und wieder auf Null zurückgesetzt. Üben Sie so lange, bis Sie richtig geschickt mit diesem Werkzeug umgehen können. Mag es auch simpel sein, trotzdem ist es ausgesprochen wirkungsvoll. Zu guter Letzt werden Sie fähig sein, Gedanken und Beurteilungen, die Stressreaktionen auslösen, schon bei den ersten Anzeichen zu erwischen.

Das Hilfsmittel „Die Löschtaste" hat eine neurologische Grundlage. Wie ich im ersten Kapitel erklärt habe, ist die Amygdala das Angstzentrum des Gehirns und für das Stressreaktionssystem zuständig. Beim Menschen ist die Amygdala bereits im Alter von zwei Jahren voll entwickelt. Dieses neurale Netzwerk verfügt also über die Intelligenz und die Geduld eines Zweijährigen. Deshalb erinnert ein wütender oder frustrierter Kollege, der mitten in einer ausgewachsenen Stressreaktion steckt, häufig an ein kleines Kind, das einen Wutanfall bekommt. Vernunftgründe, logische Argumente, das wissen alle Eltern, kann man sich sparen, wenn ein Zweijähriges einen Wutanfall bekommt. Man muss es ablenken. Bis drei zu zählen und sich jede Zahl als Farbe vorzustellen ist eine Form von Ablenkung.

Und was bringt uns das? Extremer Stress geht auf Kosten unserer kognitiven und emotionalen Fähigkeiten. Infolgedessen nehmen wir nichts weiter wahr als Probleme, die wir nicht lösen können. Sobald wir jedoch die Amygdala beruhigt und dadurch eine massive Ausschüttung von Stresshormonen verhindert haben, kann das höhere Gehirn wieder das Steuer übernehmen und die kreativen Einsichten zur Lösung des Problems liefern.

Ihre Praxis für diese Woche

- Praktizieren Sie die „Die 30-sekündige Auszeit für inneren Frieden" jeden Tag drei oder vier Mal. Üben Sie sich mindestens einmal pro Woche in der Anwendung dieses Hilfsmittels, während Sie sich an einer Supermarktkasse in der längsten Schlange angestellt haben.
- Üben Sie sich jeden Tag, besser zweimal täglich, in der Meditation „Klarheit zulassen". Die zehn Minuten, die Sie hier investieren, werden sich wirklich bezahlt machen.
- Fangen Sie an, das Hilfsmittel „Die Löschtaste" jeden Tag zu nutzen – den ganzen Tag lang. Üben Sie es erst ein paarmal, bis Sie den Bogen raushaben. Wenden Sie es dann bei Stressfaktoren aus dem wirklichen Leben an.

Und setzen Sie diese Übungen weiter fort

- Üben Sie nach wie vor die Anwendung des Hilfsmittels „Die Gedanken aufmerksam wahrnehmen". Oft fragen mich Leute, wie lange sie sich diesem meditativen Prozess widmen sollen. Meine Antwort: Für den Rest Ihres Lebens! Gleiches gilt für den nächsten Stichpunkt.
- Beginnen Sie weiterhin jeden Tag in Ruhe.

Hilfsmittel

Die 30-sekündige Auszeit für inneren Frieden

- Hören Sie mit dem auf, was auch immer Sie im Moment gerade tun, und lassen Sie für einen Augenblick die weltliche Betriebsamkeit hinter sich.

- Lassen Sie los, was auch immer Sie gerade gedacht, gefühlt oder getan haben, und lassen Sie zu, dass Sie sich ein wenig entspannen.
- Fühlen Sie, wie sich Ihr Gehirn entspannt – ganz so wie sich ein gedehnter Muskel entspannt, sobald Sie ihn nicht länger straffen.
- Entspannen Sie sich noch weiter.
- Lassen Sie nun alles los. Lassen Sie für den Moment zu, dass die Welt, so wie Sie sie wahrnehmen, von Ihnen abfällt.
- Keine Sorgen, keine Probleme, keine Ziele, nichts unter Beweis zu stellen. Lassen Sie für einen Augenblick einfach alles los.
- Atmen Sie langsam und völlig unbeschwert ein. Lassen Sie den Geist und das Herz weit aufgehen.
- Lassen Sie zu, dass sich allmählich die Erfahrung von Frieden bei Ihnen einstellt, ganz von allein.

Die 30-sekündige Auszeit für inneren Frieden
In der zweieinhalbminütigen Sitzung geleitet Don Sie in einem geführten meditativen Prozess durch die „Die 30-sekündige Auszeit für inneren Frieden".
www.windpferd.de/stressbesiegen/4_30-sekunden-auszeit.mp3

Das Hilfsmittel
Klarheit zulassen – eine kurze Meditation

Lesen Sie diese Seite jeden Tag, bis Ihnen vollkommen klar ist, wie Sie die Meditation ausführen.

- Setzen Sie sich bequem auf einen Stuhl, beide Füße fest auf dem Boden, und lassen Sie die gefalteten Hände im Schoß ruhen. Werden Sie, indem Sie so zur Ruhe und zu sich selbst kommen, Ihres Atems gewahr. Schließen Sie beim nächsten Atemzug die Augen,
- Beobachten Sie, was in Ihrem Geist vor sich geht. Ansonsten gibt es nichts für Sie zu tun. Verweilen Sie einfach mit Ihrer Aufmerksamkeit bei den von einem Augenblick zum andern im Geist auftauchenden Gedanken.
- Anfangs könnte man meinen, im Geist sei nichts als Geplapper und Chaos vorhanden. Man könnte den Eindruck haben, angesichts dieser ausufernden Gedanken, Beurteilungen und Einschätzungen stehe er auf verlorenem Posten. Aber beobachten Sie dies alles nur!

- Nehmen Sie zur Kenntnis, wie die Gedanken kommen und gehen. Ebenso die Spuren von Emotionen, die sie noch in sich tragen. Und die Bilder, die aus ihnen hervorgehen. Halten Sie sich einfach aus alldem heraus. Beobachten Sie bloß.
- Der Geist wird Sie anstiften wollen, etwas anderes zu tun – nicht nur zu meditieren. Kümmern Sie sich nicht darum. Richten Sie die Aufmerksamkeit stattdessen auf den Atem, und beobachten Sie lediglich. Auch der Körper wird nach Ihrer Aufmerksamkeit verlangen. Schenken Sie diesem Impuls ebenso wenig Beachtung, sondern wenden Sie die Aufmerksamkeit einfach wieder dem Prozess des Beobachtens zu.
- Gestatten Sie sich nun, tief in den eigenen Geist einzutauchen, indem Sie jeden Wunsch, sich einzumischen, in welcher Form auch immer, loslassen und sich von jeder Ablenkung oder Störung lösen. Legen Sie all diese Gedanken – nicht jeden Gedanken einzeln, sondern auf einen Schlag alle miteinander – beiseite, indem Sie sich vorstellen, tief in die Ruhe des Geistes zu versinken. Bei all den Gedanken handelt es sich nur um eins: um das Geplapper in Ihrem Kopf.
- Lassen Sie los. Lassen Sie den Geist ganz natürlich sein, ihn so sein, wie er ist. Beobachten Sie die vorüberziehenden Gedanken, ohne sich einzumischen, während Sie diese in aller Ruhe und ganz ungezwungen hinter sich zurücklassen. Diejenige Qualität des Geistes, die ihn in die Lage versetzt, zu beobachten und über alles Denken hinauszugelangen, ist kein Gedanke. Vielmehr ist sie gleichbedeutend mit der Freiheit von Gedanken, sie entstammt einem Bereich jenseits des denkenden Geistes. Dem Bereich jenseits der Vorstellungen von Richtig und Falsch. Dem Ort jenseits all des Stresses und der Angst eines sich Sorgen machenden Geistes. Entspannen Sie sich dort hinein – in das Empfinden von Freiheit. Spüren Sie es, während Sie sich ihm überlassen und es mit jedem Atemzug an Weite gewinnt.
- Spüren Sie das Licht, das von ihm ausgeht. Dies ist die eigentliche Essenz all dessen, wer und was Sie sind.
- Seien Sie, indem Sie wieder die Augen öffnen, voll und ganz da. Genau hier, genau jetzt.

Klarheit zulassen
In der zehneinhalbminütigen Sitzung „Klarheit zulassen" geleitet Don Sie durch einen geführten meditativen Prozess.
www.windpferd.de/stressbesiegen/5_klarheit-zulassen.mp3

Das Hilfsmittel
Die Löschtaste

Lesen Sie diese Seite jeden Tag, bis Ihnen klar ist, wie Sie den Prozess vollziehen

- Drücken Sie auf die Stelle im Zentrum Ihrer Handfläche, und halten Sie den Druck auf diese Stelle aufrecht.
- Stellen sich vor, ein elektrisches Signal lege den Weg zum Gehirn zurück und sorge dort dafür, dass die Dinge sich beruhigen.
- Werden Sie als Nächstes Ihres Atems gewahr. Nun zählen Sie bis drei, indem Sie sich jede Zahl als Farbe vorstellen. Gehen Sie dabei folgendermaßen vor:
- Nehmen Sie einen Atemzug, zählen Sie „1", und stellen Sie sich Rot vor.
- Nehmen Sie einen zweiten Atemzug, zählen Sie „2", und stellen Sie sich Blau vor.
- Nehmen Sie einen dritten Atemzug, zählen Sie „3", und stellen Sie sich Grün vor.
- Lassen Sie beim Ausströmen der Atemluft nach dem dritten Mal Ihren Geist komplett los. Entspannen Sie sich in den gegenwärtigen Augenblick. Seien Sie genau hier, genau jetzt. Geloben Sie sich, indem Sie Ihr Augenmerk wieder der Welt, die Sie umgibt, zuwenden, dass Sie nun in Frieden sein werden, während Sie sich mit – wie auch immer beschaffenen – Problemen oder Stressfaktoren befassen, die Ihnen als Nächstes begegnen werden.

Die Löschtaste
In der viereinhalbminütigen Audio-Anleitung erläutert Don, welche Bewandtnis es mit dem „Löschen"-Knopf hat, und führt Sie Schritt für Schritt durch die Praxis.
www.windpferd.de/stressbesiegen/6_loeschtaste.mp3

7
Innerlich ruhig und klar, ganz gleich, was sich draußen abspielt

In seinem berühmten Gedicht „Wenn –", schreibt Rudyard Kipling:

> Wenn du den Kopf behältst und alle anderen
> verlieren ihn ... Wenn keiner dir mehr glaubt,
> nur du vertraust dir ...
> Und wenn du warten kannst und wirst nicht müde
> ...
> Wenn du Triumph und Niederlage hinnimmst,
> beide Betrüger gleich willkommen heißt ...
> Dein ist die Welt – und alles was darin ist![1]

Mit „die Welt – und alles was darin ist" meint Kipling, glaube ich, die Gesundheit, den Wohlstand und die Liebe, die praktisch jede/r von uns sich wünscht. Und warum ist diese Welt die Ihre? Einfach weil Sie, mag die Welt auch allen anderen Probleme bereiten, nicht zum Opfer der Umstände werden. Ihre Entscheidung, innerlich ruhig zu bleiben, ganz gleich was sich draußen abspielt, lässt Sie über die Umstände hinauswachsen. Sie gehen einfach Ihren Weg, Missgeschicke können Sie nicht beirren, und Sie lassen sich nicht die Laune verderben, sich nicht entmutigen oder gar den Weg verbauen. Ihre innere Ruhe versetzt Sie in die Lage, den Widrigkeiten geradewegs ins Auge zu blicken und die

Situation klug zu handhaben, indem Sie mit viel Geschick, mit Kreativität, Nachgiebigkeit *und* Widerstandskraft auf sie eingehen. Also machen Sie das Schiff flott, bestimmen den Kurs neu und bewegen sich weiter voran.

Aus dieser Qualität von Ruhe kann bei konsequenter Übung eine Einstellung voller furchtlosen, durch Stress nicht zu erschütternden Selbstvertrauens erwachsen – genau die Einstellung, die in einem Operationssaal oder in einem Cockpit, wenn die Dinge außer Kontrolle zu geraten drohen, oder im Sport, wenn ein Spiel auf des Messers Schneide steht, die besten Erfolgsaussichten bietet.

Das bezeichnet man als den Bereich der optimalen Leistungsfähigkeit. Gekennzeichnet ist er vor allem durch jenes ruhige, von Anspannung weitestgehend unbelastete Gespür für die Möglichkeit zur Einflussnahme, das Widrigkeiten überwindet und zum Erfolg führt. „Solch eine Erfahrung ist real, gar keine Frage",[2] erklärt John Silva von der University of North Carolina. Trotzdem scheinen nur wenige Menschen tatsächlich an sie zu glauben. Und noch weniger Menschen sind davon überzeugt, dass die Qualität unserer Einstellung uns „die Welt – und alles was darin ist" in die Hände legt.

In einer schlimmen Lage ist die Einstellung vielfach unser letzter im Köcher verbliebene Pfeil – wenn das Einzige, was Sie noch unter Kontrolle haben, die Haltung ist, die Sie angesichts der Fakten, mit denen Sie außen konfrontiert sind, innen einnehmen können. Und die äußere Realität, die wir als die „Welt" bezeichnen, kann man als diejenigen Umstände definieren, die wir niemals vollständig werden kontrollieren können: das Wetter, die Wirtschaft, die Politik, die Umwelt, der Hypothekenzinssatz, ein – mehr oder weniger – sicherer Arbeitsplatz, unsere Verwandten, und so weiter. Würden Sie alles, was Sie im Leben nicht vollständig unter Kontrolle haben, auflisten wollen, ergäbe das in der Tat eine sehr, sehr lange Liste.

Aber die Evolution, das Universum, oder wie auch immer Sie die Kraft, die Sie hervorgebracht hat, nennen wollen, hat Sie nicht ohnmächtig hier in dieser Welt zurückgelassen, sondern Ihnen die Fähigkeit mitgegeben, durch Ihre Einstellung die Umstände zu überwinden. Das hat Karl Menninger gemeint, als er erklärte: „Einstellungen sind wichtiger als Tatsachen."[3] Eine Einstellung furchtlosen Selbstvertrauens kann die nüchternen Tatsachen des Lebens in die Herausforderung verwandeln, aus Ihrem Leben ein Meisterwerk zu machen. In Carlos

Castanedas *Der Ring der Kraft* erklärt Don Juan, „dass der Krieger alles als Herausforderung annimmt, ... während der normale Mensch alles entweder als Segen oder als Fluch auffasst".[4] Mit anderen Worten: Für einen gewöhnlichen Menschen hängen Glück und Unglück von den Umständen ab. Ein Krieger hingegen ist, indem er die Umstände überwindet, des eigenen Glückes Schmied.

Stress als nachlassende Kraft der inneren Einstellung

Stress kann in dem Sinn definiert werden, dass die innere Einstellung gerade an Kraft verliert. Richard Lazarus, weltweit einer der führenden Stressforscher und Koautor des bahnbrechenden Buches *Stress, Appraisal and Coping*, unterscheidet beim Stress zwei Hauptkomponenten, die erst in ihrer wechselseitigen Beziehung das Gesamtphänomen ergeben:

1. *Die belastende Situation* (der Stressfaktor oder *Stressor*), von Lazarus als eine wie auch immer beschaffene Anforderung oder Veränderung definiert, die das Leben an uns stellt beziehungsweise uns abverlangt. Solch eine Belastungssituation kann von einem Verkehrsstau, einer unangenehmen Person oder einer zusätzlichen Aufgabe auf Ihrer Agenda bis hin zum Arbeitsplatzverlust oder der Zwangsversteigerung des Eigenheims oder der Eigentumswohnung reichen.

2. *Stress.* Ihn definiert Richard Lazarus als Ihre Einschätzung jener Anforderung oder Veränderung, mit der Sie umzugehen haben, gefolgt von Ihrem Empfinden, dass Sie für eine Bewältigung dieser Anforderung nicht über genügend Ressourcen verfügen.[5]

„Ressourcen" verstehen die meisten Menschen ganz mundan, ganz „weltlich", als Zeit, Geld, Gerätschaften und sonstige Sachmittel, oder aber als Unterstützung durch andere Menschen. All diese Ressourcen entsprechen der Definition von „Welt", die ich gerade gegeben habe. Sie alle stehen für Umstände, über die man keine vollständige Kontrolle haben kann. Wenn aber die eigene Einstellung jene eine Ressource ist, die unter allen Umständen vollständig Ihrer Kontrolle unterliegt – und das ist sie –, dann lässt Stress sich dahingehend definieren, dass man den Kontakt zur Kraft der eigenen Einstellung verloren hat. Mögen auch überall um Sie herum stürmische Veränderungen vonstatten gehen und lautstark hohe Anforderungen geltend gemacht werden, eine auf dynamische Weise friedvolle Einstellung hat trotzdem die Kraft, Sie fest im Auge des Sturms zu verankern. Dadurch werden Sie in die Lage versetzt, mit jener Intelligenz und Vernunft zu handeln, die Ihr höheres Gehirn, weil es nicht durch eine Flut von Stresshormonen belastet ist, seiner Natur nach zustande bringt.

Häufig fordere ich die Teilnehmer/innen meiner Seminare auf, eine für sie besonders belastende Situation aus der jüngeren Vergangenheit auf einige entscheidende Elemente zu reduzieren. Ich lasse sie fünf oder sechs offenkundige Stressfaktoren, die aus ihrer Sicht in der betreffenden Situation eine wichtige Rolle gespielt haben, auf einem Blatt Papier auflisten: solche Faktoren wie etwa die Verhaltensweisen anderer Menschen, zeitliche Einschränkungen, ablenkende äußere Einflüsse, nicht funktionierende Systeme oder ein sehr lauter Raum mit spärlichem Licht.

Eine Teilnehmerin beschrieb einmal eine Situation, in der sie von zu Hause aus arbeitete und in einer Telefonkonferenz mit ihrem Projektteam sprach, während sie gleichzeitig ungeduldig darauf wartete, ein Dokument, das sie herunterzuladen versuchte, endlich öffnen zu können. Als auch noch ihre Haushaltshilfe im Flur vor dem Arbeitszimmer den Staubsauger einschaltete, woraufhin der Hund zu bellen anfing, sah sie sich genötigt, „Entschuldigung" murmelnd die Telefonkonferenz kurz zu unterbrechen, um sich darum zu kümmern, dass der Lärm aufhört. Das dauerte länger als erwartet, weil der Hund nicht aus der Ecke, in die er sich verkrochen hatte, herauskommen wollte. Als sie schließlich wieder an der Konferenz teilnehmen konnte, hatten die anderen zwischenzeitlich die Diskussion schon weiter fortgeführt, und ihr wurde schlicht mitgeteilt, in ihrer Abwesenheit habe man notiert, sie stehe für die und die Aufgabe zur Verfügung – für eine Aufgabe, die zu übernehmen sie tatsächlich jedoch überhaupt keine Zeit hatte. An dem Punkt war sie aber schon völlig entnervt, und so wollte sie aus Angst, sie werde vielleicht überreagieren, lieber nicht mehr klipp und klar aussprechen, dass sie die Aufgabe, zu der man sie eingeteilt hatte, unmöglich übernehmen könnte. Was ihren emotionalen Zustand anging, drängte sich inzwischen der Vergleich mit einem Dampfdrucktopf auf. Obendrein erwartete sie eine Stunde später bei sich zu Hause Freunde, die sie schon länger eingeladen hatte, zum Abendessen. Doch zu dem Zeitpunkt, als sie das Telefonat mit der Projektgruppe beendete, war sie mittlerweile sowas von gestresst, dass sie weder zum Kochen noch für Gespräche in geselliger Runde die nötige Energie aufbringen konnte. So sahen also die Stressfaktoren auf ihrer Liste aus. Über die meisten dieser Punkte hatte sie, das steht wohl außer Frage, keine volle Kontrolle. Einzig und allein die Art und Weise, wie sie mit den Problemen umging – mit anderen Worten, ihre *Einstellung* – unterlag vollständig ihrer Kontrolle.

Sobald die Teilnehmer/innen ihre Liste mit den Belastungsfaktoren fertig haben, lasse ich sie jeden einzelnen Punkt unter dem Aspekt bewerten, inwieweit sie die Situation nach eigener Einschätzung unter Kontrolle hatten. Das reicht von 0 für „überhaupt keine Kontrolle" zu 1 und über 4 für „eine gewisse Kontrolle" bis hin zu 5 für „volle Kontrolle". Aber einen Punkt mit dem Vermerk „volle Kontrolle" weist die Liste normalerweise bei niemandem auf. Anschließend sage ich der Gruppe, nun möge bitte die Hand heben, wer die innere Einstellung als wichtiges Element im Rahmen dieser aufreibenden Erfahrung mit auf die Liste gesetzt hat. Daraufhin hebt nur selten jemand die Hand, obgleich wir in den beiden vorangegangenen Sitzungen über die Kraft der inneren Einstellung gesprochen haben.

Wie es scheint, vergessen also die meisten Menschen allzu leicht, welchen Unterschied die innere Einstellung bedeuten kann. Oder sie glauben einfach nicht, dass sie wirklich einen Unterschied macht. Wir richten die ganze Aufmerksamkeit so sehr auf äußere Faktoren, dass uns völlig entgeht, welchen Unterschied eine veränderte Einstellung hätte bewirken können.

Zum Abschluss der Übung bitte ich die Leute, darüber nachzudenken, inwiefern sie die Dinge vielleicht anders erlebt hätten, falls sie das Augenmerk darauf gerichtet hätten, *innerlich ruhig und klar* zu bleiben, *ganz gleich was sich draußen abspielt*. Dann wären sie, lautet ausnahmslos die Antwort, emotional davon nicht so betroffen und im Umgang mit der ganzen Angelegenheit geschickter und kreativer gewesen; und viel unnütz verpulverte Energie hätten sie sich sparen können.

Furchtloses Selbstvertrauen ist diejenige Einstellung, mit deren Hilfe Sie das eigene Leben zu Ihrem Meisterwerk machen können. Und diese innere Qualität eignen Sie sich an, indem Sie lernen, innerlich ruhig und klar zu bleiben, ganz gleich was draußen vor sich geht. Zwei Hindernisse stehen dem im Weg. Kontrollverlust ist das erste, Überforderung das zweite.

Kontrollverlust

Das Leben kann unerträglich werden, wenn wir die Kontrolle über eine Situation verlieren, in der uns wirklich wichtig ist, was dabei herauskommt. Der dem Kontrollverlust zugrunde liegende emotionale Faktor ist natürlich Unsicherheit. Wir zerbrechen uns den Kopf, was geschehen könnte, und sind uns nicht im Klaren darüber, was getan werden müsste, um die Kontrolle zurückzuerlangen. Schlimmer als der emotionale ist allerdings der die Einstellung betreffende Faktor, der dem Kontrollverlust zugrunde liegt. Er nimmt die Form von Selbsttäuschung an. Und die rührt von einem Angst einflößenden Pessimismus her, der uns einredet, es sei ohnehin von geringer Bedeutung, wenn nicht gar völlig belanglos, welche Kontrolle wir haben. Wir sehen uns, mit anderen Worten, nicht in der Lage, diesbezüglich irgendetwas auszurichten. Beide Faktoren, unsere Unsicherheit und unser Selbstzweifel, wurzeln im Grunde in einem schmerzlichen Mangel an Klarheit darüber, was überhaupt unserer Kontrolle unterliegt und was nicht. Die aus Unsicherheit resultierende Angst aktiviert Ihr Stressreaktionssystem, was wiederum zur Folge hat, dass Sie vorschnell Unheil kündende Schlussfolgerungen ziehen.

Das Hilfsmittel
Drei vernünftige Entscheidungen

Angesichts einer untragbaren Situation, schreibt Eckhart Tolle in seinem Buch *Die Kraft des Jetzt*, stehen einem Menschen nur drei Möglichkeiten zur Wahl: Entweder kann er die Situation verändern, sie verlassen oder sie ganz akzeptieren.[6] Aus diesen drei Möglichkeiten habe ich ein Hilfsmittel gemacht, das ich „Drei vernünftige Entscheidungen" nenne. Inmitten einer bestürzenden Situation, in der Ihre Einfluss- oder Kontrollmöglichkeiten sehr begrenzt sind, kann Ihnen dieses Werkzeug zu der beruhigenden Erfahrung verhelfen, dass Sie Ihre Lebensumstände durchaus wieder in gesunde und vernünftige Bahnen zu lenken vermögen. Außerdem können Sie mit diesem Hilfsmittel das untere Gehirn davon abhalten, Ihr höheres Gehirn mit Unmengen von Stresshormonen zu überfluten. Die drei Optionen sind schlicht und unkompliziert. Mitunter fällt es freilich leichter, sie auszusprechen, als sie in die Tat umzusetzen. Wenn Sie sie anwenden, überwinden sie dadurch allerdings die Angst, und Ihnen wird bewusst, dass Sie die Kontrolle wiedererlangen können – nicht unbedingt über eine andere Person oder über ein Geschehen, sondern in Bezug auf sich selbst und Ihre Fähigkeit, sich für *Ihren* Weg zu entscheiden.

Option 1:
Sie können beschließen, die Situation zu verändern und darauf hinwirken, die Dinge in eine konstruktive Richtung zu lenken

Diese Entscheidung bedeutet: Sie haben die Situation noch keineswegs verloren gegeben, sondern wollen auf das, was Ihrer Ansicht nach geschehen soll, wieder Einfluss nehmen können. Zugleich bedeutet sie, dass Sie durchaus gewillt sind, sich an die Umstände anzupassen, anstatt unbeirrbar die eigenen Vorhaben durchsetzen zu wollen. Das könnte auch heißen, dass Sie im Umgang mit der Situation, die Sie verändern wollen, nicht mehr so unnachgiebig und auf Abwehr bedacht sein dürfen, sondern offener, flexibler und kreativer sein müssen. Oft geht das nur, wenn Sie bereit sind, das Problem ganz neu in den Blick zu fassen und für neue Informationen offen zu sein. Das könnte sogar mit sich bringen, dass Sie bereit sein müssen, sich anzuschauen, was – in Bezug auf Ihre Einstellung und auf Ihre Vorgehensweise bei der Absicherung dessen, was Sie erreichen wollen – *in Ihnen* der Veränderung bedarf.

Option 2:
Sie können beschließen, die Situation hinter sich zu lassen

Die zweite Entscheidungsmöglichkeit besteht darin, die Situation, die in einer Sackgasse gelandet oder völlig am Ende ist, zu verlassen, um Ihre Klarheit und emotionale Ausgeglichenheit zurückzuerlangen. Solch eine Situation hinter sich zu lassen kann auch bedeuten, einen Schlussstrich unter ein Kapitel in Ihrem Leben zu ziehen, das Sie nun nicht mehr weiterbringt. Diese Entscheidung ist möglicherweise schmerzlich und nicht leicht aus- und durchzuhalten. Unter Umständen kann sie auch der Unterstützung durch einen guten Therapeuten bedürfen, um die Angst aufzuarbeiten, die bewirkt hat, dass Sie so lange in einer unbefriedigenden Situation oder einer ungesunden Beziehung ausgeharrt haben.

Die Nagelprobe für die Entscheidung, der Situation den Rücken zu kehren, ist die Empfindung von Frieden in der Stille Ihres Herzens, wenn Sie den Schritt erwägen, aufzubrechen und weiterzuziehen. Dann besteht die Herausforderung für Sie darin, der eigenen Entscheidung zu vertrauen und den Mut aufzubringen, sie konsequent in die Tat umzusetzen.

Option 3:
Sie können beschließen, die Situation voll und ganz zu akzeptieren – genau so, wie sie ist, ohne irgendjemanden oder irgendetwas in irgendeiner Weise verändern zu müssen

Die dritte Entscheidungsmöglichkeit beinhaltet Hingabe, freilich im besten Sinn des Wortes. Solch eine Entscheidung könnte Verschiedenes bedeuten: Sie haben keine bessere Antwort auf das Problem; oder die gegenwärtige Situation ist keineswegs so schlecht, wie sie sein könnte; oder Sie sind bereit zuzugeben, dass Sie nicht wissen, was für eine andere Person das Beste ist. Wer akzeptiert, tut es total. Das bedeutet: kein Klagen und Jammern mehr, kein Verurteilen, keine Vorwürfe, keine Forderungen. Akzeptieren bedeutet, dass Sie innerlich eine Wende vollzogen haben, die Ihnen abverlangt, selbst – wie Gandhi – zu der Veränderung zu werden, die Sie in der Welt sehen wollen.

Gleich jetzt können Sie die Anwendung dieses Hilfsmittels üben. Vergegenwärtigen Sie sich eine Situation aus der jüngeren Vergangenheit, die belastend für Sie war. Lassen Sie die Situation möglichst anschaulich und lebendig wiedererstehen, indem Sie sich erinnern, wo es war, mit wem Sie zusammen waren und wann es geschah. Rufen Sie sich außerdem in Erinnerung, was Sie im Umgang mit der Situation gedacht und empfunden haben.

Schauen Sie jetzt auf die drei Optionen, und überlegen Sie sich, welche der drei für Sie in dieser Stress auslösenden Situation Ihrem Gefühl nach die richtige gewesen wäre. Achten Sie darauf, welches Ausmaß der Stress bei Ihnen annimmt, während Sie sich vorstellen, die Entscheidung zu treffen. Tut sich da etwas? Bei den meisten Menschen verringert sich an diesem Punkt der Stress. Und zwar deshalb, weil Sie bei allen drei Entscheidungen Ihr Augenmerk von dem, was außerhalb von Ihnen geschieht und nur in geringem Maß oder gar nicht Ihrer Kontrolle unterliegt, abwenden und es dem zuwenden, was sich in Ihnen abspielt und in hohem Maß Ihrer Kontrolle unterliegt. Das bringt Sie dazu, sich neu auszurichten und selbst die Wahl zu treffen, welchen Weg *Sie* gehen. Die Entscheidung über das, was Sie erleben, liegt jetzt also in Ihren Händen. Das befriedet den inneren Konflikt, wodurch wiederum die Amygdala ganz da hinten in Ihrem unteren Gehirn sich beruhigt. Und eine ruhige Amygdala bedeutet: keine Stressreaktion.

Diese drei Optionen lassen sich auf praktisch jede Situation anwenden, insbesondere (und ganz besonders) auf familiäre Situationen. Eine Bekannte hat mit Hilfe dieses Werkzeugs einen Konflikt aufgearbeitet, der nach eigenem Empfinden die Beziehung zu ihrem Mann belastete. Sie wollte, dass ihr Mann nach Feierabend mehr den Kontakt zu ihr sucht, anstatt zu tun, was er gewöhnlich tat – sich ein Bier schnappen und Fußball gucken.[7]

Die Situation verändern – womit sie meinte: sein Verhalten verändern –, war, wie Sie sich wohl denken können, ihre erste Wahl. Der Ehemann versuchte, dem Wunsch seiner Frau zu entsprechen. Allerdings kam dabei nicht viel mehr rum, als dass er sich dann mal für eine sehr überschaubare Zeitspanne bei ihr meldete, normalerweise im Umkreis des Kühlschranks, bevor er sich dort sein Bier abholte und zielstrebig den Fernseher ansteuerte. Selbstverständlich war das ganz und gar nicht die Veränderung, die sie sich ausgemalt hatte. Sie fühlte sich gekränkt, zog sich zurück und fing an, Option 2 in Erwägung zu ziehen. Es dauerte nicht lange, da erkannte sie allerdings: Die Situation zu verlassen kam für sie nicht wirklich ernsthaft in Betracht. Der in diese Richtung gehende Gedanke hatte mehr damit zu tun, dass sie ein wenig Theater machen wollte, weil sie auf ihren Mann wütend war und sich verletzt fühlte, und weniger mit dem, was sie tatsächlich tun und erreichen wollte.

Immerhin, sich diese Entscheidungsmöglichkeit einfach mal genauer anzusehen half ihr, sich darüber klar zu werden, wie sehr sie ihn liebte, was dazu beitrug, ihre emotionalen Reaktionen zu besänftigen. Nun richtete sie den Blick wieder auf Option 1 (die Situation verändern) und kam zu folgendem Schluss: Was sich ändern müsse, fürs Erste jedenfalls, sei die eigene Wut, mit der sie ihrem Mann Unrecht tat. Also ließ sie die Wut los, richtete das Hauptaugenmerk nicht länger auf ihren Mann und hörte auf, sich den Kopf darüber zu zerbrechen, was *er* tat oder nicht tat. Stattdessen rückte sie für sich in den Mittelpunkt, *selbst* glücklich zu sein und ihren Mann zu akzeptieren, wie er war: Bier, Fußball und so. Ein solcher Perspektivenwechsel – sich nicht mehr vorrangig mit dem zu beschäftigen, was außerhalb von ihr stattfand, sondern nun vor allem auf das zu achten, was sich in ihr abspielte – ließ bei ihr das Gefühl neu aufleben, ihr eigener Herr zu sein, und half ihr, das eigene Leben wieder in gesunde und vernünftige Bahnen zu lenken. Nun war für sie auch klarer erkennbar, dass sie die Wahl hatte zwischen innerem Frieden und Angst. Das heißt, sie konnte jetzt selbst die Initiative ergreifen, anstatt sich lediglich reaktiv zu verhalten. Das gab ihr noch mehr innere Ruhe.

Schließlich gesellte sie sich zu ihrem Mann auf die Couch, und er erklärte ihr alles Wissenswerte zum Thema Fußball. Aus ihr wurde ein echter Fan, und sie gingen sogar gemeinsam ins Stadion, um sich die Spiele an Ort und Stelle anzuschauen. Mit Gemeinsamkeit und Intimität auf dieser Ebene hatte sie zwar nicht gerechnet, doch wurde so jenes Bedürfnis, das für sie der Ausgangspunkt gewesen war, letztlich gestillt.

Bei allen drei Optionen handelt es sich nicht unbedingt um fest vorgegebene Entscheidungen. Ebenso gut können sie im Sinn eines Prozesses aufgefasst werden. Vielleicht werden Sie beispielsweise versuchen, eine Situation zu verändern, stellen dann allerdings fest: Womit Sie es hier eigentlich zu tun haben, ist der Widerstand einer anderen Person gegen Veränderung. Daraufhin entschließen Sie sich, nicht länger mit dem Kopf durch die Wand hindurch zu wollen, sondern akzeptieren die betreffende Person, wie sie ist. Dafür werden Sie mit innerem Frieden belohnt. Später fassen Sie vielleicht, sofern sich die Situation zum Nachteil verändert, den Entschluss, sie zu verlassen. Oder, falls sich die Einstellung der oder des Betreffenden verändert, beschließen Sie womöglich, auf Veränderung hinzuwirken. Ihre Entscheidung kann immer wieder anders ausfallen, wenn die Situation sich verändert oder Sie es sich anders überlegen.

Außerdem erleichtert Ihnen dieses Hilfsmittel – ein weiterer Vorzug – die Selbstbesinnung. Stellen Sie sich eine Situation vor, die über einen langen Zeitraum schwierig für Sie war und in der es wenig Hoffnung gab, dass die Dinge sich ändern. Hierbei könnte es sich um eine Arbeitsstelle handeln; oder um eine Beziehung. Sie sehen die drei Optionen, und Ihr Verstand sagt Ihnen, es sei an der Zeit, weiterzuziehen. Doch obwohl das klar auf der Hand zu liegen scheint, meldet sich ein anderer Teil in Ihnen zu Wort, der hinsichtlich dieser Entscheidung unsicher ist, ja vielleicht vor ihr zurückschreckt. Das hinterlässt bei Ihnen ein Gefühl von Verwirrung und eigener Unzulänglichkeit, womöglich sogar von Feigheit. Bei einem weiteren Blick auf die drei Optionen wird Ihnen klar: Eine angemessene und sachdienliche Entscheidung läuft für Sie derzeit nur auf eines hinaus: Sie müssen akzeptieren, dass Sie gegenwärtig einfach feststecken und nicht vom Fleck kommen.

Dann werden Sie vielleicht überlegen, ob Sie nicht eine psychologische Beratung in Anspruch nehmen sollten, um besser zu verstehen, welche Kräfte da bei Ihnen im Spiel sind. Die Entscheidung hat sich, mit anderen Worten, dahingehend verlagert, die Situation zu verändern – nicht in der äußeren Realität, sondern in Ihnen. Und sobald Sie diesen Schritt unternehmen, stecken Sie, definitionsgemäß, nicht mehr fest.

Überforderung

Ein zweites Hindernis für die Erfahrung von innerer Ruhe und Klarheit ungeachtet all dessen, was sich draußen abspielt, ist *Überforderung*. Man kann Überforderung folgendermaßen definieren: Wer ohne klare innere Ausrichtung einer Reihe von äußeren Zielen nachgeht, wird fast unweigerlich die Erfahrung von Überforderung machen. Wir können derart davon in Anspruch genommen sein, den eigenen Lebensentwurf und die lange Agenda, die er beinhaltet, in die Tat umzusetzen, dass wir jede echte Beziehung zum Leben verlieren. So wird das Leben zu einer ungesunden Last ohne rechten Sinn. Im Grunde beschränkt es sich darauf, dass wir tausend Dinge zu erledigen haben. Wir haben dann die Neigung, uns zu sehr mit der Zukunft zu befassen, Dingen nachzujagen, die wir vermeintlich brauchen, aber nicht haben, anstatt wertzuschätzen, was wir haben, genau jetzt, in diesem Augenblick, in dem sich unser Leben tatsächlich abspielt.

Das soll keinesfalls heißen, äußere Ziele seien bedeutungslos. Selbstverständlich sind sie von Bedeutung. Sie sorgen dafür, dass wir ein Dach überm Kopf, Geld im Portemonnaie und Essen auf dem Tisch haben. Und sind unsere Grundbedürfnisse erst einmal gedeckt, dann tragen sie dazu bei, dass es uns besser geht im Leben. Darüber hinaus sorgen äußere Ziele dafür, dass wir uns richtig ins Zeug legen, um mehr von dem uns innewohnenden Potenzial zu verwirklichen. Wird

SCHRITT 2: AN DEN PUNKT GELANGEN, AN DEM SIE SICH ENTSCHEIDEN KÖNNEN

unsere innere Verfassung jedoch von dem unaufhörlichen Auf und Ab der äußeren Ziele bestimmt, gerät unser Leben zu einer emotionalen Karusselfahrt.

Vielfach nehmen wir fälschlich an, durch Verwirklichung eines äußeren Ziels würden wir Frieden und Glück erlangen. Solche äußeren Ziele sind jedoch einfach nicht so beschaffen, uns Frieden oder Glück schenken zu können – zumindest nicht in dem Maß, dass es für uns wirklich zählt. Das gesteckte Ziel zu erreichen mag uns vorübergehend in Hochstimmung versetzen, uns das Gefühl vermitteln, etwas vollbracht zu haben, oder schlicht und einfach Erleichterung bewirken. Aber zu einer dauerhaften Erfahrung von Frieden oder Glück verhilft uns das nicht. Bald wird das Hochgefühl bereits wieder von dem nächsten Problem überschattet, das die Welt uns vor die Nase setzt.

Abgesehen davon zeigen Forschungsergebnisse, dass unser Glück lediglich zu circa 10 Prozent von Veränderungen in unseren Lebensumständen herrührt. Wenn wir es schaffen, nicht mehr arm, sondern reich zu sein, wenn wir aus einem kleineren in ein größeres Haus ziehen, beruflich aufsteigen, ja selbst wenn wir die passende Partnerin beziehungsweise den passenden Partner finden, bedeutet das für uns, mit anderen Worten, nur ein Erfolgserlebnis in der Größenordnung von 10 Prozent.[8] Hingegen steht und fällt unser Glück zu 40 Prozent in Abhängigkeit von unserer geistigen Verfassung. In die sollten Sie also investieren, wenn Sie Wert darauf legen, glücklich zu sein.[9]

Friede, Glück und Freude kommen von innen, nicht aus der Welt. Sie sind keine Sache, die die Welt uns gibt oder fortnimmt. Vielmehr eine Geisteshaltung, für die wir uns entscheiden, ungeachtet der Umstände. Die Welt ist einfach zu ungerecht und zu unbeständig, als dass wir mit unserer Bewusstheit ihr da trauen könnten. Die Person, die Sie sein wollen, das Leben, das Sie zu führen wünschen, die Bestimmung, die zu erfüllen es Sie drängt, sind zu bedeutsam, um sie dem Zufall anheimzustellen. Sie verlangen nach einer klaren inneren Ausrichtung, einer klaren inneren Zielsetzung, die Sie, da Sie auf ein gutes Leben hinarbeiten, ganz obenan stellen. Beinahe klingt es paradox, aber wird eine klare innere Zielsetzung für Sie zum wichtigsten Ziel, dann regeln und klären sich alle weiteren Ziele ganz von allein.

Fassen wir zusammen: Die Dinge, die Sie in der Welt erreichen wollen, repräsentieren Ihre äußeren Ziele. Die Eigenschaften, die Sie, indem Sie äußeren Zielen nachgehen, verstärken und vertiefen wollen, stehen für Ihre innere Zielsetzung. Und daraus erwächst ein ganzheitliches Resultat: ein glücklicherer, friedvollerer Mensch, der auf eine Verbesserung der Situation hinwirkt. Die Herausforderung besteht darin, Klarheit zu gewinnen über die innere Zielsetzung. Dann kann alles, was kennzeichnend dafür ist, wie Sie *sein* wollen, mühelos in das mit einfließen, was Sie *tun* müssen, um voranzukommen.

Ihre Liste mit den Orientierungspunkten für die Person, *die Sie sein wollen*, mit der Liste Ihrer zu erledigenden Aufgaben in Einklang zu bringen ist die einfachste Methode, die ich gefunden habe, um zu ermöglichen, dass die innere Zielsetzung und die äußeren Ziele einander durchdringen. Am Ende des Kapitels finden Sie ein Arbeitsblatt, bei dem es genau darum geht. Es heißt: „Die persönlichen Zielsetzungen für meine Aufgabenliste". Notieren Sie in der rechten Spalte die Ziele, die Sie in drei Bereichen Ihres Lebens – Beruf, Familie und Gesundheit – erreichen wollen. Das ist Ihre Aufgabenliste. Im nächsten Schritt benennen Sie in der mittleren Spalte die Eigenschaften, die beschreiben, wie Sie, während Sie auf die Umsetzung der zuvor aufgelisteten äußeren Ziele hinwirken, selbst sein wollen. Die entsprechenden Eigenschaften können Sie unter den Attributen einer auf dynamische Weise friedvollen Einstellung auswählen, die auf einem weiteren Arbeitsblatt am Ende des Kapitels nochmals aufgeführt sind. Einem äußeren Ziel können Sie mehr als nur eine Eigenschaft zuordnen. Das ist Ihre Liste mit der Beschreibung derjenigen Person, die Sie sein wollen. Haben Sie das Arbeitsblatt fertig ausgefüllt, dann hängen Sie es an einer Stelle hin, an der Sie es gut sehen können, damit es Ihnen, während Sie an der Verwirklichung Ihrer Ziele arbeiten, immer wieder in Erinnerung ruft, wie Sie sein wollen.

Nehmen Sie sich fest vor, im Lauf eines Tages des Öfteren auf das Arbeitsblatt zu blicken. Stellen Sie sich, während Sie es sich ansehen, lebhaft vor, in welcher Weise Sie die Eigenschaften, die Sie stärken wollen, am besten zum Tragen bringen. Wollen Sie zum Beispiel anderen Menschen gegenüber offener und empfänglicher, aufgeschlossener und weniger voreingenommen sein, dann stellen Sie sich vor, dass Sie anderen Menschen, mit denen Sie zusammenarbeiten oder anderweitig zu tun haben, aufmerksamer zuhören und sie möglichst nicht beurteilen.

Erwarten Sie, dass die erwünschte Veränderung eintreten wird! Auf Erwartung beruht die Wirkung von Placebos. Und die Erwartung wird auch dafür sorgen, dass in Ihrem Alltag von nun an die innere

Zielsetzung im Vordergrund steht. Je mehr Sie Ihre Aufmerksamkeit auf die Eigenschaft richten, die Sie verändern oder vertiefen wollen, umso stärker wird die betreffende Eigenschaft werden, bis sie schließlich zu Ihrem Autopiloten wird. Das soll keineswegs heißen, dass Sie hier nicht dann und wann auch mal einen Misserfolgerlebnis haben werden. Doch lassen Sie sich davon nicht beirren! Der Erfolg ist Ihnen sicher, solange Sie nicht klein beigeben.

Ein paar Worte zum Thema „Multitasking"

Eine andere Art und Weise, uns selbst zu überfordern, ist Multitasking. Die sogenannten „Smart"-Technologien des 21. Jahrhunderts wollen uns glauben machen, wir könnten tatsächlich mit zehn Bällen gleichzeitig jonglieren. Das zu tun kann uns jedoch überfordern. Wir glauben, im Multitasking ganz toll zu sein: ein Telefongespräch führen zu können, während wir zur gleichen Zeit ein Dokument ausdrucken, uns eine soeben eingetroffene SMS ansehen und eine E-Mail versenden. Doch für die Anzahl der Aufgaben, der Tasks, mit denen das menschliche Gehirn, im günstigsten Fall, zurechtkommen kann, gibt es ein natürliches Limit: maximal zwei![10] Jede/r von uns hat schon solche Momente erlebt, wenn das Gehirn über all die Aufgaben, die es gleichzeitig zu bewältigen versucht, den Überblick verliert. Auf einmal wissen Sie nicht mehr, an welcher Stelle Sie gerade sind, wo Sie eben waren und welche Aufgabe Sie als Nächstes angehen müssen. Solche Momente können das Stressreaktionssystem in Gang setzen, was bedeutet, dass Sie wahrscheinlich gleich erstarren werden – oder explodieren.

An der Stanford University hat man in einer Untersuchung herausgefunden, dass durch Multitasking unter Umständen sogar Ihre kognitive Steuerung beeinträchtigt wird.[11] Anthony Wagner, einer der daran beteiligten Wissenschaftler, hat erklärt: „In Situationen, in denen, aus der Außenwelt kommend oder aus dem Gedächtnis abgerufen, Informationsquellen in größerer Zahl vorhanden sind, können Sie nicht mehr diejenigen Quellen herausfiltern, die für Ihre momentane Zielsetzung belanglos sind. Der Ausfall solch einer Filterfunktion bedeutet, dass bei Ihnen durch diese für Sie völlig irrelevante Information die Abläufe verlangsamt werden."[12] Multitasker benötigen, so hat man in einer anderen Studie festgestellt, 40 Prozent mehr Zeit um etwas zu erledigen.[13] Eine weitere Untersuchung ergab sogar, dass Autofahrer, die während der Fahrt ein Mobiltelefon nutzten, länger brauchten, um ans Ziel zu gelangen.[14] Außerdem machen Multitasker doppelt so viele Fehler,[15] und sie stehen stärker unter Stress[16] als Menschen, die auf Multitasking verzichten. Und wie Sie wissen, verringert sich durch Stress die Leistungsfähigkeit des Gehirns – jene Leistungsfähigkeit, die wir benötigen, um die Dinge geregelt zu bekommen, und zwar gut geregelt.

Falls Multitasking überhand nimmt, gehen Sie, so meine Erfahrung, am besten folgendermaßen vor: Lassen Sie alles sein, was Sie gerade tun. Holen Sie tief Luft, und achten Sie eine Zeit lang auf das Ein- und Ausströmen des Atems. Seien Sie präsent, hier und jetzt, lassen Sie die Seele baumeln. Sollten Sie nach wie vor das Gefühl haben, überfordert zu sein, dann überlegen Sie, vielleicht einen Spaziergang zu machen. Ist wieder ein Gefühl der Ruhe eingekehrt und fühlen Sie sich fit genug, sich erneut an die Arbeit zu begeben, dann listen Sie kurz alles auf, was Sie zu tun versucht haben. Wählen Sie lediglich einen Punkt aus. Konzentrieren Sie sich auf ihn. Konzentrieren Sie sich auf diese eine Aufgabe mit dem Ziel, sie gut zu machen.

Fahrbahnschwellen

Lassen Sie uns zum Abschluss der Erörterung von Überforderung noch auf einen letzten Punkt zu sprechen kommen: eine simple Veränderung der Geisteshaltung, die einen irritierenden Moment, den ich als Fahrbahnschwelle bezeichne, in einen sanften Klaps auf die Schulter verwandeln kann, der Sie daran erinnert, sich für inneren Frieden zu entscheiden.

Mit „Fahrbahnschwelle" sind jene unliebsamen Störungen gemeint, die dann eintreten, wenn Sie sich konzentrieren müssen oder unter Druck stehen, weil Sie etwas erledigen oder fertigstellen müssen: Etwa jemand an Ihrer Türe, der Sie mit einem Problem unterbricht, wenn Sie mitten in der Arbeit stecken, um mit dieser rechtzeitig zum vereinbarten Abgabetermin fertig zu sein; ein Drucker, der auf einmal nicht mehr druckt; eine Signalleuchte am Armaturenbrett Ihres Wagens, die Sie auf dem Weg zu einer Verabredung, für die Sie ohnehin schon spät dran sind, daran erinnert, dass in Kürze kein Benzin mehr im Tank sein wird; ein Fleck auf Ihrer Kleidung, der Ihnen erst unmittelbar vor Beginn einer Präsentation auffällt.

SCHRITT 2: AN DEN PUNKT GELANGEN, AN DEM SIE SICH ENTSCHEIDEN KÖNNEN

Hiermit schlage ich Ihnen vor, solche Ärgernisse als Straßenschwellen zu bezeichnen. Wenn es beispielsweise zu solch einer unvermeidlichen Unterbrechung kommt, warten Sie am besten, bis die Welle der Verärgerung wieder abgeflaut ist, und sagen sich dann einfach: *Straßenschwelle*. Verwenden Sie diesen Ausdruck als Wink, der Sie daran erinnert, für einen Augenblick innezuhalten und für ein paar Sekunden dem wunderbaren Duft der Rosen Ihre Aufmerksamkeit zu schenken. Sagen Sie sich: *Stattdessen könnte ich die Erfahrung von Frieden machen.* Nehmen Sie einen Atemzug, seien Sie präsent, und lächeln Sie – denn letzten Endes ist unser Leben doch eine köstliche Komödie. Entspannen Sie sich einen Moment lang, um dann hellwach all dessen gewahr zu werden, was Sie gegenwärtig vor sich haben. Rufen Sie sich Ihre innere Zielsetzung in Erinnerung: in Frieden zu sein.

Ihre Praxis für diese Woche

- Gewinnen Sie mit Hilfe des Werkzeugs „Drei vernünftige Entscheidungen" die Kontrolle über Umstände zurück, unter denen Sie ein Gefühl der Ohnmacht haben.
- Füllen Sie das Arbeitsblatt „Die persönlichen Zielsetzungen für meine Aufgabenliste" auf Seite 128 aus. Stellen Sie bitte, nachdem Sie alles ausgefüllt haben, sicher, dass es einen Platz erhält, an dem es immer wieder Ihren Blick auf sich zieht.
- Bedienen Sie sich des auf Seite 129 zusammengefassten Multitasking-Prozesses, um mit entsprechenden Gewohnheiten zu brechen.

Und setzen Sie diese Übungen weiter fort

- Praktizieren Sie die „Die 30-sekündige Auszeit für inneren Frieden" jeden Tag drei- oder viermal.
- Wenden Sie regelmäßig einmal am Tag (noch besser: zweimal am Tag) das Hilfsmittel „Klarheit zulassen" an.
- Nutzen Sie das Hilfsmittel „Die Löschtaste", um ein Stress auslösendes Denkmuster zu beseitigen.
- Üben Sie nach wie vor die Anwendung des Hilfsmittels „Die Gedanken aufmerksam wahrnehmen".
- Beginnen Sie weiterhin jeden Tag in Ruhe.

Hilfsmittel

Drei vernünftige Entscheidungen

- Beschließen Sie, die Situation zu verändern.
- Verlassen Sie die Situation.
- Akzeptieren Sie die Situation voll und ganz.

Drei vernünftige Entscheidungen
In der zweieinhalbminütigen Audio-Anleitung erläutert Don „Drei vernünftige Entscheidungen" und erklärt Ihnen, welchen Gebrauch Sie im Alltag von diesem Hilfsmittel machen können.
www.windpferd.de/stressbesiegen/7_drei-entscheidungen.mp3

Die persönlichen Zielsetzungen für meine Aufgabenliste

Anleitung

1. Tragen Sie zunächst einmal die äußeren Ziele, die Sie in jeder der drei Kategorien – Beruf, Familie und Gesundheit – erreichen wollen, in die rechte Spalte des Arbeitsblattes „Die persönlichen Zielsetzungen für meine Aufgabenliste" ein.
2. Benennen Sie nun in der dafür vorgesehenen Spalte die Eigenschaften, die beschreiben, wie Sie, während Sie auf die Umsetzung der zuvor aufgelisteten äußeren Ziele hinwirken, selbst sein wollen. Die entsprechenden Eigenschaften können Sie, in der Tabelle „Attribute einer auf dynamische Weise friedvollen inneren Einstellung" auswählen. Einem äußeren Ziel können Sie mehr als nur eine Eigenschaft zuordnen. Jede Eigenschaft können Sie in mehr als einer Kategorie verwenden.
3. Plazieren Sie das Arbeitsblatt dann an einer Stelle, an der Sie es gut sehen können, damit es Ihnen, während Sie tun, was Sie zu tun haben, immer wieder in Erinnerung ruft, *wie Sie sein wollen*.

SCHRITT 2: AN DEN PUNKT GELANGEN, AN DEM SIE SICH ENTSCHEIDEN KÖNNEN

Die persönlichen Zielsetzungen für meine Aufgabenliste		
Die inneren Eigenschaften, die beschreiben, wie ich sein will ...	... während ich darauf hinwirke, diese äußeren Ziele zu erreichen	im Bereich von
		Beruf
		Familie
		Gesundheit

▶ Unter www.windpferd.de/stressbesiegen/arbeitsblatt-seite_128.pdf können Sie das Arbeitsblatt zum Ausdrucken herunterladen.

Attribute einer auf dynamische Weise friedvollen inneren Einstellung[17]

Kreuzen Sie drei hier aufgeführte Eigenschaften an, die Sie stärken wollen.

○ gelassen	○ nachgiebig und wiederstandsfähig
○ ein klares Empfinden der eigenen Stärke und die persönliche Integrität, diese zur Geltung zu bringen, ohne dadurch andere zu überfordern	○ Vertrauen angesichts widriger Umstände
○ furchtlos	○ sich vertrauensvoll auf den Prozess einlassen
○ ohne Eile	○ Freude an der Herausforderung
○ sorgenfrei	○ sich einfühlendes Verstehen
○ selbstbewusst	○ bereit zu vergeben
○ schöpferisch	○ kein Interesse an Be- oder Verurteilung
○ offen und empfänglich, aufgeschlossen und unvoreingenommen	○ eine tief empfundene Verbindung zum eigenen Herzen, zu anderen Wesen und zum Leben selbst
○ eine vollkommen präsente Wissbegierde	○ ein jederzeit vorhandenes Gefühl für jenes Ganze, das mehr ist als die Summe seiner Bestandteile
○ energiegeladen	○ ein Gespür für das Heilige

▶ Unter www.windpferd.de/stressbesiegen/arbeitsblatt-seite_58.pdf können Sie das Arbeitsblatt zum Ausdrucken herunterladen.

7 • INNERLICH RUHIG UND KLAR, GANZ GLEICH, WAS SICH DRAUSSEN ABSPIELT

Multitasking

- Wenn Sie feststellen, dass Multitasking überhand nimmt, dann lassen Sie einfach alles sein, was Sie gerade tun.
- Holen Sie tief Luft, und achten Sie eine Zeit lang auf das Ein- und Ausströmen des Atems. Seien Sie präsent, hier und jetzt, lassen Sie die Seele baumeln.
- Falls Sie sich überfordert fühlen, sollten Sie unbedingt eine kleine Auszeit einlegen, indem Sie einen Spaziergang machen. Damit tragen Sie dazu bei, dass die Stresshormone aus dem System herausbefördert werden und das Gehirn zur Ruhe kommen und wieder neue Kraft schöpfen kann.
- Fühlen Sie sich bereit, wieder an die Arbeit zu gehen, dann schreiben Sie die diversen Dinge auf, die Sie vorher alle auf einmal zu erledigen versucht haben. Konzentrieren Sie sich jetzt lediglich auf eine Aufgabe. Gehen Sie sie ganz gemächlich an mit dem Ziel, sie gut zu machen.

8
Den Geist hawaiianisieren

Es gibt zwei Hilfsmittel, die ich als Hawaiianisierung des Geistes bezeichne. Das eine holt Sie aus der schlechten Gesellschaft des Stresses und bringt Sie raus an den Strand. Dieses Hilfsmittel nennt sich „Vorwegnahme". Das andere versetzt Sie in ein Wellness-Bad. Es ist das Hilfsmittel „Fühlen Sie es, um es zu heilen".

Das Hilfsmittel Vorwegnahme

Das Hilfsmittel „Vorwegnahme" ermöglicht eine auf dynamische Weise friedvolle Einstellung in einer Situation, in der Sie diese vielleicht für unmöglich halten. Es hilft Ihnen, jeder schwierigen Situation einen veränderten Rahmen zu geben, indem Sie in diese eine Situation friedlicher Geisteshaltung einführen. Zur Anwendung gebracht wird das Hilfsmittel „Vorwegnahme", bevor Sie sich auf die schwierige Situation einlassen, und es bietet die beste Chance auf ein Gelingen. Bei diesem Prozess nutzen Sie die Erinnerung an einen friedvollen und glücklichen Augenblick, um einem bevorstehenden Geschehnis, das Sie mit Angst und Sorge erfüllt, mit einer positiveren Einstellung entgegenzublicken. Oder Sie nutzen das Hilfsmittel in einer bestimmten Art von Situation,

SCHRITT 2: AN DEN PUNKT GELANGEN, AN DEM SIE SICH ENTSCHEIDEN KÖNNEN

in der Ihre Leistung zuvor mal nicht dem entsprach, was Sie sich erhofft oder gewünscht hätten, zum Beispiel bei einer Rede, die Sie gehalten haben. Ja es kann auch eine Situation sein, in der Sie sich normalerweise selbst in eine Ohnmachtsposition hineinbegeben haben. Durch diesen Prozess rufen Sie jene Ruhe und Klarheit hervor, die Sie in die Lage versetzen, über die Situation hinauszuwachsen – einfach weil Sie keine Angst mehr haben. Definitionsgemäß bedeutet das: Sie sind in Frieden. In Frieden zu sein stimuliert aber, wie Sie jetzt wissen, die Funktion des höheren Gehirns. Und je stärker die höhere Gehirnfunktion mit ins Spiel kommt, umso mehr erhöht sich zugleich die Wahrscheinlichkeit, dass ein intelligenteres und kreativeres Resultat zustande kommt und somit letztlich Ihr Vorhaben gelingt.

Eines Tages habe ich der Leiterin eines Projektteams geholfen, mit Hilfe des „Vorwegnahme"-Werkzeugs eine schwierige Situation im Umgang mit einem Mitglied ihres Projektteams zu überwinden. Dieses Teammitglied verfügte über die technischen Kenntnisse und Fertigkeiten, die für den Erfolg des Teams unerlässlich waren. Aus Sicht der Projektleiterin drohte diese Frau jedoch einen Keil ins Team zu treiben und dadurch den gemeinschaftlichen Erfolg zu gefährden. Bei verschiedenen Treffen versuchte sie, das Problem aufzuarbeiten, aber diese Bemühungen führten zu nichts. Beide gingen sie in die Defensive und machten einander Vorwürfe. Das alles war an einem Punkt angelangt, an dem die Projektleiterin noch einen allerletzten Versuch unternehmen wollte. Und sollte dieser letzte Anlauf keine Wende zum Positiven bringen, war sie darauf vorbereitet, die Frau zu feuern: Eine sehr belastende Situation, und von dem Ergebnis hing viel ab. Diesmal bereitete sie sich allerdings mit dem Hilfsmittel „Vorwegnahme" auf das Treffen vor. Das Resultat war besser, als sie erwartet hätte.

Das Hilfsmittel „Vorwegnahme" half der Projektleiterin, sich ruhig zu fühlen, in dem Treffen offen und aufgeschlossen und irgendwie positiver zu sein. Sie war nicht so sehr auf das Ergebnis hin orientiert, dass dies ihrer Ruhe und Zuversicht Abbruch getan hätte, zumal zu Beginn des Treffens, als ihr Gegenüber einigermaßen gereizt war. Sie war durchaus in der Lage, sich aufmerksam und ohne Feindseligkeit anzuhören, was ihr Gegenüber ihr mitteilen wollte. Die alten Spannungen zwischen ihnen lösten sich. Zum ersten Mal konnten die beiden konstruktiv über die Angelegenheit sprechen und mit einem Lösungsansatz zur Verbesserung der Situation aufwarten.

Das Hilfsmittel
Fühlen Sie es, um es zu heilen

„Fühlen Sie es, um es zu heilen" ist das zweite Hilfsmittel zur Hawaianisierung des Geistes. In gewisser Weise dient es dazu, mit dem Geist den gestressten Körper zu heilen. Bei diesem geführten Prozess geht es darum, die Entspannungsreaktion zu ermöglichen und so die vom Stress im Körper hinterlassene Verspannung zu lindern.[1] Stress bewirkt bei uns muskuläre Verspannung. Das gehört mit zur Erstarrungsreaktion. Wenn Sie den Stress im Körper aufmerksamer wahrnehmen, hat das im Grunde einen therapeutischen Effekt und kann die Spannung, die Sie in sich tragen, verringern. Außerdem hilft es Ihnen, die subtilen Anzeichen für Anspannung im Körper kennenzulernen und solch eine Anspannung systematisch zu lösen. Ein weiterer Vorteil: Diese Übung aktiviert Alphawellen im Gehirn, und die sind, wie Sie im nächsten Kapitel erfahren werden, ein Wegbereiter für schöpferische Einsicht.

Der „Fühlen Sie es, um es zu heilen"-Prozess ist einfach. Sie sitzen mit geschlossenen Augen in einer komfortablen Haltung da, während Sie den Körper im Geist nach Verspannung absuchen. Die schlichte Aktivität, jene Verspannung, die Sie unbewusst aufrechterhalten beziehungsweise ignorieren, zu erspüren, kann sie tatsächlich auflösen und freisetzen. Ebenso dringen Sie zu jeder emotionalen Verfassung vor, die Sie mit sich schleppen, etwa Trauer, Angst oder Wut. Hier gilt erneut: Sich einfach zu gestatten, die Emotionen zu spüren, kann sie auflösen. Besonders am frühen oder etwas späteren Nachmittag, wenn sich die Müdigkeit bei Ihnen festsetzt, verhilft Ihnen diese Übung zu einem Energieschub.

Ihre Praxis für diese Woche

- Nutzen Sie das Hilfsmittel „Vorwegnahme" stets dann, wenn eine Situation bevorsteht, in der Sie ein positives Resultat erzielen müssen.
- Führen Sie „Fühlen Sie es, um es zu heilen" zweimal täglich aus – oder immer, wenn Sie Anspannung im Körper bemerken.

Und setzen Sie diese Übungen weiter fort

- Denken Sie daran, mit den „Drei vernünftigen Entscheidungen" zu arbeiten, wann immer Sie in einer Situation ein Gefühl von Ohnmacht verspüren.

SCHRITT 2: AN DEN PUNKT GELANGEN, AN DEM SIE SICH ENTSCHEIDEN KÖNNEN

- Praktizieren Sie die „Die 30-sekündige Auszeit für inneren Frieden" jeden Tag drei- oder viermal.
- Wenden Sie regelmäßig einmal am Tag (noch besser: zweimal am Tag) das Hilfsmittel „Klarheit zulassen" an.
- Nutzen Sie das Hilfsmittel „Die Löschtaste", um ein Stress auslösendes Denkmuster zu beseitigen.
- Üben Sie nach wie vor die Anwendung des Hilfsmittels „Die Gedanken aufmerksam wahrnehmen".
- Beginnen Sie weiterhin jeden Tag in Ruhe.

Hilfsmittel

Das Hilfsmittel
Vorwegnahme

- Setzen Sie sich bequem auf Ihren Stuhl oder in den Sessel, die Hände frei im Schoß liegend und die Füße auf dem Boden. Schließen Sie die Augen, und gehen Sie in Gedanken zurück zu einem bestimmten Zeitpunkt oder an einen bestimmten Ort, an dem Sie sich glücklich und in Frieden gefühlt haben.
- Rufen Sie sich die Situation möglichst lebendig und realitätsnah in Erinnerung. Betrachten Sie Ihre Umgebung. Mit wem sind Sie zusammen, sofern es da eine weitere Person gibt. Erleben Sie, wie glücklich und zufrieden Sie sich in diesem Umfeld fühlen. Gestatten Sie sich, diesen guten und besonderen Augenblick noch einmal neu zu erfahren.
- Rufen Sie sich als Nächstes die schwierige Situation in den Sinn, die Ihnen bevorsteht. Es könnte sich um einen Menschen oder eine Situation handeln, die Sie als schwierig oder belastend empfinden. Stellen Sie sich vor, Sie befänden sich jetzt gerade in dieser Situation. Lassen Sie diese künftige Situation in Ihrer Vorstellung so erstehen, als trage sie sich in diesem Moment zu. Bringen Sie das glückliche, friedvolle Gefühl, das Sie visualisiert haben, in die Situation ein. Erleben Sie, dass Sie angesichts der Situation in Frieden, selbstbewusst, optimistisch und energiegeladen sind.
- Stellen Sie sich vor, dass Ihr Selbstbewusstsein Sie furchtlos macht. Infolgedessen geben Sie die Kontrolle über sich selbst nicht ab. Stattdessen fühlen Sie sich verantwortlich für das eigene Erleben. In diesem furchtlosen Zustand sind Sie sehr offen und nicht so ergebnis-

orientiert, dass Sie dadurch von dem Frieden und der Zuversicht, die Sie empfinden, abgelenkt werden. Stellen Sie sich vor, dass Sie sich zunehmend über die Situation erhaben fühlen, einfach weil Sie keine Angst mehr vor ihr haben.

- Sind andere Menschen involviert, dann stellen Sie sich vor, dass Sie ihnen alles, was Sie ihnen sagen wollen, tatsächlich mitteilen können und Sie dem, was die Betreffenden Ihnen sagen möchten, aufmerksam und ohne jede Abneigung oder Feindseligkeit zuhören.
- Stellen Sie sich vor, dass Ihr Gefühl von Ruhe und Klarheit stabil bleibt, ganz gleich was andere tun oder lassen.
- Stellen Sie sich vor, dass Sie am Ende der Begegnung immer noch in Frieden sind, voller Zuversicht und Energie, gleichgültig welchen Lauf die Dinge nehmen.
- Bringen Sie die Aufmerksamkeit in den gegenwärtigen Augenblick. Und wenn Sie so weit sind, öffnen Sie die Augen.

Vorwegnahme
Im Verlauf der fünfminütigen Sitzung macht Don Sie in einem geführten meditativen Prozess mit der Technik des „Vorwegnehmens" vertraut.
www.windpferd.de/stressbesiegen/8_vorwegnahme.mp3

Das Hilfsmittel
Fühlen Sie es, um es zu heilen

- Lehnen Sie sich bequem im Sessel zurück. Schließen Sie die Augen, und gestatten Sie sich, den ganzen Körper zu fühlen. Nehmen Sie den Stress in einer Körperpartie zur Kenntnis, in der Sie sich besonders unwohl fühlen, und lassen Sie zu, dass Sie das Unbehagen, die Verhärtung oder Verspannung, die dort vorhanden sind, spüren. Erspüren Sie es ohne jegliche Bewertung, und machen Sie sich frei von der Neigung, es verändern zu wollen. Fühlen Sie einfach nur.
- Durchsuchen Sie ein paar Augenblicke später den Körper nach Verspannungen oder Beschwerden an einer anderen Stelle, und fühlen Sie sie, indem Sie weder über die Verspannung noch über sich selbst ein Urteil abgeben. Versuchen Sie nicht zu verändern, was Sie spüren. Fühlen Sie einfach nur.

SCHRITT 2: AN DEN PUNKT GELANGEN, AN DEM SIE SICH ENTSCHEIDEN KÖNNEN

- Suchen Sie auf die beschriebene Art und Weise weiter, bis Sie die meisten Verspannungen im Körper entdeckt haben.
- Sehen Sie nun zu, ob Sie den Körper im Ganzen fühlen können. Fragen Sie sich: *Wie fühlt sich mein Körper insgesamt?*
- Stellen Sie sich als Nächstes vor, dass Ihr Körper neutral ist und es einen Emotionskörper gibt, den Sie über dem physischen Leib spüren. Sehen Sie zu, ob Sie spüren können, welche Emotion in erster Linie zutage tritt. Sie brauchen die Emotion nicht zu benennen. Fühlen Sie sie einfach, ohne irgendein Urteil abzugeben. Lösen Sie sich von der Neigung, sie verändern zu wollen.
- Gestatten Sie sich zum Abschluss des meditativen Prozesses, sich Stück für Stück zu entspannen. Lassen Sie die Emotion los. Lassen Sie jegliche Verspannung los. Lassen Sie alles los, und entspannen Sie sich voll und ganz.
- Richten Sie die Aufmerksamkeit auf den Atem, und verfolgen Sie die Atmung für die Dauer von ein paar Atemzügen. Öffnen Sie dann die Augen, und schauen Sie sich im Raum um. Nehmen Sie die Farben und Formen all dessen, was Sie sehen, in sich auf. Seien Sie präsent – frisch und hellwach. Heißen Sie einen *neuen Augenblick* willkommen, und entspannen Sie sich in ihn hinein. Spüren Sie, welche Lebendigkeit schlichtem Gewahrsein innewohnt.

Fühlen Sie es, um es zu heilen
In der viereinhalbminütigen Audio-Anleitung führt Don Sie durch den Prozess „Fühlen Sie es, um es zu heilen".
www.windpferd.de/stressbesiegen/9_fuehlen-um-zu-heilen.mp3

Schritt 3:

Sich über den Stress hinausentwickeln

Worauf es ganz entscheidend ankommt, um Zugang zum vollen Potenzial des Gehirns zu erhalten

9
Das schöpferische Gehirn

In einem Essay über große Männer der Menschheitsgeschichte hat William James den schöpferischen Prozess des Gehirns einst mit „einem brodelnden Kessel voller Ideen", verglichen, „in dem alles in einem Zustand verwirrender Aktivität hin und her schwirrt und herumzischt."[1] Die Wissenschaft beginnt gerade erst, einen Blick tief in diesen Kessel hineinzuwerfen und zu verstehen, auf welche Weise schöpferische Einsicht aus ihm hervorkommt. Dabei wird klar, dass so manch eine der bislang vorherrschenden alten Vorstellungen nicht zutrifft.

Tatsache Nr. 1:
Jede/r von uns ist kreativ

Wir pflegten zu glauben, entweder sei ein Mensch durch Vererbung schöpferisch begabt oder nicht. Aber das stimmt so nicht. Kreativität ist keine Funktion, über die einige von uns verfügen, andere hingegen nicht. In all die schöpferischen Prozesse ist ein neurales Netzwerk, der anteriore superiore temporale Gyrus, so die Bezeichnung für eine bestimmte Windung im rechten Schläfenlappen, mit einbezogen. Im

Zusammenspiel mit weiteren Teilen der rechten Gehirnhälfte wirkt dieses Netzwerk daran mit, eine kreative Einsicht hervorzubringen. Die wandert anschließend in die linke Gehirnhälfte, damit sie dort in eine praktisch nutzbare Neuerung umgewandelt wird. Solche schöpferischen Prozesse sind in jedem Gehirn angelegt, nicht bloß in dem von ein paar besonders Begünstigten. Außergewöhnlich kreative Leute haben freilich die Kunstgriffe ausfindig gemacht, mit deren Hilfe sich schöpferische Einsicht aktivieren lässt. Am Ende des Kapitels werden Sie über die entsprechenden Kunstgriffe Bescheid wissen. Sich Zugang zu diesem uns innewohnenden Potenzial zu verschaffen ist glücklicherweise ziemlich stressfrei.

Setzt man Menschen einfach in einen blau gestrichenen Raum, kann sich allein schon dadurch ihre schöpferische Leistung verdoppeln. Blau liefert farblich ein Abbild von Himmel und Meer, und dadurch bewirkt es eine friedvollere, glücklichere und entspanntere Reaktion. Im Grunde genommen können Sie jedes Element einer auf dynamische Weise friedvollen Geisteshaltung nutzen, um die Pforte zur schöpferischen Einsicht zu öffnen.

Tatsache Nr. 2:
Ein Aufmerksamkeitsdefizit fördert die Kreativität

Gemeinhin hat man angenommen, Kreativität erfordere intensive, andauernde Konzentration. Das trifft ebenso wenig zu. Zahlreiche Studien machten deutlich, dass hochgradig schöpferische Menschen eine weitere Bandbreite von Informationen in sich – in ihr Gewahrsein – einlassen, weniger schöpferische Menschen hingegen dazu neigen, ihre Aufmerksamkeit enger begrenzt auszurichten, und somit die eigene Erfahrung einschränken. Andauernde Konzentration ist keineswegs der beste Ansatz, wenn Sie eine kreative Lösung brauchen. Beispielsweise lässt sich, so ergab eine Studie an der University of Pennsylvania, mit pharmazeutischen Wirkstoffen aus der Gruppe der Nootropika (den sogenannten Smart Drugs)[2] dafür sorgen, dass sich das Gehirn acht Stunden lang unablässig auf *ein* Problem konzentriert. Anschließend wird es höchst wahrscheinlich jedoch keine Einsichten zur Problemlösung liefern können.[3]

Noch aussagekräftiger ist eine kürzlich unter der Leitung von Dr. Holly White an der University of Memphis durchgeführte Studie. Sie stellte fest, dass Studentinnen und Studenten, bei denen eine Aufmerksamkeitsdefizit-Hyperaktivitätsstörung (ADHS) diagnostiziert worden war, bei Tests zur Kreativitätsmessung signifikant besser abschnitten. Und das hatte in hohem Maß mit ihrer Schwierigkeit, konzentriert zu bleiben, zu tun.[4] Menschen mit ADHS, erklärt Dr. White, können eine Idee nehmen und sie in viele verschiedene Richtungen verzweigen. Im Wesentlichen macht ADHS sie fantasievoll. Im Unterschied dazu nehmen Menschen ohne ADHS viele Ideen und beziehen sie in eine zentrale Blickrichtung mit ein."[5] Dr. White untersuchte im Rahmen der Studie auch Studentinnen und Studenten, denen bei Kunstausstellungen und bei Wissenschaftsmessen Preise verliehen worden waren. Diejenigen mit ADHS hatten in jedem Bereich mehr Preise gewonnen. Ihr Aufmerksamkeitsdefizit erwies sich aus kreativer Sicht als ein Segen.

Einstein hat sich von Zeit zu Zeit dem hingegeben, was er als Gedankenexperimente bezeichnete. Dann saß er ruhig im Sessel und ließ den Geist umherschweifen, mitunter gleich stundenlang. In jenem Zustand, in dem der Geist unkonzentriert war, kamen ihm nach eigener Aussage die meisten schöpferischen Einsichten.[6]

Tatsache Nr. 3:
Schöpferische Einsicht ist das Überbleibsel verschwendeter Zeit

Wenn ich in einem Raum voller Menschen stehe, die in ihrem Unternehmen leitende Positionen bekleiden, und sie frage, wie sich aus ihrer Sicht der Wettbewerbsvorsprung beziehungsweise die Wettbewerbsfähigkeit eines Unternehmens aufrechterhalten lasse, sagen die meisten, man müsse einfach dafür sorgen, dass wie eh und je, den Blick immer auf die Sache gerichtet, hart und lange gearbeitet wird und die Produkte des Unternehmens stets hochgradig innovativ sind.

Selbstverständlich muss, wer Erfolg haben will, hart arbeiten. Doch die schöpferische Einsicht, die zu wegweisenden Innovationen führt, verlangt danach, dass wir vom harten und langen Arbeiten auch mal Abstand nehmen. Denn sie wird in jenem Zustand von Ruhe und Frieden geboren, den man erreicht, wenn man sich eine gewisse Auszeit nimmt.

Einige der hellsten Manager, die ich kenne, schaudert es jedoch regelrecht bei dem Gedanken, zu Innovation anzuregen, indem sie ihren Angestellten einen Tag in der Woche zur Verfügung stellen, den sie nach eigenem Gutdünken nutzen können. Das betrachten sie als kolossale Zeitverschwendung, und sich vorzustellen, dass dabei irgendwas Produktives rauskommen könnte, bereitet ihnen Mühe. Zugleich erwartet jedes Unternehmen von den Leuten in Schlüsselpositionen, dass sie kreativ sind, denn allen Leuten in leitender Position ist klar: Ohne Innovation besteht keinerlei Hoffnung, einen Wettbewerbsvorteil zu sichern. In den meisten Unternehmen versteht man freilich nicht, was Einstein mit seiner Aussage: „Kreativität ist das Überbleibsel verschwendeter Zeit", gemeint hat: Das Gehirn braucht regelmäßig eine Dosis Freizeit, damit die Art von schöpferischer Einsicht möglich wird, die zu Durchbrüchen im Denken führt!

Eines der ersten Unternehmen, in dem man begriffen hat, was es bedeutet, schöpferische Einsicht zu ermöglichen, war der Multitechnologie-Konzern 3M. Seine lange Liste von Innovationen ist legendär. Jahrzehntelang hat man die Angestellten dort ermutigt, bis zu 15 Prozent der regulären Arbeitszeit zu nutzen, um Ideen nachzugehen, die ihnen persönlich in den Sinn gekommen sind – selbst wenn es sich um Ideen außerhalb der von 3M anvisierten strategischen Zielvorgaben handeln sollte. Das ist die sogenannte 15-Prozentregel. Innerhalb eines 15-prozentigen Anteils ihrer Arbeitszeit bleibt den Leuten freigestellt zu tun, was sie immer sie wollen, und das Management vertraut darauf, dass sich diese Zeit für 3M rechnen, sich „vergolden" wird. Genau das ist nämlich ein ums andere Mal geschehen.

Die bekannteste Erfolgsgeschichte im Sinn der 15-Prozentregel war diejenige des Wissenschaftlers Art Fry. Er hat die selbstklebenden Zettel entwickelt, die wir heutzutage unter der Bezeichnung „Post-it" kennen. Die Idee zu Post-it kam ihm in einer Pause, als er seine 15-Prozent der Arbeitszeit dazu nutzte, sich zu überlegen, auf welche Weise er in den Gesangsbüchern für seinen Kirchenchor Hymnen mit einer Markierung versehen könnte. Die 15-Prozentregel ist bei 3M so tief verwurzelt, dass man sie, wie es ein Wissenschaftler ausgedrückt hat, „bis in die Zehenspitzen hinein spüren kann".[7] Die Angestellten bei 3M bezeichnen diese Arbeitsphase als „Tagträumen". Das Spitzenmanagement des Unternehmens stellt sicher, dass man solchen Tagträumen nachgehen darf, und den Möglichkeiten, wie ein Ingenieur sich ein neues Produkt ausdenken darf, werden dabei lediglich einige wenige Einschränkungen auferlegt.

Andere Großunternehmen betrachten die 15-Prozentregel bei 3M vielfach mit Skepsis. Les Krogh, früherer Senior-Vizepräsident für Forschung und Entwicklung bei 3M, hat einmal gesagt: „Es war geradezu unvorstellbar, dass wir so viel Freiheit zulassen würden. Die 15-Prozentphilosophie läuft allen normalen Managementvorstellungen über Kontrolle zuwider."[8] 3M geht so weit zu sagen, dass Innovation der Wachstumsmotor des Unternehmens und geistiges Eigentum mehr Wert ist als „bare Münze".[9] Letzten Endes sind jedoch – Probieren geht über Studieren – die Fakten entscheidend: 2012 betrug bei 3M der durch Verkäufe erzielte Umsatz 30 Milliarden Dollar,[10] 3102 Patente wurden angemeldet, und das Unternehmen erwirtschaftete pro Aktie mehr als 6 Dollar Überschuss.[11] Seine Produktlinie umfasst 50.000 Erzeugnisse. Bei der jüngsten Zählung kam man auf nahezu 23.000 registrierte Patente, die zum überwiegenden Teil der 15-Prozentregel zu verdanken waren.[12]

Google gehört zu den wenigen Firmen, die den 3M-Ansatz aufgreifen. Tatsächlich hat Google sogar noch nachgelegt – auf die 20-Prozentmarke. Seine 20-Prozentregel hat die gleichen eindrucksvollen Resultate geliefert. So sind beispielsweise Gmail und Google Earth auf diese Weise entstanden.

Tatsache Nr. 4:
Kein innerer Friede, keine Freude, keine schöpferische Einsicht

In unserer Kultur ist der gequälte Künstler ein vertrautes Stereotyp und leistet der Vorstellung Vorschub, um schöpferisch zu sein, müsse man leiden. Nun, nach Auffassung von David Lynch, einem der bedeutenden US-amerikanischen Filmregisseure, bildenden Künstler und Komponisten, trifft das ganz und gar nicht zu.

Kreativität, erklärt Lynch, braucht keine Schmerzen zu bereiten, und ein Höchstmaß an schöpferischer Kraft erwächst aus Freude, nicht aus Leid:

Lange Zeit hat man gemeint, um schöpferisch zu sein, müsse man leiden. Aber genau das Gegenteil trifft zu. Wenn man leidet, selbst nur ein klein wenig, unterbindet das die Kreativität. Vielmehr gilt: Je glücklicher und je mehr man quicklebendig ist, umso besser läuft's. ... Dann können die Ideen viel leichter in Fluss kommen, weit reibungsloser, schneller und zahlreicher.[13]

Darüber hinaus hat Dr. Mark Beeman von der Northwestern University, einer der weltweit führenden Kreativitätsforscher, herausgefunden, dass Ihre Stimmung die Kreativität entweder blockiert oder freisetzt. Seine Forschung hat gezeigt, dass Menschen Kreativprobleme besser lösen, wenn sie sich in einer positiven Stimmung befinden.[14] „Eine positive Stimmung", erklärt Beeman, „bewirkt möglicherweise nicht nur, dass Sie die Grenzen Ihres persönlichen Interessenspektrums lockerer sehen, sondern dieses sogar erweitern und dadurch in die Lage versetzt werden, ein Problem auf diese oder jene Weise neu in den Blick zu fassen und mit einer Lösung aufzuwarten."[15] Sich einfach nur auf YouTube ein Video von einem lachenden Baby anzugucken vergrößert, wie man herausgefunden hat, bereits die kognitive Flexibilität.[16]

Die US-amerikanische Choreografin Martha Graham – ihr Einfluss auf den Tanz wird häufig mit dem von Picasso auf die Malerei, von Strawinsky auf die Musik und von Frank Lloyd Wright auf die Architektur verglichen – hat einmal gesagt, Kunst beruhe auf „einer Geisteshaltung, in der man mit allem, was man ist, zuhört".[17] Ferner erklärte sie: „Die eigene Aufgabe [als Künstler/in] besteht darin, den Kanal ... offen zu halten."[18]

Die Neurowissenschaft hat diesen Kanal näher bestimmen können – als die rechte Hirnhälfte. Über die Dichotomie zwischen dem rechten und dem linken Gehirn wissen wir Bescheid, seit der Medizin-Nobelpreisträger Robert Sperry die Aufteilung des Gehirns entsprechend definiert hat. Würden Sie ein menschliches Gehirn in den Händen halten und von oben darauf blicken, dann würden Sie zwei getrennte Hirnlappen (oder Hirnhälften) aus hügeliger grauer Masse,[19] Seite an Seite nebeneinander liegend, zu sehen bekommen. Gemeinsam bilden sie die Hirnrinde, das höhere Gehirn. Mit dem bloßen Auge betrachtet sieht es zwar so aus, als sei jeder der beiden Hirnlappen ein ziemlich getreues Spiegelbild seines Gegenübers. Tatsächlich sind sie jedoch in der Art und Weise, wie sie funktionieren, Informationen verarbeiten und sich verhalten nahezu polare Gegensätze. Die linke Gehirnhälfte geht logisch, analytisch, quantitativ, rational und in einem buchstabengetreuen Sinn vor. Sie denkt abstrakt. Ferner produziert sie Ihre Vorstellung, ein individuelles, von allem anderen unterschiedenes und getrenntes Ich, oder Selbst, zu sein. Der linken Gehirnhälfte verdankt die Menschheit Wissenschaft und Technik, den Großteil unserer Sozialsysteme und den gesunden Menschenverstand.

Die rechte Gehirnhälfte geht ganzheitlich, intuitiv, einfallsreich und metaphorisch vor. Sie denkt in Bildern, und die Menschheit verdankt ihr neben den Künsten die Philosophie und die Spiritualität wie auch den Sinn für Humor. Außerdem ermöglicht es die tiefgehende Empfindung von Frieden, die uns in die Lage versetzt, die von der linken Gehirnhälfte, dem „Ego"-Selbst, wahrgenommene Getrenntheit zu überwinden.

Für die meisten von uns wird die Erfahrung der rechten Gehirnhälfte daraus ersichtlich, wie sich unsere innere Verfassung verändert, sobald wir uns in die Natur hinausbegeben. Dieser Zustand stellt sich auf ganz natürliche Weise ein, wenn Sie am Strand des Ozeans entlang spazieren gehen, unweit jenes Bereichs, wo die Wellen sich brechen, und die vom Salz gesättigte Luft einatmen. Oder wenn Sie im Wald eine Rast einlegen, um unter den raschelnden Blättern dem Rauschen des Windes zu lauschen und den Duft der Bäume in sich aufzunehmen. Oder wenn Sie eine Gebirgswiese überqueren und die Hände an den Spitzen der hochgewachsenen Gräser entlanggleiten lassen. Sie werden ruhiger. Ihre Sorgen, das Gefühl von Entfremdung und all die Anlässe zur Klage verschwinden, und mit der Zeit fühlen Sie sich in Einklang mit der Welt, die Sie umgibt. „Der Friede der Natur", schrieb John Muir, „wird in dich einströmen wie das Licht der Sonne in die Bäume. Die Winde werden dir Frische einhauchen, die ihnen zu eigen ist, und die pfeifenden Stürme werden dir ihre Energie verleihen, während die Sorgen von dir abfallen wie Herbstlaub."[20]

Die Fähigkeit zu solchen Erfahrungen verdanken Sie jener aus hügeliger grauer Masse bestehenden Hirnhälfte, die den Platz rechts oben im Schädel einnimmt. Verstärken Sie ihre Stimme durch einen Spaziergang in der Natur, und Sie werden danach wahrscheinlich für eine ganze Weile hochgradig kreativ sein. Vor einigen Jahren hat bei mir ein Spaziergang im Lassen Volcanic Nationalpark diesen Kreativkanal geöffnet und ihn für fast einen Monat offen gehalten. Zu der Zeit hatte ich eine Reihe von Problemen, die schwer auf mir lasteten. Doch als ich unter dem Blätterdach der Bäume einen Flusslauf entlangging, öffnete sich mein Herz für die Schönheit, die mich umgab, und allmählich verflogen meine Sorgen. Unvermittelt empfand ich, mit allem eins zu sein. Seit meiner Gehirnoperation hatte ich Tinnitus, der unablässig ein Klingelgeräusch hervorrief – abgesehen von den wundervollen fünf Minuten, die ich an jenem Tag an dem Flusslauf zubrachte! Für diese kurze Zeitspanne verschwand der Tinnitus komplett. Zum ersten Mal seit 15 Jahren hörte ich in kristallener Klarheit die Reinheit des Klangs, den Mutter Natur ertönen lässt – als sänge sie lediglich für mich. Ich habe keine Idee, wie meine rechte Gehirnhälfte diesen Augenblick zustande gebracht hat. Ich weiß nur, dass sie es getan hat. So erfüllt, wie ich von der Erfahrung war, bemerkte ich erst, als das Klingeln erneut auftrat, dass es zuvor verschwunden war. Mein Herz aber bewahrte sich weiter diese Offenheit. Für einen Großteil des folgenden Monats war ich so kreativ wie nie zuvor. Nicht nur gelang es mir, für die meisten Probleme, die mich so sehr beschäftigten, eine Lösung zu finden, sondern ich schrieb und veröffentlichte darüber hinaus ein Buch mit Gedichten, das es letztlich auf die Leseliste eines College-Literaturkurses schaffte.

„Jede Hirnhälfte", schreibt Sperry, „hat anscheinend die ihr eigenen und ihr allein vorbehaltenen Empfindungen; ihre je eigenen Wahrnehmungen; ihre je eigenen Vorstellungen; und ihre je eigenen Handlungsimpulse mit den dementsprechenden willensbezogenen Kognitions- und Lernerfahrungen."[21] Am einfachsten lässt sich der Unterschied zwischen den beiden Gehirnhälften wahrscheinlich folgendermaßen charakterisieren: Die rechte Gehirnhälfte identifiziert sich mit dem Wald, die linke Gehirnhälfte hingegen mit den Bäumen. Und beide Hemisphären kommunizieren miteinander über 200 Millionen Nervenfasern, den sogenannten Balken (Corpus callosum). Läuft das Zusammenspiel zwischen ihnen harmonisch ab, dann haben Sie Zugang zu einem größeren Teil Ihrer Intelligenz, sind besser in der Lage, kreativ zu denken, und können schöpferische Einsicht in greifbare Innovation umwandeln.

Manche Menschen meinen, Mathematik sei streng genommen eine Operation der linken Gehirnhälfte. Doch in einer von der US Army und der University of Melbourne gemeinsam durchgeführten Studie hat man festgestellt, dass eine außergewöhnliche mathematische Begabung erst durch das Zusammenwirken der rechten und der linken Gehirnhälfte zustande kommt.[22]

Die nachfolgende Tafel führt Attribute der rechten und der linken Gehirnhälfte auf. Nehmen Sie sich einen Moment Zeit, sich auf sich selbst zu besinnen und in Gedanken einen normalen Tagesablauf nachzuvollziehen. Kreuzen Sie anschließend in der Tabelle diejenigen Merkmale des Gehirns an, die beschreiben, wie Sie mit ich selbst und der Welt umgehen.

Rechte Gehirnhälfte/Linke Gehirnhälfte[23]

	linke Gehirnhälfte	rechte Gehirnhälfte
Denken	abstrakt, linear, analytisch	konkret, ganzheitlich
kognitiver Stil	rational, logisch	intuitiv, künstlerisch
Sprache	reiches Vokabular, gute Grammatik, guter Satzrhythmus und gute Syntax; Prosa	keine Grammatik oder Syntax, schwaches Vokabular, metaphorisch; Dichtung
Befähigung zu Führungsaufgaben	Innenschau, Wille, Initiative, Selbstempfinden, das Augenmerk auf die Bäume gerichtet	geringes Selbstempfinden, wenig Initiative, das Augenmerk gilt dem Wald
spezielle Funktionsbereiche	Lesen, Schreiben, Rechnen, senso-motorische Fertigkeiten, verhindert übersinnliche Erfahrung und Information	Musik, reiche Traumsymbolik, gute Gesichts- und Gestalterkennung, offen für übersinnliche Erfahrung und Information
Erfahrung von Zeit	fortlaufend – als vorher und nachher – angeordnet abgemessen	hier und jetzt, unendlich
räumliche Orientierung	ziemlich schwach ausgeprägt	vorzüglich, auch für Formen; oder für Drahtkörper
psycho-analytische Aspekte	Sekundärprozesse, Egofunktionen, Bewusstsein	Primärprozesse, Traumarbeit, freie Assoziation

▶ Unter www.windpferd.de/stressbesiegen/arbeitsblatt-seite_147.pdf können Sie das Arbeitsblatt zum Ausdrucken herunterladen.

Die beiden Gehirnhälften ähneln zwei grundverschiedenen Menschen, zwischen denen es die eine oder andere Reiberei gibt, ohne dass sie dadurch jedoch in irgendeiner Weise näher zueinander finden. Den Unterschied zwischen beiden hat ein Wissenschaftler mit demjenigen zwischen Aristoteles (linke Gehirnhälfte) und Platon (rechte Gehirnhälfte) verglichen. Ich persönlich stelle mir unter den beiden Hemisphären ein Ehepaar vor: Ein Partner auf der linken, der andere auf der rechten Seite, und der Balken (Corpus callosum) entspräche dem für die Paarberatung zuständigen Psychologen. Die Beziehung der beiden bedarf solch einer schlichtenden Vermittlung, weil sie sich so häufig nicht miteinander vertragen.

Die rechte Gehirnhälfte entspricht „dem brodelnden Kessel voller Ideen", aus dem die schöpferische Intelligenz hervorgeht. Für die vorsichtige, vom Element der Kontrolle bestimmte linke Gehirnhälfte sehen die Attribute der rechten Gehirnhälfte freilich nach allem aus, bloß nicht nach Intelligenz.

Aus Sicht der linken Gehirnhälfte wirkt die rechte Gehirnhälfte eher wie ein ungestümer emotionaler Träumer, der nahezu unfähig ist, sich verständlich auszudrücken. In seiner Rede anlässlich der Nobelpreisverleihung hatte auch Roger Sperry für die rechte Gehirnhälfte kaum ein gutes Wort übrig. Die rechte Hemisphäre beschrieb er als „ziemlich zurückgeblieben", und im Unterschied zur linken Gehirnhälfte, so merkte er an, sei sie „nicht nur stumm und schreibunfähig, sondern zugleich legasthenisch, für Worte unzugänglich, leide unter Apraxie[24] und ganz generell unter dem Nichtvorhandensein höherer kognitiver Funktionen."[25] In dieser Aussage kommt im Grunde die gleiche Gesinnung zum Ausdruck, mit der Ralph Kramden einst in der TV-Sitcom *Honeymooners*[26] seine Frau Alice angeherrscht hat. Sperrys Worte klingen bloß gelehrter. Als Sperry im Rahmen seiner weiteren Forschung später mehr darüber in Erfahrung brachte, welcher Reichtum und welche Kraft der rechten Gehirnhälfte innewohnen, hat sich diese negative Sicht allerdings vollständig gewandelt.

Ein Gutteil unserer Sozialsysteme und Institutionen geht indes genau von solch einer negativen Einschätzung der für die rechte Gehirnhälfte charakteristischen Eigenschaften aus. Durch die wissenschaftliche Revolution wurde die linke Gehirnhälfte auf ein hohes Podest gehoben, und das hat ihr in unserer Kultur eine dominante Position verschafft. Die industrielle Revolution, die auf die wissenschaftliche Revolution folgte, hat genau wie später dann die Revolution im Bereich der Informationstechnologien die Herrschaft der linken Gehirnhälfte noch weiter untermauert. Vielfach mit der Konsequenz, dass die schöpferische, intuitive, emotionale und künstlerische rechte Gehirnhälfte schlicht geknechtet, ihr lediglich eine untergeordnete Rolle zugewiesen wird. Das wiederum erklärt manch anderes – weshalb Männer geglaubt haben, Frauen seien ihnen unterlegen und hätten sich unterzuordnen, weshalb der Status quo der Avantgarde misstraut und unsere Schulen unter dem leiden, was der deutsche Reformpädagoge Wilhelm Reese „die Hypertrophie des Intellekts und die Atrophie der Vorstellungskraft und des Herzens" genannt hat.[27] Von demjenigen Bereich in uns, dem Kreativität und Schönheit entspringen, ist unsere Kultur der linken Gehirnhälfte immer stärker abgeschnitten: Nicht nur an unserer Kunst und Architektur können Sie das erkennen, auch unserer Musik hört man es an, und es spricht aus unserer Literatur. Wir sind umgeben von der Hässlichkeit der modernen Welt. Wenn ich von der Grand Central Station aus den Zug in Richtung Norden nach West Point nehme oder mit dem BART von Berkeley nach San Francisco fahre, fühle ich mich förmlich erschlagen von all der Hässlichkeit, die dort über lange Teilstrecken hinweg an meinen Augen vorüberzieht. Selbst da noch, wo die Landschaft sich von dem städtischen Schandflecken, den die linke Gehirnhälfte konstruiert hat, losreißen kann, ist der offene Raum vernarbt wie ein von Pocken gezeichnetes Gesicht.

Hat die linke Gehirnhälfte mit ihrem höheren Intellekt, ihrer Wortgewandtheit und Tatkraft erst einmal solch eine Dominanz erlangt, dann kann sie die Aktivität der rechten Gehirnhälfte durchkreuzen und dafür sorgen, dass Letztere außen vor bleibt. Das freilich zu einem sehr hohen Preis. Wer die Funktion der rechten Gehirnhälfte verliert, der verliert zugleich das intuitive Gefühl, das weiß, was es zu tun gilt, wenn der Intellekt nicht mehr weiter weiß. Wer die rechte Gehirnhälfte aussperrt, verliert die magische Fähigkeit, sich – frei assoziierend – seinen Weg durch einen Heuhaufen scheinbar unzusammenhängender Fakten zu bahnen und schließlich die Nádel zu finden.

Ohne die rechte wird die linke Gehirnhälfte gewissermaßen zu einem Sammelsurium von Puzzleteilchen, die sie nicht zusammenzufügen vermag. Und Sie werden nicht gerade geschickt darin sein, anderen Menschen etwas vom Gesicht abzulesen oder ihre Absichten zu entschlüsseln. Ihrer Stimme wird es an lebendiger Intonation fehlen, Emotionen werden Sie nicht zum Ausdruck bringen können. Und als wäre all das nicht schon schlimm genug: Ohne Ihre rechte Gehirnhälfte wüssten Sie mit einem bildhaften Sprachgebrauch nichts anzufangen. Einzig in ihrer buchstäblichen Bedeutung würden die Worte einen Sinn für Sie ergeben. Infolgedessen werden Sie weder einen Witz verstehen noch eine Metapher oder irgendeine Art von Ironie oder Sarkasmus. Gleiches gilt für fachsprachliche Wendungen, einen Szenejargon oder eine bildhafte Sprache. Solche sprachlichen Feinheiten werden schlicht Ihr Verständnis übersteigen. Nicht nur die Pointe einer Geschichte, die Bedeutung eines Gedichts, die Ästhetik eines Gemäldes oder einer Zeichnung werden Ihnen entgehen, sondern Sie werden sich auch für Musik nicht mehr begeistern können. Über all die Verspieltheit oder die Fähigkeit, sich zurückzunehmen, aus der letztlich Kunst entsteht, werden Sie dann nicht mehr verfügen. Und Sie werden, vielleicht noch tragischer als alles andere, nicht mehr in der Lage sein, jenen tiefen inneren Frieden zu erleben, der uns für die Erfahrung des Einsseins öffnet.

Wahrlich ein hoher Preis, den man da für den schnöden Intellekt entrichten muss. Darum hat Ray Bradbury in einem Interview erklärt: Das „Denken ist der Feind der Kreativität". Sein Ratschlag lautete: „Denken Sie nicht. ... Probleme löst man nicht, indem man unmittelbar über sie nachdenkt, sondern indem man sie einen Gärungs- und Reifungsprozess durchlaufen lässt, solange *sie* es brauchen."[28]

Stattdessen kann man auch sagen: Überlassen Sie die schöpferischen Prozesse der rechten Gehirnhälfte. Einstein sah das ganz ähnlich. Er hat gesagt, dass Worte – die zum Betätigungsfeld der linken Gehirnhälfte gehören – bei ihm für das Zustandekommen schöpferischen Denkens offenbar keine Rolle spielen. Vielmehr, so Einstein weiter, habe er seine Ideen als Bilder vor Augen. Und die entstammen der rechten Gehirnhälfte. Ein „produktiver Gedanke", das hielt Einstein für dessen entscheidendes Merkmal, zeigte sich ihm zunächst in Form eines Zeichens beziehungsweise in Form von mehr oder minder klaren Bildern, mit denen er erst einmal spielte, bevor er sie in eine Sprache umsetzte, über die er anderen Menschen die Idee vermitteln konnte.[29]

John Kounios von der Drexel University, einer der weltweit führenden Forscher auf dem Gebiet Gehirn und Kreativität, definiert schöpferische Einsicht als das unvermittelte Gewahrwerden einer Problemlösung, ohne dass man so recht, oder überhaupt nicht, sagen kann, wie die Lösung entstand.[30] Einsicht ist im Wesentlichen das, was uns in den Sinn kommt – das Licht, das uns aufgeht. Wenn wir unsere Aufmerksamkeit einem verzwickten Problem zuwenden, das nach schöpferischer Einsicht verlangt, kümmert sich bei den meisten von uns anfangs die linke Gehirnhälfte darum. Auf der intellektuellen Ebene und aufgabenorientiert lässt diese dann im Geist linear ein intensives Suchprogramm ablaufen. Der Ansatz der linken Gehirnhälfte bringt jedoch, wie sich herausstellt, die Einsicht nicht hervor, die man zur Lösung eines Problems, über das man sich das Hirn zermartert hat, benötigt.

Das haben Forscher herausgefunden, indem sie mit Hilfe eines Worträtsels testeten, welche grundlegenden Funktionen beim Zustandekommen einer schöpferischen Einsicht mit am Werk sind. Das Rätsel wird unter Psychologen als Remote Associates Test bezeichnet.[31] (Falls Sie interessiert sind, den Test selbst durchzuführen, finden Sie am Kapitelende eine Kopie.) Die Probanden erhalten bei dem Test drei verschiedene Wörter und werden gebeten, ein viertes Wort zu suchen, mit dem sie von allen Wörtern ein Kompositum oder sonst eine Wortverbindung bilden können. Für *Anschluss, Gerät* und *Kontakt* zum Beispiel lautet das Lösungswort „Telefon" wie in Telefonanschluss, Telefongerät und Telefonkontakt. Die linke Gehirnhälfte hat mit einem Rätsel dieser Art ein Problem, weil sie im Unterschied zur rechten Gehirnhälfte nicht über die Fähigkeit verfügt, die Beziehung zwischen den, so hat es den Anschein, sehr weit voneinander entfernten und nicht miteinander in Verbindung stehenden Fragmenten zu erkennen, die sich freilich in dem Moment, in dem das vierte, hier im Remote Associates Test gesuchte Wort eingeführt wird, in *einen* Sinnzusammenhang fügen. Die linke Gehirnhälfte sieht sich außerstande, ein Fragment mit dem anderen zu verknüpfen. Sie sieht den Wald vor lauter Bäumen nicht, bleibt vielmehr an den Bäumen hängen. Anders die rechte Gehirnhälfte: Angesichts der Bäume erblickt sie den Wald.

Dr. Mark Beemans Forschung ergab, dass so gut wie alle Lösungen für den Remote Associates Test, mit denen die linke Gehirnhälfte aufwartete, falsch waren. Wer zur Lösung eines Problems, das schöpferische Einsicht erfordert, den Intellekt nutzt, so fand er heraus, gelangt gewöhnlich an einen Punkt, wo er mit seinem Latein am Ende ist. Ihre linke Gehirnhälfte zieht eine Niete nach der anderen, und irgendwann sind Sie es leid, sich noch länger die Mühe zu machen. Und in dem Moment, in dem man aufhört, um die Antwort zu ringen, darin liegt die besondere Ironie, stellt diese sich oft ein – wie das Sonnenlicht, das hinter den Wolken hervortritt. Sobald alles in eine Sackgasse gerät, kümmert sich die rechte Gehirnhälfte um das Problem, das die linke Gehirnhälfte inzwischen ad acta gelegt hat. Die Aktivität geht nun von der linken auf die rechte Gehirnhälfte über, die sich des Problems auf eine spontane, freifließende und nichtlineare Art und Weise annimmt.[32]

In der Sprache des Zen ausgedrückt: Die linke Gehirnhälfte versucht jetzt nicht länger, die Lösung durch Nachdenken herauszufinden, wodurch die rechte Gehirnhälfte die Chance erhält, ihrem Weg zur Antwort nachzuspüren. Dabei nimmt auf Seiten der rechten Gehirnhälfte die Alphawellenaktivität schlagartig zu – ein Hinweis darauf, dass in irgendeiner Form eine Wendung nach innen erfolgt. Denn die Alphawellenaktivität steigt an, sobald sich das Gehirn eine kleine Auszeit davon nimmt, all den Aufgaben zielgerichtet nachzugehen. Das bedeutet jedoch nicht, dass im Geist nun eine Art Leere eintritt.[33] Tatsächlich arbeitet er intensiv. Eine Drittelsekunde, bevor Ihnen die Lösung einfällt, steigt auf der rechten Seite des Gehirns die Gammawellenaktivität schlagartig an. Spitzenwerte erreicht die Gammawellenaktivität regelmäßig dann, wenn Prozesse des höheren Gehirns mit ins Spiel kommen. Der Gammawellenrhythmus zeugt davon, dass Wahrnehmungen, Gedanken, Assoziationen und Erinnerungen gesammelt und miteinander in Verbindung gebracht werden, um so, zum Beispiel als Antwort auf ein verzwicktes Problem, eine neuartige Idee zu entwickeln. Bei diesem blitzartigen Einsetzen der Gammawellenaktivität richten Sie sich auf einmal aus Ihrer gekrümmten Haltung auf, die Sie im Gefühl, an der Aufgabe gescheitert zu sein, zuvor innehatten, Ihre Augen funkeln, und Sie rufen: „Aha!" Die plötzlich zur Einsicht führende neurale Integration erwächst aus einem Moment, in dem man schlicht und einfach innehält und zur Ruhe kommt, um zu sehen, was aus der tiefen Ruhe der rechten Gehirnhälfte emporsteigt.

Halten Sie inne, und kommen Sie zur Ruhe

Will man zu schöpferischer Einsicht gelangen, gilt es die linke Gehirnhälfte für ein Weilchen „beiseite zu schieben". Das erreicht man, indem man innehält und innerlich zur Ruhe kommt, um zu sehen, welche schöpferische Einsicht aus der der rechten Gehirnhälfte emporsteigt. Von Lee Ufan, einem der großen Künstler unserer Tage, gibt es dazu ein schönes Zitat. Ufan wendet sich an uns alle, wenn er sagt: „Ihr unruhigen und umtriebigen Leute. Haltet inne, und kommt einfach nur für einen Augenblick zur Ruhe. Schaut euch den blauen Himmel an. Schließt die Augen, und atmet einmal tief durch. Wenn ihr das tut, tritt bei euch eine Wandlung ein, und die Welt wird lebendig werden."[34] Nun erhalten Sie mehrere einfache, trotzdem aber nachweislich wirksame Werkzeuge an die Hand, mit deren Hilfe Sie innehalten und zur Ruhe kommen können, um den Kanal für schöpferische Einsicht zu öffnen.

Das Hilfsmittel Nr. 1:
Halten Sie inne, und kommen Sie zur Ruhe

Heißen Sie Augenblicke der schöpferischen Einsicht willkommen, indem Sie Pausen machen und im Grünen spazieren gehen.

Das gehört zu den wichtigsten Dingen, die Sie im Lauf des Tages tun können, um schöpferische Einsicht zu stimulieren. Zu einigen der größten Durchbrüche dieser Welt kam es, als die linke Gehirnhälfte gerade eine Pause einlegte und so unwissentlich den Raum schuf, in dem die rechte Gehirnhälfte ihre Magie entfalten konnte. Einer der bekanntesten davon zeugenden Berichte betrifft den schottischen Erfinder James Watt, der mit seinen Weiterentwicklungen an der Dampfmaschine einst maßgeblich dazu beitrug, dass die industrielle Revolution in Gang und richtig auf Touren kam. Bis dahin war jeder Versuch misslungen, den Watt zur Perfektionierung der Dampfmaschine unternommen hatte. Eines Tages, abermals in einer Sackgasse gelandet, gab Watt sich geschlagen. Er ging spazieren, um zu alldem etwas Abstand zu gewinnen, entspannte sich, und unversehens, „aus heiterem Himmel", gelangte er im nächsten Moment zu einer tiefen Einsicht. Damit war die Dampfmaschine perfekt. „Ich war noch nicht weiter als bis zum Haus der Golfspieler gekommen …", erklärte er, „da stand mir bereits alles klar vor Augen."[35]

Pausen versetzen das Gehirn in den Zustand, in dem sich die Puzzleteile wie von allein zusammenfügen. Außerdem verbessern Pausen das Gedächtnis und setzen einen Prozess in Gang, den man als „Festigung der Gedächtnisinhalte"[36] bezeichnet – ein unentbehrlicher Prozess, wenn es darum geht, etwas Neues zu erlernen oder sich etwas Neuartiges vorzustellen.

Nathan Kleitman, der als Vater der Schlafforschung gilt, hat den sogenannten grundlegenden Ruhe-Aktivitätszyklus (basic rest-activity-cycle, BRAC) entdeckt.[37] Dieser Zyklus wiederholt sich ungefähr alle 90 Minuten. In der ersten Hälfte des Zyklus oszillieren die Gehirnwellen in sehr schneller Folge. Man fühlt sich hellwach und kann sich gut konzentrieren. In der zweiten Hälfte verlangsamen sich die Gehirnwellen allmählich, bis man in den letzten 20 Minuten des Zyklus eine tagtraumartige Phase durchläuft und sich ein wenig müde fühlt.[38] In der Phase der in rascher Folge oszillierenden Gehirnwellen ist jede Gehirnzelle auf Natrium- und Kaliumionen angewiesen, um elektrische Signale erzeugen zu können. Die schnell nacheinander auftretenden Gehirnwellen brauchen diese Ionen jedoch auf. Ihr Gehirn benötigt nun, mit anderen Worten, eine Ruhephase, um wieder ein ausgeglichenes Verhältnis zwischen Natrium- und Kaliumionen herstellen zu können. Für den Regenerationsprozess können bis zu 20 Minuten Ruhe erforderlich sein. Anschließend ist Ihr Gehirn erneut mit genügend Brennstoff versorgt. Die nächste Phase mit rasch nacheinander auftretenden Gehirnwellen kann beginnen. Kleitman stellte fest, dass der Mensch in einem immer wiederkehrenden Zyklus von circa 90-minütiger Aktivität mit anschließender Ruhepause die beste Leistung erbringt. So können wir Menschen am meisten schaffen.

Damit in Zusammenhang stehende Forschungsergebnisse zeigen, dass dieser 90-Minutenzyklus zugleich der beste Weg ist, um es in einer bestimmten Disziplin oder einem bestimmten Metier zu wahrer Meisterschaft zu bringen. Diese Entdeckung geht auf Anders Ericsson zurück, der Studien an großen Instrumentalisten und Instrumentalistinnen durchgeführt hat. Insbesondere richtete Ericssons Forscherteam das Augenmerk auf junge Violinisten, die zu den Besten der Besten zählten. Er fand heraus, dass diese Musiker/innen sich den Härten und Belastungen ihrer Proben, systematisch über den Tag verteilt, durchgängig jeweils nur 90 Minuten lang unterzogen, gefolgt von einer ausgedehnten Pause und manchmal auch einem Nickerchen am Nachmittag.[39]

Sich alle 90 Minuten eine Auszeit von der Arbeit zu nehmen, das können sich die meisten Menschen nicht vorstellen. Teilweise zumindest hat diese Reaktion mit Schuldgefühlen zu tun. Häufige Pausen können einem das Gefühl geben, die Arbeit zu vernachlässigen; oder die Angst hervorrufen, mit dem Arbeitspensum in Rückstand zu geraten. Auch wird bei manchen Menschen das gute Gefühl, eine Pause machen zu können, von jenem obsessiven Zwang überschattet, der uns immer wieder dazu antreibt, hart und lange zu arbeiten.

Wer sich am Stand der Forschung orientieren will, sollte diese Einstellung allerdings unbedingt revidieren. Eine Pause einzulegen ist gleichbedeutend mit einem Produktivitätszuwachs und einen Gewinn für Sie, und keineswegs mit einem Verlust an schöpferischer Einsicht und an Meisterung Ihres Metiers.

Das heißt natürlich nicht, dass Sie ausgerechnet dann eine Pause einlegen sollen, wenn gerade alles läuft wie geschmiert. Wichtig ist, auf die geistige Energie Acht zu geben, bevor sie den Tiefpunkt erreicht hat. Kaum etwas geht dieser Energie so sehr an die Substanz, wie wenn Sie sich zum Weiterarbeiten zwingen, obgleich Sie spüren, dass die Ionen, von denen Ihre Bemühungen zehren, inzwischen fast vollständig verausgabt sind.

Sollten Sie es sich nicht vorstellen könne, alle 90 Minuten eine Pause einzulegen, dann nehmen Sie sich zunächst einmal eine Pause, sobald der Vormittag zur Hälfte vorüber ist, und eine weitere Pause, sobald der Nachmittag zur Hälfte vorüber ist. Suchen Sie, falls die Möglichkeit dazu besteht, die Verbindung zur Natur, indem Sie aus dem Fenster schauen oder nach draußen gehen. Und stellen Sie, während Sie Ihre Pause machen, eines sicher: sich immer noch so viel geistige Offenheit zu bewahren, dass jede schöpferische Einsicht bei Ihnen Einlass findet. Die verbesserte Gehirnfunktion und die schöpferische Einsichten, die Ihnen daraufhin zugute kommen, werden Sie motivieren, weitere Pausen in Ihren Tagesablauf einzufügen. Das garantiere ich Ihnen.

Unternehmen Sie außerdem ein paarmal pro Woche einen 20- bis 30-minütigen Spaziergang raus ins Grüne. Moderat bemessene Spaziergänge dreimal pro Woche, so die Ergebnisse von Studien, die über einen Einjahreszeitraum hinweg durchgeführt wurden, führen zu einem höheren Grad von Vernetzung im Gehirn wie auch zu einer verbesserten Hirnfunktion.[40] Bei einem Spaziergang wird das Gehirn ausgiebig mit Sauerstoff und Glukose versorgt, während diese beiden Energielieferanten bei Aerobic-Übungen oder beim Joggen in erster Linie von den großen Muskeln in Anspruch genommen werden. Glukose und Sauerstoff sind der Kraftstoff, mit dem das Gehirn betrieben wird.

Darüber hinaus hat man im Rahmen einer Studie an der University of Essex herausgefunden: Bereits eine kleine Dosis Natur täglich macht sich in der Stimmung der Menschen, ihrem Selbstwertgefühl und ihrer seelischen Gesundheit vorteilhaft bemerkbar. Zu dieser Schlussfolgerung gelangte man auf der Grundlage von zehn Untersuchungen, jeweils im Vereinigten Königreich durchgeführt, in denen mit über 1200 Probanden aus einem weiten Bevölkerungsspektrum gearbeitet wurde. Die Studie förderte zutage, dass im Gefolge von Aktivitäten in freier Natur – die Wissenschaftler wählten für diese den Ausdruck „Training im Grünen"[41] – signifikante gesundheitliche Verbesserungen zu verzeichnen waren.[42] Mit Training im Grünen sind Aktivitäten gemeint wie: Spazierengehen im Park, Gartenarbeit, Radfahren, Angeln, Bootsfahrten, Reiten und die Bewirtschaftung von Land.

Aus einer der Studien ging hervor, dass es dabei in der Tat ganz entscheidend auf *Grün* ankommt. Bei dieser Studie hat man anhand von 20 unter Depression leidenden Menschen vergleichend untersucht, welche Auswirkungen einerseits ein 30-minütiger Spaziergang in einem Naturpark, andererseits ein Spaziergang in einem überdachten Einkaufszentrum hat. Nach dem Spaziergang durch die Natur äußerten 71 Prozent der Teilnehmer/innen, sie seien nicht mehr so niedergeschlagen, und fühlten sich weniger angespannt, während 90 Prozent von einem erhöhten Selbstwertgefühl berichteten. Im Unterschied dazu verzeichneten nach dem Gang durchs Einkaufszentrum lediglich 45 Prozent einen Rückgang der Depression. Training im Grünen wird mittlerweile als klinisch erprobte Behandlungsoption bei Menschen, die unter seelischen Problemen leiden, angesehen.

Gönnen Sie sich ferner eine richtige Mittagspause. Verlassen Sie dafür Ihren Arbeitsplatz. Mittags mit Freunden oder Kollegen in einem Restaurant essen zu gehen, das hat eine Studie aus Deutschland gezeigt, ist ungleich entspannender als eine Mahlzeit, die Sie für sich allein an Ihrem Arbeitsplatz zu sich nehmen.[43] Wer am Schreibtisch isst, arbeitet gewöhnlich die ganze Zeit, während Menschen, die mit Freunden Mittagessen gehen, mit höherer Wahrscheinlichkeit die Arbeit loslassen. Infolgedessen sind sie bei der anschließenden Rückkehr ins Büro deutlich frischer und kreativer.

Das Hilfsmittel Nr. 2:
Halten Sie inne, und kommen Sie zur Ruhe
Schaffen Sie den Raum, um Ihre Fantasie schweifen lassen zu können.

Die Beschäftigung mit schlichten Aufgaben, die es uns erlauben, die Seele baumeln zu lassen, erleichtert wahrscheinlich die Lösung von Kreativproblemen. Eine Studie von Benjamin Baird und Jonathan Schooler an der University of California, Santa Barbara, lässt diesen Schluss zu. In der Studie haben die Probanden an der Lösung von Kreativität erfordernden Problemen gearbeitet. Nach einer Probesitzung teilte Baird die Probanden in drei Gruppen auf und richtete eine sogenannte Ruhephase für sie ein. Eine der drei Gruppen hielt das Forscherteam freilich durch eine anspruchsvolle Aufgabe, die das Gehirn forderte, weiterhin auf Trab. Die zweite Gruppe bekam eine leichte, fast schon stumpfsinnig anmutende Aufgabe, bei der absehbar war, dass ihr Geist ab- und umherschweifen würde. Für die dritte Gruppe gab es überhaupt keine Aufgabe zu erledigen. Nach der Pause machten sich alle drei Gruppen wieder an die Arbeit und widmeten sich ihrer Übung zur Lösung von Kreativproblemen. Als die Resultate schließlich tabellarisch erfasst waren, zeigte sich, dass die Mitglieder derjenigen Gruppe, in der man den Geist umherschweifen lassen konnte, mehr Probleme gelöst hatten als die der beiden anderen Gruppen.[44] Das hilft auch zu erklären, weshalb die 15-Prozentregel bei 3M funktioniert und weshalb die 3M-Mitarbeiter/innen hier vom Tagträumen sprechen.

Scheuen Sie sich also nicht, hin und wieder die Seele baumeln zu lassen. Sorgen Sie lediglich dafür, dass Ihre Aufmerksamkeit immer noch groß genug ist, einen kreativen Gedanken, der aus dem Tagtraummeer der rechten Gehirnhälfte ans Ufer geschwommen kommt, als solchen erfassen zu können.

Das Hilfsmittel Nr. 3:
Halten Sie inne, und kommen Sie zur Ruhe
Falls Ihnen die Lösung für ein Problem partout nicht einfallen will, dann schlafen Sie darüber.

Statten Sie am Morgen Ihrer rechten Gehirnhälfte einen kurzen Besuch ab, um zu sehen, ob sie Ihnen eine Einsicht anzubieten hat. Diesen Prozess können Sie in Ihre Übung „Den Tag in Ruhe beginnen" mit einbeziehen, die Sie ja hoffentlich bereits regelmäßig durchführen (oder falls Sie damit noch nicht begonnen haben sollten, bietet sich Ihnen hier die zweite Chance, dies zu tun). Forscher haben herausgefunden, dass man vielfach kurz vor dem Schlafengehen oder aber früh am Morgen, gleich nach dem Aufwachen, zu Einsichten gelangt.[45] Zu diesen Zeiten ist die rechte Gehirnhälfte aktiver als zu anderen Zeiten. Der entspannte, traumgleiche und scheinbar unorthodoxe Zustand des Gehirns macht Sie offen und empfänglich für alle möglichen Ideen, die aus dem üblichen Rahmen fallen.

Unglücklicherweise lassen die meisten von uns dieses Fenster, das es uns erlaubt, einen Blick in den Kreativitätskessel des Gehirns zu werfen, jedoch ungenutzt. Die meisten Menschen erleben den Morgen als eine Zeit, in der Eile geboten ist. Infolgedessen verpassen sie diese Möglichkeit für eine schöpferische Einsicht.

Eines Morgens ließ sich Elias Howe, der Erfinder der Nähmaschine, beim Aufwachen viel Zeit. Anstatt gleich aufzustehen, setzte er sich erst mal im Bett aufrecht hin und sann über einen Traum nach, den seine rechte Gehirnhälfte in der vergangenen Nacht produziert hatte. In dem Traum war er, auf der Flucht vor einer Horde von Kannibalen, die ihm immer näher auf den Leib rückten, um sein Leben gerannt. Als er sich umblickte, um zu sehen, wie dicht die Kannibalen ihm schon auf den Fersen waren, sah er, dass die Klingen ihrer Speere knapp unterhalb der Spitze mit einem Loch versehen waren. Während er so am Morgen über den Traum nachdachte, schoss ihm unversehens etwas durch den Kopf: Die Löcher in den Speeren erinnerten ihn an das Loch beziehungsweise das Öhr in der Nadel, die er bei seinen misslungenen Versuchen, eine Nähmaschine zu konstruieren, verwendet hatte. Mit *einem* Unterschied: Bei seiner Maschine befand sich das Nadelöhr in der Mitte der Nadel, nicht an ihrer Spitze. Sogleich eilte er in sein Versuchslabor, um das Nadelöhr, ganz wie im Traum gesehen, an die Nadelspitze zu versetzen. Und siehe da, die Nähmaschine war erfunden.

Die Geschichte veranschaulicht uns, wie gut es ist, am Morgen ein bisschen früher aufzuwachen, bevor die Hektik losgeht. Nehmen Sie sich ein paar Augenblicke, und öffnen Sie sich für Ihre rechte Gehirnhälfte. Schauen Sie, ob sie Ihnen etwas anzubieten hat. Ganz leicht können Sie dieses Element der im zweiten Kapitel erlernten Übung „Den Tag in Ruhe beginnen" hinzufügen. Setzen Sie sich nach dem Aufwachen im Bett aufrecht hin, und nehmen Sie sich einen Moment Zeit, um zu sehen, ob Ihnen die rechte Gehirnhälfte etwas anzubieten hat – insbesondere wenn Sie vor einem schwierigen Problem stehen, das Sie noch nicht lösen konnten. Gehen Sie dann, nachdem Sie ein paar Augenblicke mit ruhiger Empfänglichkeit in sich hineingehorcht haben, in denjenigen Bereich des Hauses beziehungsweise der Wohnung, in dem Sie bisher immer den Tag in Ruhe begonnen haben, und führen Sie wie gewohnt Ihre Übung durch, die darin besteht, eine positive und friedvolle Geisteshaltung für einen wundervollen Tag zu wecken.

9 • DAS SCHÖPFERISCHE GEHIRN

Das Hilfsmittel Nr. 4:

Halten Sie inne, und kommen Sie zur Ruhe
Nehmen Sie sich hin und wieder die Zeit, Ihre Alphawellenaktivität zu erhöhen, indem Sie zählen, welche Segnungen Ihnen zuteil geworden sind.

Wer dankbarer ist, das zeigen Forschungsergebnisse aus jüngerer Zeit, erfährt mehr Glück und größeres Wohlbefinden.[46] Bereits an anderer Stelle habe ich darauf hingewiesen, dass Menschen, die bei einer standardisierten Glücksmessung gut oder sehr gut abschneiden, schöpferischer sind als Menschen, die sich gestresst fühlen. Wer unglücklich ist, dessen Chancen auf schöpferische Einsichten sinken auf einen Wert leicht unterhalb des mittleren Wahrscheinlichkeitswerts.[47] Soll heißen: Haben Sie einen kreativen Gedanken, dann war das Zufall. Verschaffen Sie sich also einen kleinen kreativen Schub, indem Sie die Segnungen zählen, die Ihnen zuteil geworden sind. *Sonya Lyubomirsky, Experimentalpsychologin an der* University of California, Riverside, hat festgestellt, dass Menschen, die einmal in der Woche die Dinge niederschrieben, für die sie dankbar waren, glücklicher waren als diejenigen, die das gleich dreimal wöchentlich taten. „Wenn man etwas zu häufig tut", spekuliert Dr. *Lyubomirsky, „geht das auf Kosten der Frische und Bedeutsamkeit."*[48] *Rufen Sie sich darum einmal pro Woche Dinge in Erinnerung, die sich in der vergangenen Woche zugetragen haben und für die Sie dankbar sind. Würdigen Sie anschließend drei Dinge in Ihrem Leben, die Sie persönlich für einen Segen halten.*

Die rechte Gehirnhälfte „ankurbeln"

Zusätzlich zu allem, was ich bisher skizziert habe, können Sie die Kreativität der rechten Gehirnhälfte ein paar Gänge höher schalten, indem Sie einige Dinge tun, die vielleicht ziemlich töricht zu sein scheinen – aber wirkungsvoll sind.

Lachen: Falls Ihre Kreativkraft merklich zur Neige geht, dann sorgen Sie dafür, dass Ihr Gefühl von Glück und Zufriedenheit wieder zunimmt, indem Sie etwas tun, was Sie zum Lachen bringt. Zu dem Zweck können Sie beispielsweise auf YouTube gehen und sich Videos von lachenden Babys anschauen. Glauben Sie mir: Die Babys bringen Sie dazu, lauthals loszulachen. Die Videos sind nicht nur witzig, sie sind herzerwärmend. Sie werden Ihre Stimmung aufhellen und Sie glücklicher machen, wodurch Ihre schöpferische Intelligenz umgehend einen Schub erhält. Denselben erhebenden Effekt können Sie erzielen, indem Sie sich beispielsweise eine Episode Ihrer bevorzugten Comedy-Sketch-Show ansehen oder sich eine Paradenummer Ihres Lieblingskabarettisten anhören.

Die Wände blau anstreichen: Ihr Büro, Ihr Arbeitszimmer oder Ihr Studio in einem blauen Pastellton zu streichen hat, wie bereits erwähnt, nachweislich eine stimulierende Wirkung auf die rechte Gehirnhälfte und führt zu mehr schöpferischer Einsicht.

Einen Ball zusammendrücken: Ob Sie es glauben oder nicht, einen kleinen Ball in der linken Hand zusammenzudrücken übt, wie sich gezeigt hat, ebenfalls eine aktivierende Wirkung auf Ihre rechte Gehirnhälfte aus (die rechte Gehirnhälfte steuert die linke Seite des Körpers; und umgekehrt). In einer Studie haben zwei Teilnehmergruppen den Remote Associates Test durchgeführt, nachdem sie einen kleinen Ball zusammengedrückt hatten. Die eine Gruppe hatte dies mit der linken Hand, die andere mit der rechten Hand getan. Kontraktionen der linken Hand, so die Hypothese, würden eine Aktivierung der rechten Gehirnhälfte und somit ein besseres Abschneiden beim Remote Associates Test bewirken.[49] Diese Rechnung ging auf: Die Resultate haben sich um bis zu 50 Prozent verbessert. Eine Studie von Ruth Propper hat die Befunde bestätigt.[50] Lassen Sie es also ruhig mal auf einen Versuch ankommen. Kaufen Sie sich einen Vollgummiball von 5 Zentimeter Durchmesser, einen jener Bälle, die man gewöhnlich als Apportationsspielzeug für Hunde verwendet. Halten Sie den Ball in der linken Hand, und drücken Sie ihn zweimal für die Dauer von 45 Sekunden zusammen. Versäumen Sie nicht, dazwischen eine 15-sekündige Pause einzulegen. Richten Sie anschließend die Aufmerksamkeit wieder auf das Problem oder Projekt, vor dem Sie stehen und das dringend einen Kreativitätsschub benötigt.

Verreisen: Gelegentlich eine kleine Wochenendreise an einen für Sie neuen und interessanten Ort zu unternehmen kann Ihre rechte Gehirnhälfte stimulieren. Eine Reise in ein fremdes Land kann Ihre Kreativenergie noch weitergehend steigern, und wenn Sie für längere Zeit in einem fremden Land leben, kann der Effekt geradezu überwältigend groß sein. All die neuen und aufregenden Eindrücke, die das Reisen mit sich bringt, treiben die schöpferische Einsicht und Leistungsfähigkeit in die Höhe. Uns allen dürfte bekannt sein, dass Ernest Hemingway, F. Scott Fitzgerald, Gertrude Stein und Picasso ihre angestammte Heimat zugunsten eines Exilantendaseins in Paris verlassen haben. Wie sich herausgestellt hat, wussten diese Künstler offenbar sehr gut, was sie da taten: In fünf verschiedenen Studien ist man der Verbindung zwischen einem Leben im Ausland und der Entfaltung des schöpferischen Genius nachgegangen und hat herausgefunden, dass sich dieser Zusammenhang bei Anwendung einer Reihe unterschiedlicher Verfahren zur Kreativitätsmessung durchgängig aufzeigen ließ.[51]

Spazieren gehen: Einen Spaziergang zu unternehmen ist eine wirkungsvolle Lösung, die Kreativität dann zu steigern, wenn es für den Moment so aussieht, als sei deren Quelle in Ihnen versiegt. Forscher an der Stanford University haben bei über 170 Menschen untersucht, inwieweit sich kreatives Denken im Sitzen vom kreativen Denken beim Spazierengehen unterscheidet. Die Kreativleistung der von ihnen untersuchten Menschen stieg, so fanden sie heraus, beim Spazierengehen um durchschnittlich 60 Prozent.[52] Wer spazieren geht, bringt dadurch den freien Ideenfluss in Bewegung, und das schöpferische Denken setzt sich auch anschließend, nach Ihrer Rückkehr an den Schreibtisch, noch weiter fort. Beethoven schrieb im Kopf während seiner langen Spaziergänge Symphonien. Und Steve Jobs traf sich vorzugsweise bei Spaziergängen zu kreativen Gesprächen mit anderen Menschen.

SCHRITT 3: SICH ÜBER DEN STRESS HINAUSENTWICKELN

Ihre Praxis für diese Woche

Ich nehme mir fest vor:

Füllen Sie das Arbeitsblatt aus, und üben Sie sich in der Umsetzung aller drei Punkte.

Ich nehme mir fest vor, den Tag jeden Morgen	_____ Minuten früher	in positiver Stimmung zu beginnen.
Ich nehme mir fest vor, die Segnungen zu zählen, die mir zuteil geworden sind, jede Woche	am _____ (Wochentag)	ab dem ___ / ___ / ___
Jeden Tag mache ich eine Pause um	_____ Uhr vormittags	_____ Uhr nachmittags

▼ Unter www.windpferd.de/stressbesiegen/arbeitsblatt-seite_162.pdf können Sie das Arbeitsblatt zum Ausdrucken herunterladen.

Und setzen Sie diese Übungen weiter fort

- Nutzen Sie das Hilfsmittel „Drei vernünftige Entscheidungen", wenn Sie in einer Situation ein Gefühl von Ohnmacht verspüren, und das Hilfsmittel „Fühlen Sie es, um es zu heilen", wenn Sie in zunehmendem Maß körperliche Verspannungen spüren.
- Praktizieren Sie die „Die 30-sekündige Auszeit für inneren Frieden" ein paarmal täglich.
- Wenden Sie regelmäßig einmal am Tag (besser zweimal) das Hilfsmittel „Klarheit zulassen" an.
- Nutzen Sie das Hilfsmittel „Die Löschtaste", um ein Stress auslösendes Denkmuster zu beseitigen.
- Üben Sie nach wie vor die Anwendung des Hilfsmittels „Die Gedanken aufmerksam wahrnehmen".
- Beginnen Sie weiterhin jeden Tag in Ruhe. Wachen Sie ein wenig früher auf, um festzustellen, ob die rechte Gehirnhälfte, während Sie schliefen, die eine oder andere Einsicht ausgebrütet hat.

9 · DAS SCHÖPFERISCHE GEHIRN

Hilfsmittel

Halten Sie inne, und kommen Sie zur Ruhe

Das Hilfsmittel „Halten Sie inne, und kommen Sie zur Ruhe" bereitet den Boden für einen Augenblick schöpferischer Einsicht

- Legen Sie alle paar Stunden eine Pause ein. Gehen Sie für einen Spaziergang raus ins Grüne.
- Schaffen Sie Raum, damit Sie Ihre Fantasie schweifen lassen können.
- Falls Ihnen die Lösung für ein Problem einfach nicht einfallen will, dann schlafen Sie darüber. Lehnen Sie sich nach dem Aufwachen zurück, und schauen Sie, ob Sie eine Antwort erhalten haben.
- Zählen Sie einmal in der Woche die Segnungen, die Ihnen zuteil geworden sind.

Machen Sie den Remote Associates Test

Sie erhalten drei verschiedene Wörter (die Triade). Die Aufgabe besteht darin, ein viertes Wort zu finden, das geeignet ist, mit den drei anderen entweder ein Kompositum oder eine andere Wortverbindung zu bilden. Nehmen Sie beispielsweise die Triade Zeit, Meilen und Sand. Das Lösungswort ist Stein (Steinzeit, Meilenstein, Sandstein).

Remote Associates Test[53]	
Triade	Lösung
Form, Gabel, Marmor	
Lauf, Mineral, Temperatur	
Berg, Hefe, Stein	
Afrika, Markt, Humor	
Aller, Bildchen, Damm	
Jute, Kartoffel, Müll	
Deck, Damen, Zylinder	
Hand, Wäscher, Kuchen	

Lösung: 1. Kuchen; 2. Wasser; 3. Pilz; 4. Schwarz; 5. Heiligen; 6. Sack; 7. Mantel; 8. Teller

▶ Unter www.windpferd.de/stressbesiegen/arbeitsblatt-seite_163.pdf können Sie das Arbeitsblatt zum Ausdrucken herunterladen.

10
Urlaub als Mittel, im Gehirn die stressbedingten Schäden des vergangenen Jahres zu heilen

Abgesehen von den täglichen Pausen sollten Sie unbedingt Urlaub machen. Denn Urlaub, diesen Schluss legen die Resultate einer gemeinschaftlich von der University of Minho in Portugal und dem Laboratory for Integrative Neuroscience at the National Institutes of Health (NIH) durchgeführten Studie nahe, ist von entscheidender Bedeutung für die Wiederherstellung der höheren Hirnfunktion, wenn sich nach längerer Stressexposition erste Ausfallserscheinungen bemerkbar machen.[1] Bei dieser Studie hat man Ratten in zwei Gruppen aufgeteilt und die eine Gruppe permanent einer Stressbelastung ausgesetzt, die andere hingegen nicht. Vor Beginn der Studie brachte man den Versuchstieren beider Gruppen bei, einen Hebel zu betätigen, um zur Belohnung an Futter zu gelangen. Sobald die Tiere diesen Ablauf gut beherrschten, veränderten die Forscher die Situation, indem sie die Tiere nun von Hand fütterten und ihnen so die Mühe ersparten, den Hebel betätigen zu müssen. Das heißt: Beide Gruppen haben das Futter einfach so – ohne Gegenleistung – bekommen.

Dann wurde die eine Gruppe über eine Zeitspanne von 21 Tagen hinweg unter Bedingungen gehalten, unter denen die Versuchstiere nach einem Zufallsprinzip, also auf eine für die Tiere unvorhersehare Art und Weise, immer wieder Stressbelastungen ausgesetzt wurden. Wann die nächste Attacke erfolgen würde, wussten die Ratten nicht. Dadurch wurde ihre Stressbelastung nur noch weiter erhöht. Die Forscher versetzten ihnen ganz schwache Stromstöße, tauchten sie unter Wasser und konfrontierten sie mit dem einschüchternden Verhalten männlicher Alphatiere. Infolge ihrer stressbelasteten Lebensweise hörten die Ratten auf, sich intelligent zu verhalten. Ihr Gehirn hat das von Hand verabreichte Futter vollständig vergessen und stattdessen darauf zurückgegriffen, den Schalter immer wieder zu betätigen. Der Zugang zu dem Wissen um einen besseren Ansatz war ihnen verloren gegangen. Außerdem stellten die Forscher fest, dass sich die Verhaltensänderung in der Gehirnstruktur widerspiegelte. Einerseits führte die vermehrte Ausschüttung von Stresshormonen dazu, dass die neuralen Netzwerke einer höheren, für Entscheidungsprozesse und für zielgerichtetes Verhalten zuständigen Ordnung schrumpften und sich zurückbildeten. Andererseits wurden mit Gewohnheitsbildung in Zusammenhang stehende Netzwerke verstärkt und weiter ausgebaut. Gewohnheiten, die sich aufgrund von Stressreaktionen bilden, sind normalerweise schlechte Gewohnheiten. Daraus resultierte ein Gehirn, das scheinbar unauflöslich in eine algorithmische Endlosschleife aus unwirksamen und unproduktiven Verhaltensweisen verstrickt war, ohne deren Unwirksamkeit und Unproduktivität entdecken und korrigieren zu können.

„Im Verhalten von stressbelasteten Tieren prägt sich schnell ein Gewohnheitsmuster aus", erklärte Dr. Nuno Sousa, unter dessen Leitung die Studie durchgeführt wurde. „Das ist deshalb besonders schlimm, weil unter Stress stehende Tiere außerstande sind, in dem Moment zu einem zielorientierten Verhalten zurückzufinden, wenn das der bessere Ansatz wäre."[2] Wer permanent unter Stress steht, dem geht diese Fähigkeit verloren. Das überlastete Gehirn nagelt einen darauf fest, immer und immer wieder dieselben unproduktiven Dinge zu tun. Letztlich bringt man sich so selbst in einen Trott, ohne anschließend noch eine Möglichkeit zu sehen, ihm zu entgehen.

Glücklicherweise gibt es aber auch einen Lichtblick in dieser ansonsten so düsteren Szenerie. Die Forscher haben herausgefunden, dass es sich hier um ein reversibles Problem handelt. Bloße vier Wochen Urlaub von dem Stress auslösenden Umfeld reichten bereits aus, damit die Neuroplastizität das Rattengehirn heilen konnte. Netzwerke des höheren Gehirns begannen wieder, zu wachsen und sich auszudehnen, und gelangten mit der für ein gutes Funktionieren unerlässlichen Intelligenz zu neuer Blüte. Bei den zuvor ins Kraut geschossenen Netzwerken mit den habituell gewordenen Fehlfunktionen war hingegen ein Rückbau zu verzeichnen. Das Gehirn verfügt über ziemlich stark ausgeprägte Stehaufmännchenqualitäten, sofern man ihm die Chance lässt, wieder Fuß zu fassen. Es kann den stressbedingten Schaden beseitigen und durch neu aufgebaute Strukturen Ihre Befähigung zu einer erfolgreichen Lebensführung verbessern.

Doch damit die positive Neuroplastizität ihr magisches Wirken entfalten kann, müssen Sie dem Gehirn Zeit zur Heilung lassen – ihm, mit anderen Worten, einen Urlaub gönnen. Das Gehirn braucht unbedingt eine Auszeit vom Stress des vorangegangenen Jahres. Unglücklicherweise geben ihm viele Menschen diese Auszeit nicht. Deutlich über 30 Prozent der Angestellten in den Vereinigten Staaten haben nicht vor, die ihnen zustehenden Urlaubstage vollzählig in Anspruch zu nehmen. Und von denjenigen, die Urlaub nehmen, machen nur vierzehn Prozent mindestens zwei Wochen am Stück Urlaub.[3] Von denen, die verreisen, sprechen 82 Prozent mindestens einmal am Tag telefonisch in der Firma vor, 40 Prozent tun das mehrmals täglich, und 37 Prozent fahren mit Vollausstattung – Smartphone/s, Laptop und Tablet-Computer – in Urlaub.[4]

In einem Artikel der *New York Times* war ein Bericht über eine Presseagentin aus Manhattan zu lesen, die ihren ersten offiziellen Urlaub seit vier Jahren genommen hatte: „Sobald ihr Flieger landete", hieß es in dem Artikel, „überprüfte sie, ob inzwischen auf ihr Telefon irgendwelche Nachrichten eingegangen waren, die ihre Arbeit betrafen. Bei der Ankunft im Hotel ermittelte sie gleich als Erstes, wo das Business Center zu finden war."[5] Dann verbrachte sie, da die Witterung nicht ihren Vorstellungen entsprach, die ersten beiden Tage großenteils im Hotelzimmer. Und auch für die verbleibende Zeit ihres Aufenthalts versäumte sie nie, ihre Emails durchzusehen und ihre Telefonnachrichten abzuhören. Das beschreibt die neue Urlaubsnormalität.

Letztens habe ich auf der Monterey-Halbinsel Urlaub gemacht. Als ich auf den Dünen gleich oberhalb des Strands stand und auf das grandiose Landschaftspanorama blickte, sah ich zu meinem Erstaunen eine Reihe erwachsener Urlauber, die mit gesenktem Kopf auf ihr Smartphone schauten, nicht auf den Ozean oder den Himmel, während ringsum Kinder auf ihren Mobilgeräten herumtippten, anstatt Sandburgen zu bauen.

So verschafft man dem Gehirn nicht die Pause, die es braucht, um sich von den schweren Belastungen des vergangenen Jahres zu erholen. Urlaub sollten wir uns als eine Art neurologische Intensivstation vorstellen, wo die Umstände nach einem Aufenthalt verlangen, der uns dem Stress und den Strapazen der äußeren Welt entzieht.

Es erfordert durchaus eine gewisse innere Disziplin, das Büro oder die Firma loszulassen und uns mit Geist und Seele für die Regeneration zu öffnen, zu der uns eine Mischung aus Muße und Abenteuer verhelfen kann. Vielleicht haben wir Angst, dass der Berg von Arbeit, der auf uns wartet, in unserer Abwesenheit exponentiell weiter anwachsen wird, oder dass eine ehrgeizige Ersatzkraft in der Zwischenzeit beim Chef einen überwältigend guten Eindruck hinterlässt und uns den Arbeitsplatz wegschnappt. Sich von derartigen Befürchtungen zu befreien und sich stattdessen klar zu machen, dass wir nach heutigem biologischem Wissensstand allen Grund haben, die Arbeit für ein paar Wochen komplett abzuhaken, erfordert Mut. Wenn es Ihnen aber gelingt, werden Sie, auch das entspricht dem wissenschaftlichen Kenntnisstand unserer Tage, mit einem nagelneuen Gehirn an den Arbeitsplatz zurückkehren, das Ihnen dank seiner Leistungsfähigkeit das beste Jahr bescheren kann, das Sie je hatten.

Ein Urlaubsleitfaden zur Heilung des Gehirns

Definieren Sie, bevor Sie verreisen, die Zielsetzung Ihres Urlaubs: mehr und mehr Liebe empfinden, in Frieden sein und Freude erfahren! Das sind drei hervorragende Heilmittel für das Gehirn. Stellen Sie sicher, mit einer Assistentin beziehungsweise einem Assistenten oder mit einem/einer vertrauenswürdigen Mitarbeiter/in an Ihrem Arbeitsplatz einen Plan zu entwickeln, der es der betreffenden Person ermöglicht, Sie zu kontaktieren, falls in Ihrer Abwesenheit tatsächlich ein dringend zu erledigendes Problem auftreten sollte. Schalten Sie anschließend Ihren Email-Account auf automatische Beantwortung, verfassen Sie den dazugehörigen Mail-Text, der den/die Absender/in der Mail in dringenden Fällen an Ihre Kontaktperson im Büro verweist, und sprechen Sie auch auf die Mailbox beziehungsweise den Anrufbeantworter einen entsprechenden Hinweis auf.

Nehmen Sie sich, an Ihrem Bestimmungsort angekommen, selbst die Verpflichtung ab, Ihr Smartphone ausschließlich für Telefonate vor Ort zu verwenden, nicht für Routinetelefonate ins Büro. Nutzen Sie Ihren Tablet-Computer, um Bücher zu lesen oder Patiencen zu legen, nicht zum Arbeiten. Falls Sie ein bestimmtes Gerät zum Arbeiten nutzen müssen, gehen Sie diszipliniert damit um. Das sollte nur für eine wirklich dringende, unumgängliche Angelegenheit sein. Leiten Sie geschäftliche Mitteilungen ohne Dringlichkeit an Ihre Mailbox weiter, und lassen Sie sich nicht von Ihren Emails vereinnahmen, indem Sie diese morgens als Erstes lesen.

Beginnen Sie jeden Tag in Ruhe. Lassen Sie zu, dass Herz und Geist weit offen stehen für die Frische und Freiheit, die Ihnen ein Urlaub bringt. Machen Sie es zu Ihrer Übung, eine eventuell – in welcher Form auch immer – vorhandene obsessive Bindung an elektronische Geräte immer weiter abklingen zu lassen, bis sie wirkungslos geworden ist. Heben Sie den Blick, wenden Sie ihn von dem elektronischen Gerät ab, und nehmen Sie stattdessen die Welt, die Sie umgibt, in sich auf. Rufen Sie sich in Erinnerung, dass Ihr Urlaub nicht auf dem Smartphone stattfindet.

Seien Sie präsent, genau hier, genau jetzt. Lassen Sie die Vergangenheit und die Zukunft los, wann immer diese beiden sich als Stress auslösender Faktor erweisen. Lassen Sie die Sorgen los und ebenso die Gewohnheit, immer alles und jeden zu beurteilen. Geben Sie sich alle erdenkliche Mühe, sich auf die lieben Menschen einzustimmen, die mit Ihnen in Urlaub gefahren sind. Nutzen Sie die Gelegenheit, sie rundum neu zu entdecken, und zeigen Sie ihnen, so gut Sie nur können, wie wichtig sie Ihnen sind.

Was tun, falls Sie sich keinen Urlaub leisten können?

Mir ist selbstverständlich klar, dass Geld, Zeit, familiäre Verpflichtungen und beruflicher Druck einen Urlaub gefährden können. Aber auch dann benötigt Ihr Gehirn die Zeit zur Erholung. Seien Sie also erfinderisch, wenn es darum geht, ein bisschen Ruhe und Entspannung zu bekommen. Das ist wirklich von großer Bedeutung, insbesondere wenn Sie ein stressiges Jahr hinter sich haben. Wo es einen Willen gibt, da gibt es auch einen Weg. Gleich anschließend finden Sie hier drei

Vorschläge. Aber beschränken Sie Ihre Überlegungen keinesfalls auf diese Vorschläge, sondern lassen Sie Ihrer Fantasie freien Lauf. Was immer Sie in dem Bestreben, etwas für Ihr Gehirn zu tun, beschließen mögen – ganz entscheidend kommt es auf die bereits angesprochenen Punkte an: Unternehmen Sie alles Erdenkliche, dass Sie keine Anrufe bekommen, die mit Ihrer Arbeit zu tun haben, schalten Sie die Emails aus, und halten Sie sich an den zuvor skizzierten Urlaubsleitfaden zur Heilung des Gehirns.

1. **Ein vier- bis fünftägiger Kurzurlaub:** Für ein paar Tage aus dem gewohnten Umfeld herauszukommen kann, wie bereits gegen Ende des vorigen Kapitels „Das schöpferische Gehirn" erwähnt, die Kreativität ordentlich ankurbeln. Ein um zwei oder drei Tage verlängertes Wochenende beispielsweise wird Ihnen die Zeit zur Erholung verschaffen, die Sie brauchen, um das Ausmaß der Stressbelastung zu verringern. Dadurch unterstützen Sie das Gehirn.

2. **Urlaub auf Balkonien:** Urlaub daheim – jahrhundertelang war das für die meisten Menschen im Grunde die einzige Erholungsmöglichkeit. Solch ein Urlaub auf Balkonien kann dem Gehirn die Zeit geben, die es zur Wiederinstandsetzung benötigt. Allerdings werden Sie sich in dem Fall mit größerer Sorgfalt darum kümmern müssen, sich das Büro beziehungsweise die Firma vom Leib zu halten. Falls Sie Kinder haben und ein Haus mit einem Hinterhofbereich, können Sie auf dem Platz hinterm Haus ein Nachtlager aufschlagen, mit einem Zelt und allem Drum und Dran, und eine oder zwei Nächte mit den Kindern draußen campieren und sich die Sterne anschauen.

3. **Ein Wohnungs- oder Haustausch auf Zeit:** So können Sie zu einem Urlaub kommen, bei dem Sie dank des neuen Umfelds, in dem Sie hier die Zeit verbringen, besser gestellt sind als bei einem Urlaub daheim. Dazu brauchen Sie nur für eine bestimmte Zeit Ihr Zuhause gegen dasjenige eines vertrauenswürdigen Menschen einzutauschen, der wie Sie nach einer Alternative zum üblichen Urlaub sucht.

Ihre Praxis für diese Woche

Machen Sie diese Woche einen Plan für Ihren Urlaub, selbst wenn bis dahin noch ein paar Monate ins Land gehen sollten. Planen Sie, wann Sie sich die Auszeit nehmen wollen. Überlegen Sie sich, wohin Sie reisen wollen, oder entscheiden Sie sich für einen alternativen Plan, falls Sie finanzielle oder andere Erwägungen mit in Betracht ziehen müssen. Treffen Sie gleich die ersten Vorkehrungen, die nötig sind, damit Ihr Urlaub tatsächlich stattfinden wird. Ihr Gehirn wird es Ihnen danken.

Und setzen Sie diese Übungen weiter fort

- Denken Sie daran, das Hilfsmittel „Drei vernünftige Entscheidungen" zu nutzen, wenn Sie in einer Situation ein Gefühl von Ohnmacht verspüren, und das Hilfsmittel „Fühlen Sie es, um es zu heilen", wenn Sie bemerken, dass Sie in zunehmendem Maß körperlich verspannt sind.
- Praktizieren Sie die „Die 30-sekündige Auszeit für inneren Frieden" ein paarmal täglich.
- Wenden Sie regelmäßig einmal am Tag (besser zweimal) das Hilfsmittel „Klarheit zulassen" an.
- Nutzen Sie das Hilfsmittel „Die Löschtaste", um ein Stress auslösendes Denkmuster zu beseitigen.
- Üben Sie nach wie vor die Anwendung des Hilfsmittels „Die Gedanken aufmerksam wahrnehmen".
- Beginnen Sie weiterhin jeden Tag in Ruhe. Wachen Sie ein wenig früher auf, um festzustellen, ob die rechte Gehirnhälfte, während Sie schliefen, die eine oder andere Einsicht ausgebrütet hat.
- Machen Sie von dem Hilfsmittel „Halten Sie inne, und kommen Sie zur Ruhe" Gebrauch. Legen Sie Pausen ein, Unternehmen Sie Spaziergänge draußen im Grünen. Falls Sie ein schwieriges Problem haben, schlafen Sie darüber, und schauen Sie am Morgen, ob Ihr Gehirn im Traum eine Antwort darauf gefunden hat. Zählen Sie einmal in der Woche die Segnungen, die Ihnen zuteil geworden sind.

11

Als Ganzheit sind Sie mehr als die Summe der einzelnen Faktoren

Eine meiner Bekannten durchlebte einige Monate lang eine schwierige Zeit: Ihre Firma hatte Liquiditätsprobleme, und mehrfach musste sie ein Loch mit dem anderen Stopfen. Das machte dieser Frau mit ihrem ausgeprägten Gefühl für persönliche Integrität zu schaffen und belastete sie sehr. Eines Tages, als ihr das Problem gerade besonders viel Sorgen bereitete, wollte sie sich, um etwas Bargeld in der Tasche zu haben, an einem Bankomat Geld holen. Während sie ihre Karte in den Kartenschlitz des Geldautomaten steckte, empfand sie schlagartig extrem starken Stress und große Angst. Der Bankomat, diese Fantasievorstellung durchfuhr sie einen Moment lang, öffnete sich. Heraus stieg ein FBI-Agent, der sie verhaftete, weil sie sich als aufrichtigen Menschen ausgab. Was war das für eine absurde Vorstellung, gar keine Frage, und meine Bekannte musste selbst darüber lachen, wenn auch mit einem etwas nervös und gequält wirkenden Lächeln.

Höchstwahrscheinlich hat Scham diese Stressreaktion ausgelöst. Scham kann bewirken, dass Ihr Herz heftig pocht, Sie sich angreifbar und wackelig auf den Beinen fühlen. Die gerade beschriebene Verhaftungsfantasie ist ein weiteres Beispiel, das zeigt, auf welch aberwitzige Gedanken das untere Gehirn uns bringt, wenn wir permanent unter

SCHRITT 3: SICH ÜBER DEN STRESS HINAUSENTWICKELN

Stress stehen – ähnlich wie bei dem leitenden Mitarbeiter aus der Verkaufsabteilung in der „Wovor habe ich Angst?"-Übung aus Kapitel 4. Die Angst, wie ein Versager dazustehen, ganz gleich ob wir tatsächlich versagt haben oder nicht, kann die Angst vor sozialer Ächtung in uns wachrufen.

Scham ist die entscheidende emotionale Reaktion, die wir erleben, wenn wir uns durch eine soziale Bewertung beziehungsweise durch eine soziale Zurückweisung bedroht fühlen. Sigmund Freud hat Scham als diejenige Art von sozialer Angst definiert, die Menschen dazu bringt, sich von dem bestimmen zu lassen, was andere über sie denken oder sagen.[1] *Brené Brown* von der University of Houston kam in ihrer Forschung zu dem Schluss, dass es bei „Scham um Angst geht, ... um die Angst, nicht mit dazuzugehören", die sie als „die Angst, man könne als fehlerhaft und inakzeptabel wahrgenommen werden, als jemand, der es nicht verdient, mit dazuzugehören"[2] beschreibt. Wie Sie mittlerweile wissen, ist Angst immer gleichbedeutend mit Stress.

Scham erzeugt den heimtückischen, nicht von uns weichenden Gedanken, dass wir in gewisser Weise eine Mogelpackung sind und andere hinters Licht führen, dass irgendwas an uns nicht in Ordnung ist und dieses Etwas verborgen gehalten werden muss; denn würden andere es entdecken, dann würden sie uns aus der Stadt jagen. Grundlage von Scham sind diverse Schichten von Selbstverachtung und dem Gefühl, nichts wert zu sein, die während der prägenden Jahre, als die Eltern auf unseren Fehlern herumgeritten sind, Freunde und Geschwister uns verspottet, Trainer und Lehrer unsere Talente und Bemühungen nicht zur Kenntnis genommen oder kritisiert haben, in unser Selbstbild einprogrammiert wurden. Darin liegt nicht nur die Ursache vieler Störungen im familiären Miteinander begründet, sondern auch bei Sozialphobien, Essstörungen, häuslicher Gewalt, rüpelhaftem Verhalten auf dem Schulhof und Drogenmissbrauch spielt dieser Faktor eine Rolle.[3] Scham entwickelt sich aus einem immer wieder auftretenden Negativmuster – besser im Hintergrund zu bleiben –, das sich ins Gehirn einprägt und den sich selbst aufrechterhaltenden Gedanken hervorbringt: *Ich bin nicht gut genug.* Schließlich verfinstert sich das Muster zu der kontraproduktiven Überzeugung: *Ich bin nicht gut genug, weil mit mir etwas nicht stimmt.* Die emotionale Last dieses Gedankens ist mehr, als unser Geist tragen und ertragen kann. Daher verdrängen wir ihn, schieben ihn ab in einen dunklen Winkel, wo er an uns nagt. Somit steht das von der Scham entworfene Bild des Lebens für das genaue Gegenteil eines sich entfaltenden, aufblühenden und gedeihenden Lebens. Scham hindert uns daran, jener voll funktionsfähige und vollständig sich entfaltende Mensch zu sein, den Carl Rogers, der Vater der humanistischen Psychologie, als einen Menschen beschrieben hat, der sich „in Richtung auf Ganzheit, Integration, ein alles in sich vereinigendes Leben"[4], „zur Selbsterfüllung und Selbstverwirklichung"[5] hin bewegt.

Wir alle haben schon, während andere uns bewerteten, soziale Angst erlebt. Was mich angeht, ich werde häufig bewertet – zum Abschluss eines jeden Unternehmensseminars, das ich abhalte. Lange stellte der Moment der Bewertung für mich eine Belastung dar. Falls 48 Leute das Seminar als gut oder hervorragend, zwei Leute es hingegen nur als durchschnittlich oder schlecht einstuften, dann hat mein Gehirn sich auf die beiden weniger erfreulichen Bewertungen fixiert. Durch die niedrigeren Bewertungen fühlte ich mich verunsichert, so als wäre ich nicht gut genug gewesen. Einfach albern. Nach einem der Seminare forderte meine Geschäftspartnerin mich schließlich auf, die positiven Bewertungen zu lesen und *sie* Eindruck auf mich machen zu lassen. Die positiven Kommentare anzunehmen und sie auf mich wirken zu lassen, hat mir tatsächlich Schwierigkeiten bereitet. Diese Einsicht war für mich ein Weckruf, solchen auf Scham beruhenden Stressreaktionen auf den Grund zu gehen.

Täuschen Sie sich nicht, Scham ist immer gleichbedeutend mit Stress. Die Angst davor, in irgendeiner Weise kritisiert, beurteilt, zurückgewiesen oder herabgesetzt zu werden, beinhaltet eine enorme Stressbelastung. In ihrer Auswirkung auf unseren Körper, letztlich auf unsere Gesundheit und unser Wohlbefinden, kann sie noch schädlicher sein als der Arbeitsstress. „Viele Leute meinen, jeglicher Stress habe die gleiche Auswirkung auf den Körper", schreibt Dr. Margaret Kemeny von der University of California, San Francisco, „aber Stress, der dadurch verursacht wird, wie andere uns sehen, ist extrem stark, ebenso stark oder noch stärker als die durch zu hartes Arbeiten ... verursachten Formen von Stress."[6] Ihre im *Journal of Personality* erschienene Studie gelangte zu dem Ergebnis, dass „akute Bedrohungen für unser soziales Selbst, einhergehend mit Scham, zu einer vermehrten Ausschüttung von Stresshormonen und einer Zunahme der entzündungsfördernden Zytoaktivität führt".[7] Dabei bezieht „akute Bedrohungen" sich auf die schmerzliche Erfahrung, kritisiert oder zurückgewiesen zu werden. Und mit der „vermehrten Ausschüttung von Stresshormonen und einer Zunahme der entzündungsfördernden Zytoaktivität" ist gemeint, dass mit Scham in Zusammenhang stehende Stressreaktionen die höheren Gehirnfunktionen beeinträchtigen und dadurch letztlich zu ernsthaften Erkrankungen führen können.

Scham ist soziale Angst, und Angst löst Stressreaktionen aus. Das Stressreaktionssystem ist so vernetzt, dass es auf Bedrohungen reagiert, insbesondere auf Bedrohungen für unser soziales Selbst. Als unsere Spezies dereinst in der Wildnis lebte, konnte eine Bedrohung unserer sozialen Position gleichbedeutend mit der Verbannung aus dem Stammesverband sein, und das bedeutete normalerweise den sicheren Tod. Für die Amygdala, das Angstzentrum des Gehirns, ist eine soziale Bedrohung daher eine ernst zu nehmende, unser Überleben betreffende Frage und Grund genug, das Stressreaktionssystem zu aktivieren.

Allerdings leben wir nicht mehr in der Wildnis. Und die gute Nachricht inmitten all dieser schlechten Nachrichten über Scham lautet: Wir können unser Gehirn neu vernetzen, sodass es anders reagiert. „Durch Entwickeln der Gabe, unsere Aufmerksamkeit auf die Innenwelt zu richten", erklärt der Neuropsychiater Daniel Siegel, „nehmen wir gleichsam ein ›Skalpell‹ zur Hand, mit dem wir unsere Nervenbahnen neu formen und das Wachstum der Hirnbereiche stimulieren, die für die geistige Gesundheit wesentlich sind."[8] Dank der Neuroplastizität kann, mit anderen Worten, durch eine Neuvernetzung unseres Gehirns die Scham abgebaut werden. Mit dem hier in diesem Kapitel gewählten Ansatz zur Neuvernetzung des Gehirns werden sich die Pforten für Sie als Ganzheit weit öffnen – anstelle all der Fragmentierung, die durch Scham hervorgerufen wird.

Aufmerksamkeit entwickeln

Im Lauf der Jahre haben Forscher die anstrengenden und nervenaufreibenden Gewässer der Scham ausgelotet. Die Einsichten, zu denen sie dabei gelangt sind, können uns helfen, aufmerksamer auf das zu achten, was die Scham antreibt, damit wir dann entsprechende Veränderungen vornehmen können. Carol Dweck, in puncto emotionaler Entwicklung weltweit eine der führenden Forscherinnen, kam zu dem Ergebnis, dass der Enkodierungsprozess der Scham früh im Leben einsetzt. Um eine

Erklärung dafür zu finden, warum Kinder in der Schule versagen, hat sie bei Drittklässlern eine Studie durchgeführt. Und sie stellte fest, dass man Jungen, die an einer Aufgabe gescheitert sind, regelmäßig sagte: „Du hast nicht aufgepasst." Oder: „Du hast dich nicht richtig angestrengt."

Zu den Mädchen sagte man regelmäßig: „Du bist nicht sehr gut im Rechnen." Oder: „Du gibst immer schlampige Arbeiten ab." Oder: „Du vergisst immer, deine Arbeit noch einmal durchzulesen." In einem Experiment legte Dweck Schülerinnen und Schülern unlösbare Anagramme vor. Als sie die Kinder fragte, warum sie die Lösung nicht gefunden hätten, taten die Jungen so, als sei es ihnen gleichgültig. Einige reagierten wütend und sagten, das Rätsel sei doof. Die Mädchen verlegten sich auf Zurückhaltung und äußerten in der einer oder anderen Form so etwas wie: „Ich glaube, ich bin nicht besonders gescheit."[9]

Seit Dwecks Experiment haben weitere Studien zur Scham ergeben, dass das gleiche Muster sich bis ins Erwachsenendasein hinein fortsetzt. Bei Stress aufgrund von Scham zeigt sich bei Männern die Tendenz, die Scham in Wut umzuwandeln, woraus sich eine „Scham-Wut-Rückkopplungsschlaufe"[10] ergibt. Männer geraten in den Teufelskreis, sich zu schämen, weil sie wütend sind, und wütend darüber zu sein, dass sie sich schämen. Bisweilen liefert die überreizte Amygdala dann einen Gewaltausbruch. Jeder Fall von häuslicher Gewalt lässt sich, dem Psychiater Donald Nathanson zufolge, auf Scham zurückführen.[11]

Bei Frauen hingegen läuft auf Scham beruhender Stress als „Scham-Scham-Rückkopplungsschlaufe" ab.[12] Frauen schämen sich im Grunde dafür, sich zu schämen, wodurch das Schamgefühl nur noch weiter zunimmt und Stressreaktionen hervorruft. Und aus diesem Teufelskreis resultiert schließlich Depression.

Bei Männern wie bei Frauen steht Scham für ein psychoneurologisches Muster, das schädliche Stressreaktionen aktiviert und „die besseren Engel unserer Natur"[13] als Geiseln nimmt. Dies ist der erste Bestandteil des Musters, auf den wir aufmerksam werden sollten. Es kommt, mit anderen Worten, darauf an, schon die ersten Anzeichen von Scham zu erfassen und zu beobachten, wie sich die Verderben bringende Wirkung dieses Musters zeigt – als Scham, die in einen Wutausbruch münden kann, bei den Männern, und als Scham, die sich selbst vervielfacht, bei den Frauen. Hierbei kann die Übung „Die Gedanken aufmerksam wahrnehmen" hilfreich sein. Zuerst kann sie uns helfen, einen Zustand von Scham zu entdecken, und anschließend kann sie jene Überzeugungen auflösen, die zu einer Eskalation der Scham führen. Aufmerksamkeit ist der Schlüssel. In Kapitel 3 habe ich dargelegt, dass Aufmerksamkeit, einfaches Gewahrsein, uns die Pforte öffnen kann, durch die wir Zugang zur vollen Leistungsfähigkeit des Gehirns und zu einer Neuverknüpfung von neuralen Prozessen erhalten, deren Ablauf zuvor in den neuralen Netzwerken des Gehirns fest vorgegeben war. Für ein Gehirn, das für die Empfindung von Scham vernetzt ist, gilt das Gleiche.

Die Scham-Übung

Gehen wir also auf Tuchfühlung mit der Scham, indem wir uns einer schlichten, zu erhöhter Aufmerksamkeit führenden Übung widmen. Stellen Sie sich vor, dass Sie einen tollen Tag hatten. Sie haben es geschafft, ein Projekt unter Dach und Fach zu bringen, und verspüren nun ein euphorisches Hochgefühl. Sie können es kaum erwarten, in der ohnehin gleich stattfindenden Konferenz Ihren Erfolg allgemein bekannt zu geben. Vergegenwärtigen Sie sich dieses Gefühl von freudiger Erregung und Vorfreude, so lebhaft Sie können. Sehen Sie nun, wie Sie bei der Konferenz mit anderen Leuten am Tisch sitzen. Voller Enthusiasmus teilen Sie ihnen mit, wie erfolgreich der Tag für Sie gelaufen ist. Und Sie erwarten, dass die Kolleginnen und Kollegen mit Ihnen den Erfolg feiern und Ihnen gratulieren.

Doch das tun sie nicht. Als Sie ihnen Ihre Erfolgsgeschichte erzählt haben, beschränkt sich die Reaktion der Kolleginnen und Kollegen auf ein Kopfnicken, und dann wechselt jemand kurzerhand das Thema. Niemand stimmt in Ihr euphorisches Hochgefühl mit ein. Stattdessen stößt Ihre Erfolgsgeschichte auf allgemeines Desinteresse.

Wie würde Ihnen daraufhin zumute sein? Welchen Einfluss hätte das auf Ihr Erfolgserlebnis? Wie wohl oder unwohl würden Sie sich nun in der eigenen Haut fühlen?

Angenommen, Sie würden diese Situation tatsächlich erleben, dann würde sie bei Ihnen wahrscheinlich eine Schamreaktion hervorrufen. Augenblicklich wäre Ihre Euphorie dahin. Zuerst wären Sie betrübt, dann gehemmt, und schließlich würden Sie gar keinen Wert mehr darauf legen, von Ihrem Erfolg zu sprechen. Am liebsten würden Sie eigentlich gleich im Fußboden versinken. Später werden Sie sich vielleicht verletzt fühlen, werden wütend und letztlich deprimiert sein, wodurch die Empfindung, es nicht besser verdient zu haben, noch stärker wird. Scham nimmt sich die Gleichgültigkeit und mangelnde Sensibilität anderer Menschen zu Herzen und interpretiert die ganze Situation im Sinn von: *Mit mir stimmt etwas nicht.* Im vorliegenden Fall würde Ihre Scham durch den schnellen Übergang vom Zustand freudiger Erregung in einen schmerzlichen Zustand hervorgerufen werden. Damit einhergehend geraten das sympathische und das parasympathische Nervensystem in Widerstreit zueinander.[14]

Das Gefühl von Euphorie angesichts des Erfolgs bei dem Projekt und Ihre Vorfreude darüber, die freudige Nachricht gleich den Kolleginnen und Kollegen mitteilen zu können, haben das sympathische Nervensystem angeregt. Dieses System ist gewissermaßen das Gaspedal des Gehirns, das den Motor richtig auf Touren bringt. Wenn Sie in solch einer euphorischen Hochstimmung sind, sorgt dieses System für ein inneres JA zum Leben.

Das parasympathische Nervensystem tritt hingegen auf die Bremse. Hier im Beispiel entspricht es dem Effekt der anderen, die an Ihrem Erfolg kein Interesse hatten. Diese Kränkung setzt Ihrer Euphorie ein jähes Ende. Ein äußeres NEIN macht Ihr inneres JA zunichte. Diese Kollision bezeichne ich des Öfteren als den Sympathikus-Parasympathikus-Zusammenstoß.

Die „Ich habe einen Fehler gemacht"-Übung

Führen wir gleich noch eine weitere Übung durch. Mit ihr entwickeln wir angesichts eines Fehlers, den wir machen, Aufmerksamkeit im Umfeld einer Erfahrung von Scham. Stellen Sie sich vor, Sie hätten an Ihrem Arbeitsplatz für ein Programm einen Etatentwurf erstellt, der die nächsten sechs Monate berücksichtigt, und dieser Etatentwurf ergäbe einen Überschuss. Ihrem Chef haben Sie eine Zusammenfassung geschickt, in der Sie feststellen, aufgrund des Überschusses bräuchten an dem Programm keinerlei Abstriche gemacht oder Einschnitte vorgenommen werden. Am nächsten Tag entdecken Sie, dass einige Berechnungen in Ihrem Entwurf falsch sind und der Etatentwurf nach der Fehlerkorrektur ein besorgniserregendes Defizit aufweist.

Da sitzen Sie nun ganz allein, sind sich bewusst, dass Sie den Fehler gemacht haben und es jetzt an Ihnen ist, den Chef darüber in Kenntnis zu setzen. Was glauben Sie, würden Sie in dieser Situation zu sich sagen? Hin und wieder fand ich mich, als ich mit der Leitung großer Organisationen betraut war, genau in dieser Position wieder. Und die verbalen Grobheiten, die ich mir bei der Gelegenheit selbst an den Kopf geworfen habe, sind nicht zum Abdruck geeignet.

Diese von Scham erfüllte Rotstiftmentalität überzieht uns mit Schimpfe und Schelte in Form von: „Du hättest gekonnt, du hättest gesollt, du hättest gemusst", die wir an uns selbst adressieren, aber auch auf andere Menschen projizieren. Andauernd *sollten* wir demzufolge alles Mögliche: in Bezug auf uns selbst wie auch auf andere Menschen – und sie in Bezug auf uns. Das kann in einem für Scham vernetzten Gehirn nur eine Kampf-Flucht-oder-Erstarrungsreaktion auslösen.

Das „Ideal-Selbst"

Carl Rogers hat herausgefunden, dass durch Scham etwas entsteht, was er als das „Ideal-Selbst"[15] bezeichnet. Mit „Ideal" meint Rogers hier keineswegs ein besseres Selbst, sondern ein Selbstverständnis, das nicht der Realität entspricht, nichts Echtes und Authentisches hat. Dieses Ideal-Selbst ist eine Brutstätte für Scham: die Vorstellung von der idealen Person, die wir vermeintlich sein sollten, die für uns freilich immer außer Reichweite bleibt – der Maßstab, dem wir niemals gerecht werden können. Diese Vorstellung steht für die Kluft zwischen dem authentischen Selbst und dem Ideal-Selbst, zwischen „ich bin" und „ich sollte sein". Die Kluft bedingt eine Diskrepanz in unserem Selbstverständnis, die wiederum ein Gefühl von Unzulänglichkeit verursacht und uns vor die Frage stellt: *Wer bin ich?* Am Ende fühlen wir uns verloren. Nichts bringt aber eine größere Stressbelastung mit sich als solch ein Gefühl des Verlorenseins.

Albert Ellis, der Begründer der kognitiven Verhaltenstherapie, kam zu dem Schluss, dass die Essenz dessen, was wir als Neurose bezeichnen, sich hinter drei auf Scham basierenden Sätzen verbirgt, die Menschen zu sich selbst sagen.

1. Der erste Satz lautet: *Ich habe einen Fehler gemacht; mir ist ein Irrtum unterlaufen; ich lag falsch.* Das mag Schuld- oder Frustrationsgefühle hervorrufen. Doch würde die Krise, sofern wir an dieser Stelle Halt machten, lediglich darin bestehen, dass wir einen Fehler korrigieren

oder eine Lektion lernen müssten, und uns so zugleich die Möglichkeit verschaffen, uns weiterzuentwickeln, persönliche Fortschritte zu machen.

2. Der zweite Satz lautet: *Dieser Fehler, den ich gemacht habe ... Dieser Vorgang, bei dem etwas schiefgelaufen ist ... Diese Angelegenheit, bei der ich mit meiner Annahme falsch gelegen habe ... Die Art und Weise, wie ich mich verhalten habe ... bedeutet, dass mit mir etwas nicht stimmt.* Hier werden Schuldgefühle oder Frustrationen zu Scham. Das bringt uns dazu, dass wir zu uns selbst sagen: *Ich bin nicht gut genug; ich bin nicht klug genug; ich bin dessen unwürdig; ich bin nicht liebenswert genug.* All das verfestigt sich zu der nahezu unerschütterlichen Überzeugung: *Ich bin nicht gut, und welche Strafe auch über mich hereinbrechen mag, ich verdiene sie.* Albert Ellis spricht bei dieser Reaktion von der moralistischen Selbstverdammung als Individuum. „Hier kommt es zu einer vollständigen Verwechslung von Individuum und dem Handeln oder Verhalten, das dieses an den Tag legt. Und es ist dieser Satz ... dass ich nicht gut bin – er richtet den Schaden an."[16]

3. Der dritte Satz lautet: *Ich werde wieder etwas falsch machen, und mir werden noch größere Fehler unterlaufen.* Wir verlieren, mit anderen Worten, unser Selbstvertrauen.[17]

Das erreicht schließlich den Punkt, an dem wir Angst haben, einen Fehler zu begehen, und zwar mehr wegen der emotionalen Bestrafung, die wir uns, wie wir wissen, selbst auferlegen werden, als wegen irgendwelcher Dinge, die uns die Welt antun könnte.

Ein auf Scham sich stützender Geist verdrängt letzten Endes, um sich nicht schlecht fühlen zu müssen, seine Fehler. Dadurch vereitelt er die Möglichkeit, aus einem Fehler zu lernen, wodurch sich nur die Wahrscheinlichkeit vergrößert, einen schweren Fehler erneut zu begehen. So können wir aus unseren Fehlern nichts lernen, kann kein Wissen aus ihnen hervorgehen. Verdrängung, das ist das Problem mit ihr, geht nicht selektiv vor. Wir können uns nicht auf der einen Seite schwierigen Gefühlen wie der Scham gegenüber gefühllos machen, ohne großartigen Gefühlen – etwa der Freude, der Leidenschaft oder dem inneren Frieden – gegenüber ebenfalls gefühllos zu werden. Verdrängung trübt das emotionale System des Gehirns, und ist dieses System in einer Talsohle angelangt, dann verfällt die betreffende Person in einen depressiven Zustand.

Doch es kommt noch schlimmer. Denn das bedeutet zugleich: Genauso wenig können wir erkennen, was bei uns in Ordnung ist. Daher verharren wir letztlich in unserer engstirnigen Sicht auf die eigenen Stärken, Talente und Verdienste. Herbert Otto hat in seiner bahnbrechenden Forschung zum menschlichen Potenzial herausgefunden, dass die meisten Menschen lediglich fünf oder sechs positive Punkte zur eigenen Person aufführen, hingegen ein bis zwei Seiten mit dem füllen können, was sie als ihre Fehler und Mängel wahrnehmen.[18] Als die Gallup-Organisation US-amerikanische Arbeiter bat, die eigenen Stärken zu charakterisieren, war ein Drittel von ihnen nicht in der Lage, auch nur eine einzige zu benennen.[19]

Solange sich das nicht ändert, kann sich in unserer Arbeit keine Freude widerspiegeln, können wir auf unsere Errungenschaften nicht stolz sein und kann es in unserem Herzen keinen Frieden geben. Der Zugang zu einem wirklichen Verständnis dessen, was uns ausmacht und zu wem wir werden können, bleibt uns verschlossen. Man muss kein Prophet sein, um vorhersagen zu können, dass ein von Scham bestimmtes Leben mit Stress belastet und außerstande ist, der oder dem Betreffenden Erfüllung zu bringen – dass solch ein Leben sein volles Potenzial nicht verwirklichen kann.

Über Scham, hat Brené Brown festgestellt, will niemand sprechen, und „je weniger man darüber sprechen will, umso mehr Scham hat man."[20] Der erste Schritt, um an die Scham heranzukommen, besteht also darin, sie nicht länger zu verdrängen, sondern sie ans Tageslicht zu befördern. Lassen Sie es mich noch mal in Erinnerung rufen: Um die Art und Weise, wie unser Gehirn vernetzt ist, verändern zu können, benötigen wir zuallererst einmal Aufmerksamkeit. Der nebenstehende Fragebogen zur Fragmentierung hilft Ihnen, Ihre von Scham gesteuerten Gedanken und Verhaltensmuster zu ermitteln. Dort finden Sie eine Reihe von Aussagen zu Ihrem Umgang mit Menschen und Geschehnissen. Kreuzen Sie alles an, was aus Ihrer Sicht der Wahrheit nahe kommt.

Sehen Sie sich dann, nachdem Sie den Fragebogen Punkt für Punkt durchgegangen sind, noch einmal die komplette Liste an. Jede einzelne Aussage spiegelt hier eine auf Scham sich stützende Denkweise, Überzeugung oder Verhaltensweise wieder. An wie vielen Punkten Sie Ihr

Fragmentierung

○ Was ich mache, halte ich häufig noch nicht für gut genug.

○ In dem Bemühen, „gut" zu sein, wehre ich mich dagegen, „schlechte" Emotionen zu empfinden. Allerdings stelle ich fest, dass gelegentlich „schlechte" Emotionen von mir Besitz ergreifen.

○ Emotionalität zeugt in meinen Augen von Schwäche und von mangelnder Kontrolle.

○ Ich traue mich nicht, Autorität in Frage zu stellen, wenn ich sehe, dass man etwas eigentlich auf eine bessere Art und Weise tun kann.

○ Am Arbeitsplatz ist es nötig, mich selbstbewusst zu geben, auch wenn ich es nicht bin.

○ Ich vermittle das Bild eines fröhlichen oder selbstsicheren Menschen, ohne mich tatsächlich so zu fühlen.

○ Ich habe, mit einer Herausforderung konfrontiert, die Tendenz, mich zurückzuziehen.

○ Um zu verbergen, wie mir tatsächlich zumute ist, setze ich des Öfteren eine Miene auf.

○ Ich kümmere mich mehr darum, was andere von mir denken, als ich zugeben mag.

○ Generell bin ich zurückhaltend, wenn es darum geht, Emotionen zum Ausdruck zu bringen. Häufig habe ich allerdings stärkere Gefühle, als ich zeige.

○ Mich zu verteidigen finde ich notwendig.

○ Mich in einer intimen Beziehung sicher zu fühlen fällt mir schwer.

○ Manchmal schaudert es mich angesichts dessen, was ich gesagt habe.

○ Hin und wieder zucke ich zusammen, wenn ich an etwas aus der Vergangenheit zurückdenke, was ich bereue.

○ Wenn jemand anderer Meinung ist als ich, fühle ich mich zurückgewiesen.

○ Ich habe die Neigung, Augenkontakt mit anderen Menschen zu vermeiden.

○ Von anderen Geschenke anzunehmen fällt mir schwer.

○ Ich habe das Gefühl, nicht so erfolgreich zu sein, wie ich es an diesem Punkt meines Lebens eigentlich sein sollte.

○ Ich bin sehr auf die Zustimmung und Anerkennung anderer Menschen aus.

▶ Unter www.windpferd.de/stressbesiegen/arbeitsblatt-seite_183.pdf können Sie das Arbeitsblatt zum Ausdrucken herunterladen.

Kreuz gesetzt haben, spielt hier keine Rolle. Entscheidend ist vielmehr, dass Sie die angekreuzten Punkte eingehend untersuchen und sich möglichst große Klarheit darüber verschaffen, in welcher Weise die entsprechende Situation in Ihrem Leben zustande kommt und Sie davon abhält, sich persönlich zu entfalten. Nehmen Sie sich die nötige Zeit. Tadeln und verurteilen Sie sich nicht, denn darin äußert sich lediglich Scham, die durch den Hintereingang hereingeschlichen kommt. Lösen Sie sich von jeglicher Beurteilung, und werden Sie einfach gewahr, wie sich die Scham bei Ihnen manifestiert. Prüfen Sie genau, welche Überzeugungen ihr zugrunde liegen. Richten Sie dann zunehmend den Blick auf die Frage, wie sich die Situation wandeln könnte. Was wäre, wenn Sie diesem oder jenem Gedanken keinen Glauben schenken, wenn Sie die Dinge nicht auf diese Weise betrachten oder wenn Sie sich nicht auf jene Weise verhalten würden? Je mehr Sie sich mithilfe dieser Selbsterforschung Klarheit über Ihre Muster verschaffen, umso näher kommen Sie einer Veränderung der Situation.

Ihre positive Seite stärken

Bisher haben wir uns auf die Schattenseite der Scham konzentriert – auf ein Leben unter Kräfte zehrender Stressbelastung, mit einer Einschränkung der höheren Hirnfunktionen und mit Träumen, die unverwirklicht bleiben. Wenden wir den Blick der positiven Seite zu, wo sich unser Augenmerk auf inneren Frieden, Freude, Wohlbefinden und die Verwirklichung Ihres vollen Potenzials richtet – Merkmale, die das Ende des durch Scham hervorgerufenen Stresses kennzeichnen. In einem simplen ersten Schritt können Sie zunächst einmal die der Scham innewohnende Neigung, Ihr besseres Selbst herabzusetzen, weitestgehend verringern. Dies beinhaltet unter anderem, stillschweigend anzuerkennen, welchen Unterschied Sie Tag für Tag mit all den gewöhnlichen und außergewöhnlichen Dingen, die Sie tun, in vielerlei Hinsicht machen. In einer etwas anderen Variante haben Sie diesen Schritt bereits vollzogen. Damit meine ich den meditativen Prozess „Dem Augenblick besondere Beachtung schenken". Allerdings wenden Sie ihn hier speziell auf diejenigen Momente an, in denen, was Sie gewesen sind oder getan haben, „gut genug" oder mehr als „gut genug" war.

Schenken Sie dem Augenblick stets dann besondere Beachtung, wenn Sie, in größeren oder kleineren Dimensionen, etwas Positives getan haben und damit zum Wohl eines anderen (oder mehrerer) Menschen beziehungsweise zum erfolgreichen Abschluss eines Projekts beziehungsweise einer gemeinsamen Aktion beitragen konnten. Dieser Beitrag könnte sich in einem größeren Rahmen bewegen wie, eine Gruppe zum Erfolg zu führen, oder es könnte sich um eine vermeintliche Kleinigkeit handeln, etwa ein Kind zum Lachen zu bringen. Und beziehen Sie bitte den Unterschied mit ein, den Sie machen, weil es Ihnen nun immer besser gelingt, sich anstelle von Stress für inneren Frieden zu entscheiden. Gestatten Sie sich zu erleben, welchen inneren Frieden und welche Befriedigung es Ihnen verschafft, erstklassige Arbeit zu leisten, einhergehend mit den euphorischen Empfindungen angesichts der Fortschritte, die Sie dabei machen, die Talente und Stärken, über die Sie verfügen, weiterzuentwickeln. Schenken Sie solchen Augenblicken besondere Beachtung, indem Sie innehalten, um sich selbst zu sagen, dass Sie da etwas Wichtiges erreicht haben.

Das Hilfsmittel zum Herausfinden der eigenen Stärken

Ein weiteres Werkzeug hilft Ihnen, bei sich all die positiven Dinge in den Vordergrund zu rücken. Wir nennen es das „Hilfsmittel zur Ermittlung eigener Stärken". Es ermöglicht Ihnen eine grundlegende Bestandsaufnahme Ihrer Stärken vorzunehmen, indem es Ihnen ein gewisses Repertoire zur leichteren Bestimmung Ihrer nicht immer ohne Weiteres greifbaren persönlichen Vorzüge an die Hand gibt. Außerdem können Sie sich so auch leichter darauf konzentrieren, die Aspekte Ihrer Persönlichkeit, die völlig in Ordnung sind, also Ihre Stärken und Talente, zu benennen und hervorzuheben. Und damit ist es ein prima Gegenmittel gegen alles, wovon die Scham behauptet, damit sei angeblich etwas nicht in Ordnung. Nehmen Sie sich bitte Zeit für diesen Prozess. Sofern Sie es sich gestatten, jede einzelne persönliche Stärke, die Sie ankreuzen, tatsächlich bei sich zu empfinden, werden Sie sich vermutlich am Ende der Bestandsaufnahme ziemlich stressfrei fühlen.

Kreuzen Sie jede nachfolgend aufgeführte Stärke an, über die Sie verfügen. Ob Sie derzeit von ihr Gebrauch machen, spielt keine Rolle. Um eine Stärke handelt es sich in jedem Fall, setzen Sie also Ihr Kreuz dorthin. Lassen Sie sich Zeit dabei. Gehen Sie, sobald Sie alle auf Sie zutreffenden Punkte ausgewählt haben, die Liste ein zweites Mal durch. Besinnen Sie sich auf jeden Punkt, der kennzeichnend für Sie ist. Handelt es sich um eine Stärke, von der Sie Gebrauch machen, dann rufen Sie sich das Wie und Wo in Erinnerung. Und Überlegen Sie, wie Sie diese Stärke vielleicht noch weiter ausbauen können. Geht es hingegen um etwas, wovon Sie keinen Gebrauch machen, dann denken Sie darüber nach, wie Sie die betreffende Stärke praktisch nutzen können.

Dieses Hilfsmittel wenden Sie keineswegs nur ein einziges Mal an, um den Vorgang dann abzuhaken und ihn ad acta zu legen. Vielmehr sollten Sie es den ganzen Tag nicht aus den Augen verlieren, damit Sie es auch tatsächlich zur Kenntnis nehmen, wenn Sie eine besondere Stärke anwenden oder eine besondere persönliche Qualität an den Tag legen. Durch die Nutzung des „Hilfsmittels zur Ermittlung eigener Stärken" und die Anerkennung des Unterschieds, den Sie bewirken, indem Sie etwas gut machen, durchlaufen Sie eine Art kognitive Umschulung. Diese wirkt der auf Scham sich stützenden Stimme in Ihrem Kopf entgegen, die Ihnen sagt, Sie seien nicht gut genug. So verändern Sie den Umgang mit sich selbst und die Art und Weise, wie Sie sich selbst erleben. Inzwischen wissen Sie ja: Verändert sich Ihr Erleben, so verändert sich dadurch zugleich Ihr Gehirn. In diesem Fall aktiviert es die Neuroplastizität, die Sie nun für ein erhöhtes Selbstwertgefühl vernetzt, anstatt Sie unablässig jener Flut von Schamgefühlen auszusetzen. Eine Übung durchzuführen, in der Sie Ihre Stärken benennen und anerkennen, ist von allergrößter Bedeutung, denn sie wird bei Ihnen das Stressniveau verringern. Im Unterschied dazu schafft ein Leben in Scham die Voraussetzungen für permanenten Stress.

Hilfsmittel zur Ermittlung eigener Stärken	
Allgemeine Stärken	**Analytische Stärken**
Sind Sie:	Sind Sie:
O sozial	O gut organisiert
O künstlerisch veranlagt	O systematisch
O intellektuell	O methodisch
O technisch versiert	O logisch
O sportlich	O detailbezogen
O spirituell	O besonnen

11 • ALS GANZHEIT SIND SIE MEHR ALS DIE SUMME DER EINZELNEN FAKTOREN

○ gern draußen in der freien Natur unterwegs	○ deduktiv/scharfsinnig
innovative Stärken	**soziale Stärken**
Sind Sie:	Sind Sie:
○ schöpferisch	○ unvoreingenommen
○ originell	○ bereit, andere zu unterstützen
○ fantasievoll	○ clever
○ erfinderisch	○ gastfreundlich
○ wagemutig	○ gutherzig
○ intuitiv	○ gesellig
○ wissbegierig	○ einfühlsam
○ scharfsinnig	○ offen
○ feinfühlig	○ tolerant
○ mit Klarsicht und Weitblick begabt	○ ein guter Zuhörer
Unternehmerische Stärken	**Stärken bei der Arbeit**
Sind Sie:	Sind Sie:
○ jemand, der eifrig hinzulernt	○ kooperativ
○ energisch	○ bestimmend
○ pragmatisch	○ effizient
○ überzeugend	○ konzentriert
○ enthusiastisch	○ fair
○ energiegeladen	○ motiviert
Spirituelle Stärken	**Emotionale Stärken**
Sind Sie:	Sind Sie:
○ liebevoll	○ selbstgewahr
○ friedfertig	○ ausgeglichen
○ präsent	○ motiviert
○ authentisch	○ fürsorglich
○ versöhnlich	○ enthusiastisch
○ verständnisvoll	○ fröhlich
○ aufgeschlossen/unvoreingenommen	○ humorvoll

▶ Unter www.windpferd.de/stressbesiegen/arbeitsblatt-seite_186.pdf können Sie das Arbeitsblatt zum Ausdrucken herunterladen.

SCHRITT 3: SICH ÜBER DEN STRESS HINAUSENTWICKELN

Ergänzen Sie die „Hilfsmittel zur Ermittlung eigener Stärken"-Liste bitte um weitere Punkte. Das Hilfsmittel soll lediglich als Grundlage dienen. Bauen Sie also darauf auf. Sollten Sie im Lauf des Tages eine Stärke oder persönliche Qualität bei sich entdecken, die hier noch nicht aufgelistet ist, dann fügen Sie diese hinzu.

Ziehen Sie, wenn Sie sich auf Ihre Stärken besinnen, großzügig alle erdenklichen Möglichkeiten mit in Betracht. Manche Stärken offenbaren sich erst in einer bestimmten Rolle, die Sie übernehmen – etwa in der Elternrolle oder wenn Sie beispielsweise eine Mannschaft trainieren, Kinder in der Sonntagsschule unterrichten, Gartenarbeit leisten oder sich bei einer Wohltätigkeitsveranstaltung ehrenamtlich betätigen. Auch gibt es persönliche Stärken, humorvoll oder herzlich zu sein beispielsweise, sowie zwischenmenschliche Stärken, etwa ein guter Zuhörer zu sein, die Sie wunderbar dazu befähigen, mit anderen Menschen umzugehen. Vielleicht sind Sie künstlerisch begabt oder technisch versiert, oder Sie sind gut in Naturwissenschaften und Mathematik, Sie haben einen „grünen Daumen" oder begeistern sich für Geschichte. Bestimmte soziale Fertigkeiten machen Sie zu einem guten Kommunikator. Und mit einer gewissen Geschäftstüchtigkeit können Sie vielleicht dazu beitragen, dass Ihre Firma einen wichtigen Auftrag bekommt. Jedenfalls gibt es eine große Bandbreite von Stärken. Ziehen Sie deshalb, wenn Sie sich diesem Prozess widmen, großzügig alle erdenklichen Optionen in Betracht.

Und übergehen Sie, wie bereits in der Anleitung erwähnt, nicht diejenigen Stärken, auf die Sie derzeit nicht zurückgreifen; denn nach wie vor handelt es sich hier um Stärken. Wer zum Beispiel ein Händchen dafür hat, Illustrationen anzufertigen, jedoch eine Zeit lang kein Bild mehr gemalt hat, verfügt nichtsdestoweniger über diese künstlerische Stärke und könnte sie durchaus weiterentwickeln.

Eine Stärke ist und bleibt auch dann eine Stärke, wenn jemand anderes in höherem Maß darüber verfügt oder besser darin ist als Sie. Whoopi Goldbergs Stärke als Filmschauspielerin beispielsweise wird durch das, was Meryl Streep kann und erreicht hat, keineswegs zunichte gemacht. Und ebenso wenig wird eine Stärke dadurch gemindert, dass Sie im Umgang mit ihr vielleicht hin und wieder übers Ziel hinausschießen, sie in gewisser Weise missbrauchen – wenn Sie beispielsweise einen ausgeprägten Sinn für Humor haben und Ihr Humor manchmal bissig ist oder sich zu Sarkasmus wandelt.

11 • ALS GANZHEIT SIND SIE MEHR ALS DIE SUMME DER EINZELNEN FAKTOREN

Während Sie die Bestandsaufnahme Ihrer Stärken durchführen und anerkennen, welchen Unterschied Sie machen, wird Ihnen womöglich eine Stimme in Ihrem Kopf einreden, das Augenmerk auf Ihre Stärken zu richten sei selbstgefällig. Oder anzuerkennen, welchen Unterschied Sie machen, zeuge von mangelnder Bescheidenheit. Genau das Gegenteil trifft zu. Indem Sie etwas wahrhaft Gutes in Bezug auf sich selbst bejahen, macht Sie das in Wahrheit bescheiden. Und das eigentliche Herzstück der Bescheidenheit ist Dankbarkeit. Betrachten Sie dieses Werkzeug daher als ein Hilfsmittel, noch dankbarer sein zu können für die Gaben, die Sie erhalten haben, und für den Unterschied, den Sie ausmachen. Die Dankbarkeit für Ihre Gaben können Sie sogar in Ihre wöchentliche Übung mit aufnehmen, in der Sie die Segnungen zählen, die Ihnen zuteil geworden sind. Die Entfaltung und Weiterentwicklung der uns zuteil gewordenen Gaben fällt in unsere Verantwortung, und sie anzuerkennen ist ein wichtiges Element dieses Entfaltungsprozesses. Wenn die Scham ihre hässliche, herumkritisierende Fratze zeigt, dann machen Sie sich diese verneinenden, zynischen Gedanken mit Hilfe des Hilfsmittels „Die Gedanken aufmerksam wahrnehmen" bewusst, und beschließen Sie, nicht zu glauben, was diese Gedanken Ihnen mitteilen. Schauen Sie mal, was daraufhin mit Ihrem Stressniveau geschieht.

Die vollständig sich entfaltende Persönlichkeit

Die Scham zu überwinden ist ein unerlässlicher Schritt auf dem Weg hin zu einer vollständig sich entfaltenden Persönlichkeit. Lassen Sie mich kurz zusammenfassen, was Carl Rogers über den ganzheitlichen Wachstumsprozess des Menschen gesagt hat: Dieser Prozess beginnt, indem Sie sich selbst genau so akzeptieren, wie Sie sind. So schließen Sie die Kluft zwischen Ihrem Ideal-Selbst und Ihrem tatsächlichen Selbst, dem Real-Selbst – die Kluft zwischen der Person, die Sie Ihrer Meinung nach sein sollen, und der Person, die Sie im Augenblick tatsächlich sind. Dazu müssen Sie speziell auf all diejenigen Momente Acht geben, in denen Sie sich verhalten, als wären Sie etwas, was Sie nicht sind. Ferner gilt es, sich immer weiter gehend darüber klar zu werden, welche Fassaden und Vorspiegelungen Sie einsetzen, und diese dann loszulassen. Außerdem gehört zu dem Prozess die Einsicht, dass es Sie kein bisschen weiterbringt, wenn Sie aus irgendwelchen Gründen eine ganz bestimmte Verhaltensweise an den Tag legen, obwohl Ihnen eigentlich ganz anders zumute ist. Es hilft nicht, so zu tun, als wüssten Sie die Antwort, wenn Sie diese nicht kennen. Offen für das eigene Erleben zu sein ist für den Wandel der Persönlichkeit unerlässlich, und dazu gehört, für Gefühle offen zu sein. Je mehr Sie in der Lage sind, all Ihre Gefühle zu erleben, umso weniger fürchten Sie eines davon, die Scham inbegriffen. Das versetzt Sie in die Lage, Fehler zu entdecken und sie zu korrigieren, Fehlwahrnehmungen als solche zu erkennen und sie loszulassen, negative Verhaltensweisen zu ermitteln und sie zu verändern. Je mehr Sie der eigenen Erfahrung vertrauen, hat Rogers festgestellt, umso mehr wird diese Erfahrung für Sie zur höchsten Autorität.[21] Die Vorstellungen und Meinungen anderer Menschen ziehen Sie zwar mit in Betracht, sie können jedoch nicht mehr Ihr Handeln bestimmen. Alan Watts hat es so ausgedrückt: „Wenn ... jemand sich selbst nicht mit der Definition verwechselt, die andere ihm gegeben haben, ist er mit einem Mal universell und einzigartig."[22]

Ihre Offenheit versetzt Sie in die Lage, anderen – und ebenso sich selbst – gegenüber weniger voreingenommen zu sein und mehr Empathie an den Tag zu legen. Beziehungen gewinnen an Tiefgang, im Unterschied zu dem nichtssagenden Gefühl, das eine Beziehung vermittelt, in der zwei auf Scham sich stützende Seelen hinter der äußeren Fassade Zuflucht suchen.

Sie können akzeptieren, dass Sie nicht perfekt sind, nicht jederzeit so funktionieren, wie Sie gern funktionieren würden, oder nicht die Resultate erzielen, die Sie gern zu sehen bekommen würden. Derart hoch gesteckte Erwartungen kann freilich niemand erfüllen. Indem Sie das begreifen, gelangen Sie zu der Einsicht, dass Sie zwar nicht perfekt, aber durchaus in Ordnung sind, so wie Sie sind. Ein seltsames Paradox: Indem Sie sich selbst akzeptieren, so wie Sie sind, mit Ihren Fehlern, Stärken und allem anderen, werden Sie zu einer vollständig sich entfaltenden Persönlichkeit. Um stressfrei zu werden, ist es unerlässlich, sich selbst zu akzeptieren. Denn auf diese Weise kommt man von der Scham los.

Auf der nächsten Seite finden Sie eine Liste mit den Merkmalen einer vollständig sich entfaltenden Persönlichkeit, den Merkmalen eines ganzen Menschen. Kreuzen Sie drei Eigenschaften an, die Sie von heute an gern stärken würden. Sobald Sie bei den ausgewählten Persönlichkeitsmerkmalen Fortschritte erzielt haben, können Sie erneut

11 • ALS GANZHEIT SIND SIE MEHR ALS DIE SUMME DER EINZELNEN FAKTOREN

auf die Liste zurückgreifen und sich ein weiteres Merkmal, oder mehrere, aussuchen und daran arbeiten.

Merkmale einer vollständig sich entfaltenden Persönlichkeit

Kreuzen Sie drei nachfolgend aufgeführte Eigenschaften an, die Sie stärken wollen.

○ spontan	○ schöpferisch, wiss- und lernbegierig
○ offen für die eigene Erfahrung des Lebens	○ ein/e guter Zuhörer/in
○ in der Lage, all Ihre Gefühle zu erleben	○ vorbehaltlos liebevoll
○ nicht auf Selbstschutz bedacht, sich selbst akzeptierend	○ konstruktiv in Ihren Reaktionen
○ Mut zur Unvollkommenheit	○ kooperativ und demokratisch
○ anderen gegenüber unvoreingenommen	○ offen für die Ideen anderer Menschen
○ vornehmlich im gegenwärtigen Augenblick lebend	○ einfühlsam und mitfühlend
○ klare Zielstrebigkeit	○ fähig zu verzeihen
○ dem eigenen Urteil vertrauen, um die bestmögliche Antwort auf jede gegebene Situation zu finden	○ fähig, Wertschätzung und Bewunderung zu geben und entgegenzunehmen
	○ die Fähigkeit, sich in die Stille des eigenen Seins zurückzuziehen

▶ Unter www.windpferd.de/stressbesiegen/arbeitsblatt-seite_191.pdf können Sie das Arbeitsblatt zum Ausdrucken herunterladen.

Carl Rogers, vom National Institute of Mental Health zum einflussreichsten Psychotherapeuten der USA erklärt,[23] gelangte aufgrund seiner umfangreichen Forschungen zu dem Schluss, dass der Mensch seiner Natur nach letztlich „ungemein rational"[24], „wesentlich positiv"[25] und „durchaus zuverlässig"[26] ist. Bei Rogers genossen Sie und Ihr Potenzial hohe Wertschätzung, vielleicht war sie höher, als Sie sich aufgrund der Eigenwahrnehmung selbst wertschätzen. Aber hier zählt Rogers' Sicht. Denn sie ist nicht von Scham, sondern von den Resultaten seiner Forschung geprägt.

Nehmen Sie sich einen Moment Zeit und ziehen Sie in Betracht, dass diese ausnehmend rationale, in grundlegender Weise positive, durch und durch vertrauenswürdige menschliche Natur in Ihnen gegenwärtig ist – gewissermaßen als zentraler Prozessor der Hauptplatine, mit der die Natur Sie ausgestattet hat. Die latent vorhandene Kraft der menschlichen Natur ist in die neuralen Netzwerke des Gehirns eingebettet. Legen Sie für einen Augenblick die Hand auf den Scheitelpunkt Ihres Kopfes. Bedenken Sie die Tatsache, dass in Ihrem Gehirn 100 Milliarden Neuronen pulsieren und alles nur Erdenkliche bewerkstelligen, vom Hineinstecken des Autoschlüssels ins Zündschloss Ihres Wagens bis hin zu dem Punkt, an dem sie die linke Gehirnhälfte dazu bringen, die kreative Einsicht der rechten Gehirnhälfte zu erfassen und sie in ein Kunstwerk zu verwandeln. 100 Milliarden Neuronen sind das Äquivalent zur Anzahl der Sterne, die am Himmel die Milchstraße bilden. Schauen Sie nächstes Mal, wenn Sie sich in einer klaren Nacht draußen in der Natur aufhalten, zur Milchstraße hinauf, und machen Sie sich klar, dass diese endlose Reihe funkelnder Lichter dem entspricht, was Ihr Schädel in sich birgt. Bedenken Sie dann, dass in einem unermesslich komplexen System von Netzwerken 10.000 Synapsen die Neuronen miteinander verbinden. All das zusammengenommen ergibt einen astronomischen Wert, eine Annäherung ans Unendliche. Nehmen Sie sich einen Moment Zeit, sich vorzustellen, welche Kraft und welche Stärke Ihnen dieses System geben kann. Die Belege dafür sind in den Museen in aller Welt ausgestellt. Zugleich verleiht es uns die Fähigkeit, zu lieben, zueinander in Verbindung zu treten und Gemeinschaft zu schaffen. Ferner bringt es uns dazu, etwas zum übergeordneten Wohl beizutragen. Wird es durch spirituelle Praxis entsprechend geschult, erreicht es Erleuchtung. Und das ist lediglich ein kurz gefasster Überblick über das, was es zu leisten vermag.

 Am Ende dieses Kapitels finden Sie ein Arbeitsblatt mit dem Titel „Das ganze Gehirn". Hier sind die Gehirnfunktionen aufgeführt, die uns in die Lage versetzen, das Dasein eines vollständig sich entfaltenden Menschen zu führen. Die entsprechenden Merkmale stehen für ein vibrierend lebhaftes, emotional positives und stressfreies Gehirn, das Sie befähigt, im Leben erfolgreich zu sein.[27] Sehen Sie diese Liste durch. Kreuzen Sie dabei diejenigen Eigenschaften an, die Sie entwickeln oder intensivieren möchten. Ihr Gehirn wartet auf neuroplastische Prozesse, um die Ihnen innewohnende Kraft wachrufen zu können. Diese neuroplastischen Prozesse wiederum warten auf eine veränderte Geisteshaltung. Und solch eine veränderte Geisteshaltung wartet auf Sie.

11 • ALS GANZHEIT SIND SIE MEHR ALS DIE SUMME DER EINZELNEN FAKTOREN

Ihre Praxis für diese Woche

- Machen Sie sich immer mehr klar, welchen Unterschied Sie und die Resultate, die Sie an jedem Tag dieser Woche erzielen, bedeuten. Schenken Sie diesen Augenblicken besondere Beachtung, indem Sie sich eine Auszeit nehmen, um zu erleben, welche Freude und Zufriedenheit diese Momente erzeugen.
- Werden Sie sich mit Hilfe des Werkzeugs zur Ermittlung eigener Stärken Ihrer persönlichen Stärken und Talente besser bewusst. Arbeiten Sie jeden Tag damit. Und ergänzen Sie die Liste um weitere, noch nicht auf ihr verzeichnete Stärken und Qualitäten, über die Sie verfügen.
- Vertiefen und verstärken Sie jede einzelne Qualität, die Sie auf der „Merkmale einer vollständig sich entfaltenden Persönlichkeit"-Liste angekreuzt haben.

Und setzen Sie diese Übungen weiter fort

- Denken Sie daran, mit den „Drei vernünftigen Entscheidungen" zu arbeiten, wann immer Sie in einer Situation ein Gefühl von Ohnmacht verspüren.
- Praktizieren Sie die „Die 30-sekündige Auszeit für inneren Frieden" jeden Tag ein paarmal.
- Wenden Sie regelmäßig einmal am Tag (noch besser: zweimal am Tag) das Hilfsmittel „Klarheit zulassen" an.
- Nutzen Sie das Hilfsmittel „Die Löschtaste", um ein Stress auslösendes Denkmuster zu beseitigen.
- Üben Sie nach wie vor die Anwendung des Hilfsmittels „Die Gedanken aufmerksam wahrnehmen".
- Beginnen Sie weiterhin jeden Tag in Ruhe. Legen Sie Pausen ein, Unternehmen Sie Spaziergänge draußen im Grünen. Falls Sie ein schwieriges Problem haben, schlafen Sie darüber, und schauen Sie am Morgen, ob Ihr Gehirn im Traum eine Antwort darauf gefunden hat. Zählen Sie einmal in der Woche die Segnungen, die Ihnen zuteil geworden sind.

SCHRITT 3: SICH ÜBER DEN STRESS HINAUSENTWICKELN

Hilfsmittel

Ihr ganzes Gehirn

Kreuzen Sie diejenigen Merkmale an, die Sie weiterentwickeln wollen

○ **Führungsfunktionen,** sie erhöhen Ihre Fähigkeiten beim Planen, Entwickeln von Strategien, Treffen von Entscheidungen, abstrakten Denken, machen Sie kognitiv flexibler, erleichtern Ihnen das Auffinden von Fehlern und zielgerichtetes Handeln

○ **Kreative Prozesse,** bei denen die Puzzleteile bald wie von allein zusammenfinden und schöpferische Einsichten in greifbare Innovation verwandeln

○ **Emotionale Anpassung,** wo Sie eine pulsierende Lebendigkeit verspüren und sich inspiriert, jedoch nicht emotional derart aufgeladen fühlen, dass Sie manisch, chaotisch oder unbeweglich werden

○ **Die Lernsituation,** erleichtert durch das Hand in Hand gehende Zusammenwirken von Aufmerksamkeit, Erinnerung und Wissbegierde

○ **Die Leidenschaft und Motivation,** ein wichtiges Ziel mit Beharrlichkeit weiter zu verfolgen

○ **Die Fähigkeit, die Angst verschwinden** und die Kampf-Flucht-oder-Erstarrungsreaktionen zur Ruhe kommen zu lassen, um jenes furchtlose Selbstvertrauen zu erreichen, das sich durch widrige Umstände nicht erschüttern lässt

○ **Die Reaktionsflexibilität,** die überstürzte Impulse neutralisiert, Ihnen signalisiert, innezuhalten und sich zu besinnen, bevor Sie auf aggressive oder defensive Weise handeln

○ **Der Altruismus,** der Sie in die Lage versetzt, über eine beschränktes Eigeninteresse hinauszugelangen, stattdessen im Sinn eines übergeordneten Wohls zu denken und zu handeln

○ **Die Empathie,** die Sie befähigt, eine Situation aus der Perspektive eines anderen Menschen beziehungsweise eines anderen Lebewesens zu sehen, zu fühlen und zu verstehen

○ **Die Elternliebe,** die gesunde Kinder heranwachsen lässt

○ **Die romantische Liebe** und sexuelle Leidenschaft, durch die Intimität entsteht und aufrechterhalten wird

○ **Die Einsicht,** durch die jene autobiografischen Erinnerungen entstehen, mit denen man eine Beziehung zwischen Vergangenheit und Gegenwart herstellt und anderen Menschen eine Art Leitfaden für die Zukunft an die Hand geben kann

○ **Die Intuition,** um die Lösung für ein Problem zu erkennen, das die Möglichkeiten des Verstandes übersteigt

○ **Die Ganzheitlichkeit,** die eine Kongruenz zwischen Denken, Glauben, Intention und Handeln herbeiführt und für persönliche Integrität sorgt

▶ Unter www.windpferd.de/stressbesiegen/arbeitsblatt-seite_194.pdf können Sie das Arbeitsblatt zum Ausdrucken herunterladen.

12
Die blaue Zone der Verbundenheit

In seinem Buch *The Blue Zones* nimmt uns Dan Buettner mit zu Gemeinschaften in aller Welt, in denen die Menschen ein außergewöhnlich langes – und obendrein zutiefst glückliches, gesundes und weit weniger stressbelastetes – Leben führen. Eine solche Zone ist die griechische Insel Ikaria, auf der Buettner und sein Forschungsteam über ein Jahr damit verbrachten, die Hundertjährigen unter den Inselbewohner/innen zu studieren. In dem Kapitel „Griechenlands blaue Zone" („The Greek Blue Zone") erzählt Buettner die Geschichte eines griechischen Kriegsveteranen namens Stamatis, der nach dem Zweiten Weltkrieg von Ikaria in die USA ausgewandert war. Infolge einer Gefechtsverletzung war sein Arm verstümmelt, und in die Vereinigten Staaten kam er in der Hoffnung, dass durch eine entsprechende medizinische Behandlung der Arm wiederhergestellt werden könnte. Er ließ sich auf Long Island nieder, heiratete eine griechisch-amerikanische Frau, hatte Kinder und verwirklichte schließlich den amerikanischen Traum.

Eines Tages wurde bei Stamatis, er war inzwischen Mitte 60, Lungenkrebs diagnostiziert, und man sagte ihm, allenfalls habe er noch neun Monate zu leben. Statt sich einer aggressiven Krebsbehandlung zu unterziehen, beschloss Stamatis nach Ikaria heimzukehren. Er wollte in der Heimat unter „seinen" Leuten sterben und bei seinen Ahnen auf dem Friedhof mit Blick aufs Ägäische Meer beigesetzt werden. Sobald Stamatis wieder in den Kreis dieses dörflichen Daseins eingetreten war, geschah allerdings etwas völlig Unerwartetes, wenn nicht geradezu Wunderbares. Unter der liebevollen Fürsorge, die ihm seitens seiner Mutter und seiner Frau zuteil wurde, besserte sich sein Zustand und es war ihm allmählich wieder wohler zumute. Sein Herz begann sich zu öffnen, und er fühlte sich so inspiriert wie seit Jahrzehnten nicht mehr. Angesichts einer lebensbedrohlichen Erkrankung ist es nichts Ungewöhnliches, dass wir unsere Augen gen Himmel richten. Bei Stamatis verhielt es sich diesbezüglich nicht anders. Er kehrte zum griechisch-orthodoxen Glauben zurück, zu dem Glauben, in dem er aufgewachsen war, und sonntags besuchte er das Grab seines Großvaters, der einst Priester der Gemeinde gewesen war. Nach und nach gelangte er wieder zu Kräften und verfügte daher nun über genügend Energie, um mit den Freunden seiner Kindheit Kontakt aufzunehmen. Das ging so weit, dass er fast jeden Nachmittag mit Freunden unterwegs war. Sie tranken Wein, erzählten einander Geschichten, über die herzlich viel gelacht wurde – ebenso wie über die spöttelnden Bemerkungen aus dem Kreis der Freunde –, und spielten Brettspiele. Zu guter Letzt fühlte er sich kräftig genug, einen Garten anzulegen und sich sogar um die Pflege des familieneigenen Weinbergs zu kümmern, obgleich er nicht erwartete, bei der Weinernte noch mit dabei zu sein. Neun Monate gingen ins Land. Abweichend von den auf Grundlage ärztlicher Statistiken abgegebenen Prognosen starb er jedoch nicht. Danach vergingen über 30 Jahre. Letztlich stießen seine Freunde und Familienangehörigen mit Stamatis, anstatt Blumen auf sein Grab zu tragen, auf seinen 100. Geburtstag an.[1]

Was erklärt diesen wundersamen Ausgang der Geschichte? Wie lange Sie leben werden, steht in einem direkten Zusammenhang zur Qualität Ihrer Beziehung zu anderen Menschen. Denn genau dadurch gedeiht unser Organismus: durch die Kultivierung von positiven Beziehungen, die uns ein Gefühl von Verbundenheit und Zugehörigkeit vermitteln. Das ist ein wichtiger Faktor. Er vermindert den Stress und hält toxisch wirkende Stresshormone davon ab, unser kardiovaskuläres System zugrunde zu richten, unser Immunsystem zu schwächen und uns vor der Zeit altern zu lassen. Was Stamatis aus Ikaria widerfuhr, ist durchaus keine Ausnahmeerscheinung. Die erste Studie, die den Zusammenhang zwischen der Qualität unserer zwischenmenschlichen

Beziehungen, unserer Gesundheit und unserer Lebenserwartung zutage gefördert hat, war die Roseto-Studie. Seither spricht man auch vom Roseto-Effekt.

In der Forschung tätige Mediziner waren vor gut 40 Jahren angesichts einer verblüffenden Statistik in dem kleinen Städtchen Roseto, Pennsylvania, mit ihrer Weisheit am Ende. Denn gegenüber der amerikanischen Todesursache Nr. 1, der Herzerkrankung, schienen die Einwohner dieses Städtchens nahezu immun zu sein. Die Infarktsterblichkeit nimmt normalerweise mit dem Alter zu, das galt jedoch nicht für Roseto. Für Männer zwischen 55 und 64 Jahren sank sie dort fast auf Null. Und für Männer über 65 belief sich die lokale Todesrate in diesem Punkt lediglich auf die Hälfte des nationalen Durchschnitts. Angesichts der Tatsache, dass die meisten von ihnen rauchten, kräftig tranken, fettreiche Nahrung aßen, in armen Verhältnissen lebten und Knochenarbeit in einem Steinbruch leisteten, ergab all das medizinisch keinen Sinn.

Ein Forschungsteam mit Medizinern von der Oklahoma University machte sich also auf den Weg in das Städtchen, um die Ursachen zu ergründen. Sie sahen sich die Sterbeurkunden genauestens an, nahmen ärztliche Untersuchungen vor und befragten zahlreiche Einwohner sehr ausführlich. Aber sie konnten keine biologische, genetische, umweltspezifische oder anderweitige physische Ursache finden, mit der sich die Widerstandsfähigkeit der Einwohner von Roseto gegen Herzerkrankungen hätte erklären lassen – bis sie schließlich über zwei soziale Faktoren stolperten. Zunächst entdeckten sie, dass die Kriminalitätsquote in dem Städtchen gleich *null* war. Ferner stellten sie fest, dass niemand in dem Städtchen, so arm es auch sein mochte, von Sozialfürsorge lebte.[2]

Als sie dieser Spur weiter nachgingen, fanden die Forscher heraus, dass es in Roseto ein engmaschiges Geflecht familiärer Strukturen gab. Fast in jedem Haushalt lebten drei Generationen zusammen, und den alten Leuten wurde hohe Wertschätzung entgegengebracht. Bei den Mahlzeiten ging es um weit mehr als nur ums Essen – sie waren Familienzeit. Auch war es gang und gäbe, gemeinsam mit anderen Rosetoanern etwas zu unternehmen. Bei warmem Wetter machten Nachbarn einen Abendspaziergang und statteten einander einen Besuch ab. Der Soziologe John Bruhn von der University of Texas, später Mitverfasser eines Buches über das Städtchen, hat erklärt, dass die Rosetoaner „eine

Art freudvollen Teamgeist ausstrahlten, wenn sie religiöse Feste und wichtige Wegmarkierungen im Familienleben feierten. Sozial stand für sie die Familie im Blickpunkt ..."[3]

Letztlich gelangten die Forscher zu dem Schluss, dass die Immunität gegen Herzerkrankungen und frühen Tod in dem Städtchen aus dem starken Zugehörigkeits- und Verbundenheitsgefühl resultierte, das die Leute dort empfanden. Bedauerlicherweise war dieser Effekt jedoch nicht von Dauer. Im Streben nach Verwirklichung des amerikanischen Traums gingen die Kinder von Roseto aufs College, und nach Abschluss des College zogen die meisten von ihnen dorthin, wo es die hoch bezahlten Arbeitsstellen gab, in die Großstadt. Infolgedessen verlor die Gemeinschaft nach und nach ihren Zusammenhalt, und im Jahr 1971 verzeichnete das Städtchen erstmals einen durch Herzerkrankung bedingten Todesfall eines unter 45-Jährigen. Von da an ging es bergab. Die traditionelle Gemeinschaftserfahrung, die die Menschen in die Lage versetzt hatte, ein längeres, gesünderes Leben zu führen, verschwand zusehends. Die durch Koronarerkrankungen bedingte Todesrate nahm zu und glich sich schließlich dem nationalen Durchschnitt an.[4]

In den folgenden 40 Jahren wurde der Roseto-Effekt durch die Auswertung anderer Studien bestätigt. In einer unlängst vorgenommenen kritischen Überprüfung von 148 eigenständigen Studien mit insgesamt 308.849 Teilnehmern hat man ermittelt, dass sich bei Menschen, die starke Beziehungen zu Freunden, Familienmitgliedern, Nachbarn und Arbeitskollegen entwickeln, die Überlebenswahrscheinlichkeit um 50 Prozent erhöht.[5] Wie ich schon verschiedentlich gesagt habe, ist Stress gleichbedeutend mit Angst. Biologisch gesehen muss eine Form von Angst vorhanden sein, um eine Stressreaktion auszulösen. Liebe zerstreut die Angst; sie ist ein Gegenmittel gegen die toxisch wirkenden Stresshormone, die uns umbringen können. Aus diesem Grund trinkt Stamatis aus Ikaria nach wie vor Wein und spielt bis spät abends Domino. Umgekehrt ist das Todesrisiko für Menschen ohne starke soziale Bande ziemlich hoch. Es ist mit dem Rauchen von 15 Zigaretten am Tag vergleichbar, ist das Äquivalent eines Alkoholikerdaseins und verursacht mehr Gesundheitsprobleme als Übergewichtigkeit oder starker Mangel an körperlicher Bewegung.[6]

Das glückliche und unerwartet lange Leben von Stamatis und den Menschen aus Roseto wirft die Frage auf, wie man eine Beziehung zu anderen Menschen knüpft und mit ihnen in Verbindung bleibt. Um unsere Beziehungen zu ihnen aufrechtzuerhalten, gilt es in erster Linie zwei große Hindernisse zu überwinden, die üblicherweise, und zwar ohne dass wir uns darüber im Klaren sind, unsere Absicht, Beziehungen zu anderen Menschen zu knüpfen, untergräbt. Das erste Hindernis liegt in unserer Neigung begründet, unsere Mitmenschen zu beurteilen. Die dahinter stehende Triebkraft ist zu großen Teilen, die Scham, die wir empfinden. Sie wird, wie wir im vorigen Kapitel gesehen haben, so schmerzlich, dass der Geist sie nicht ertragen kann. Wenn das geschieht, projiziert unsere Scham ihre Selbstverurteilung häufig in Form von unliebenswürdiger Beurteilung auf andere Menschen. Der Preis, den wir dafür zahlen, ist Einsamkeit. Das zweite Hindernis besteht in unserer mangelnden Bereitschaft zu verzeihen.

Die Neigung zu beurteilen

Die meisten von uns glauben, dass unsere Gedanken, mögen es auch kritische Gedanken sein, anderen Menschen nicht schaden, solange sie in der Privatsphäre unseres Kopfes bleiben. Wir meinen, andere könnten die Beurteilungen, die wir auf sie projizieren, oder die Missbilligung, die wir ihnen gegenüber empfinden, nicht spüren. Falsch gedacht. Das trifft nicht zu. Unser Gesichtsausdruck, die Körpersprache, die physische Energie, diese oder jene Gefühlsregung, jedes Stammeln oder Stottern, jeder Tick – alles wird vom Gehirn unseres Gegenübers registriert und durchkreuzt unsere Bemühungen, die Beurteilungen, die wir abgeben, für uns behalten zu wollen. Und all die Hinweise, die unser Gehirn produziert, wenn wir Herzlichkeit und Wertschätzung empfinden, werden gleichfalls im Gehirn unseres Gegenübers registriert. Fast könnte man meinen, wir seien in der Lage, die Gedanken der anderen Person zu lesen. Und genau das tut das menschliche Gehirn.

Dasjenige System im Gehirn, das solche subtilen Hinweise registriert und sie liest, wird als das Spiegelneuronensystem bezeichnet. Die Spiegelneuronen können Emotionen, die Körpersprache, den Tonfall und sogar die unausgesprochenen Absichten eines anderen Menschen lesen. Wenn jemand, den wir kennen, uns anlächelt oder angrinst, bewirkt dies buchstäblich einen Widerhall in uns, dessen Schwingung durch unser ganzes Gehirn geht. Die Stimme eines anderen Menschen kann den Worten einen Tonfall verleihen, der unser Gehirn in die Lage versetzt, ihre Bedeutung zu verstehen, selbst wenn diese sehr subtil ist. Irgendwie erfasst unser Gehirn die Bedeutung, ohne dass unser Gegenüber irgendetwas erklären müsste.

Spiegelneuronen erklären, weshalb zwei Menschen sich entweder sogleich prächtig verstehen oder einander auf Anhieb mit Missbilligung oder gar Verachtung begegnen. So konnten Rodgers und Hammerstein[7] einander darin übertreffen, wunderbare Harmonien zu erschaffen. Aus dem gleichen Grund sind biologisch betrachtet Freunde heilsam, während Feinde toxisch wirken, erhöht Feindseligkeit den Blutdruck, während Freundlichkeit ihn senkt, und geraten Kinder unter Stress, wenn der Vater am Ende eines langen Arbeitstages mit schweren Schritten die Eingangstreppe heraufgestapft kommt. „Ich weiß, wann meine Mama einen schlechten Tag hat", erklärte ein Kind einem Forscher, der Stress bei Kindern untersuchte. „Wenn sie mich nach dem Unterricht von der Schule abholt, lächelt sie nicht, sondern hat einen echt frustrierten Gesichtsausdruck."[8]

Dieses Kind spricht stellvertretend für viele Kinder. Eine Umfrage seitens der American Psychological Association ergab, dass 91 Prozent der Kinder am meisten dadurch gestresst sind, dass ihre Eltern mittlerweile so stark unter Stress stehen.[9] Die Spiegelneuronen der Kinder ahmen den Stress der Eltern nach, und das veranlasst sie zu schädlichen Stressreaktionen. Wenn wir sehen, dass jemand leidet oder Schmerzen hat, bewirken die Spiegelneuronen, dass wir das Leid oder den Schmerz der betreffenden Person tatsächlich spüren.[10] Das erklärt, warum Hypochonder und Medizinstudenten die Symptome anderer Menschen aufweisen, obgleich sie nicht die Krankheit haben.

Im Grunde sind Spiegelneuronen Nachahmungskünstler; sie machen die Gesten, den körperlichen Ausdruck und das Verhalten der anderen Person nach. Die gleiche Gruppe von Spiegelneuronen, die im Gehirn Ihrer/Ihres Geliebten aktiviert waren, als sie/er Sie angelächelt hat, war auch in Ihrem Gehirn aktiviert. Marco Iacoboni von der UCLA School of Medicine schreibt: „Die relativ simplen physiologischen Eigenschaften von Spiegelneuronen erlauben es uns den jeweiligen Geisteszustand der anderen Menschen zu verstehen, und sie versetzen uns praktisch in den Geist einer anderen Person."[11]

Iacoboni hat entschlüsselt, auf welche Weise Spiegelneuronen Informationen verarbeiten, um ein empathisches Verstehen hervorzubringen. Er hat ein Experiment durchgeführt, in dem er die Gehirnaktivität der Probanden verfolgte, während sie Bilder von Gesichtern ansahen oder nachahmten, auf denen das Spektrum der grundlegenden menschlichen Emotionen zu sehen war. Er fand heraus, dass Empathie entlang einer direkt von den Spiegelneuronen über die Insula und schließlich zum „emotionalen Gehirn" führenden Nervenbahn erzeugt wird.[12] Das Spiegelneuronensystem sendet ein Signal an die Insula: ein Netzwerk, das für die Entstehung von Selbstgewahrsein und von zwischenmenschlichem Erleben eine wichtige Rolle spielt, aber ebenso die Erfahrung von Angst, Überraschung, Trauer, Wut, Abscheu und Glück vermittelt. Die Insula wiederum sendet das Signal hinab zum „emotionalen Gehirn", wo es in Emotion übersetzt wird – mit dem Ergebnis, dass Sie das Empfinden der anderen Person mitempfinden. Das Lächeln Ihrer/Ihres Geliebten wird in Freude übersetzt, ihr/sein Stirnrunzeln in Traurigkeit.

Der Spiegelneuronen-Empathie-Testlauf

Wie Spiegelneuronen Empathie hervorbringen, das können Sie unmittelbar erleben, indem Sie sich das *Empathie-Video* anschauen. Das Video präsentiert eine Dia-Schau, in der, eines nach dem anderen, eine Reihe von Fotos wiedergegeben werden. Die Fotos zeigen menschliche Gesichter, die das elementare, von Angst bis Glück reichende Spektrum menschlicher Emotionen zum Ausdruck bringen. Jedes Foto bleibt zehn Sekunden lang auf dem Bildschirm sichtbar, ehe die Überblendung zum nächsten Foto erfolgt. Ihre Aufgabe besteht darin, sich das Foto anzusehen und die im Gesicht sich ausdrückende Emotion zu erspüren. Gestatten Sie sich, die auf dem Gesicht zum Ausdruck kommende Emotion mitzuempfinden. Sehen Sie zu, ob Sie sich vollständig in die Erfahrung der betreffenden Person hineinbegeben können, als wäre es *Ihre* Erfahrung. Seien Sie dabei empfänglich für Reaktionen Ihrer inneren Organe, etwa für die Empfindung, dass sich Ihr Herz öffnet, für die Regung von Bauchgefühlen, für emotionale Ansteckung[13] und für den Zustand Ihres Gehirns. Analysieren Sie bei der Deutung des jeweiligen Gesichts nicht den Gesichtsausdruck. Sehen sie einfach das Gesicht an, und warten Sie auf ein in Ihnen aufsteigendes Gefühl. Ein alter Weisheitsspruch im Zen sagt: *Völlig unnötig, etwas zu ergründen, wenn du es ganz erfühlen kannst.* Falls an irgendeiner Stelle der Dia-Schau Ihr Geist abschweift, bringen Sie ihn sachte zurück zu seiner Aufgabe.

Vermutlich werden Sie erstaunt sein, wie viel Empathie Sie für einen anderen Menschen empfinden können. Schauen Sie sich jetzt also das *Empathie-Video* an. Das viereinhalbminütige Video-Streaming können Sie auf *Youtube* unter dem Titel *Empathy Slide Show The End of Stress* ansehen. Dazu können Sie entweder den QR-Code einscannen oder den nachfolgend aufgeführten Link in Ihren Internetbrowser eingeben.

Das Empathie-Video
Dauer: viereinhalb Minuten
www.youtube.com/watch?v=I1TURJp1rUk

Empathie

Spiegelneuronen bringen Empathie – die dem Beurteilen und Missbilligen entgegengesetzte Erfahrung – hervor. Empathie steht bezeichnenderweise in Beziehung zu Selbstachtung, dem Gegenteil von Scham.[14] Empathie bildet zugleich die Grundlage der sozialen Intelligenz, die maßgeblich bestimmt, wie lange wir leben.

Carl Rogers hat Empathie als die Bereitschaft definiert, sich so vollständig in die private Welt eines anderen Menschen hineinzubegeben, dass man jedes Verlangen verliert, ihn zu beurteilen: „Wir glauben zuzuhören", heißt es bei Rogers, „aber es geschieht sehr selten mit wirklichem Verständnis und echter Einfühlung. Dennoch ist diese ganz besondere Art des Zuhörens eine der mächtigsten Kräfte der Veränderung, die ich kenne."[15]

Einfühlend auf einen anderen Menschen einzugehen bedeutet, dass Sie zeitweilig Ihre Ansichten und Werte beiseite legen, um sich ohne Vorurteile in die Welt eines anderen hineinzubegeben. Empathie umfasst unter anderem, empfänglich zu sein für all das, was der betreffende Mensch von einem Augenblick zum andern erlebt. Mit dazu gehört, dass Sie auch das kommunizieren, was Sie spüren, während Sie zuhören, ohne es dem/der anderen aufzudrängen, und sich dabei stets von den Reaktionen leiten zu lassen, die Sie von Ihrem Gegenüber erhalten.[16] Zugleich handelt es sich hierbei allerdings um eine „Als ob"-Beziehung: als ob ich ebensolchen Schmerz oder ebensolche Angst oder Euphorie empfände, wie es die betreffende Person gegenwärtig tut. Offenkundig sind Sie aber nicht die andere Person, und diese „Als ob"-Qualität ermöglicht es Ihnen, sich in ihre Erfahrung hineinzubegeben, ohne sich darin zu verlieren. Empathie ist eine Form von Respekt. Ihr verdanken wir, dass Beziehungen funktionieren – zu Hause, im Umgang mit Freunden, ja selbst im geschäftlichen Bereich. Der inzwischen verstorbene frühere Motorola-Chef Bob Galvin hat über seinen Vater, den Firmengründer Paul Galvin, Folgendes berichtet: „Beim Blick auf das mit lauter Frauen besetzte Montageband kam meinem Vater einmal der Gedanke: *Diese Ladies sind alle wie meine Mutter – sie haben Kinder, ein Zuhause, um das sie sich kümmern müssen, Menschen, die auf sie angewiesen sind.* Das hat meinen Vater motiviert, hart zu arbeiten, um diesen Frauen ein besseres Leben zu geben, da er in ihnen allen seine Mutter sah. ... So fängt das alles an – mit grundlegendem Respekt und Empathie."[17]

Der Weg zu positiven Beziehungen ist glücklicherweise einfach, obgleich wir dazu neigen, alles zu vermasseln. Er lässt sich in vier Regeln zusammenfassen. Die ersten drei Regeln haben wir bereits thematisiert:

Seien Sie ein besserer Zuhörer, mit Empathie. Fällen Sie weniger Urteile. Lieben Sie vorbehaltlos.

Bei diesen drei Regeln geht es darum, liebevoller zu sein, allein schon deshalb, weil unsere Biologie mit Liebe am besten funktioniert. Und hier kommt nun eine weitere Tatsache. In Sachen Liebe erleben wir mehr Fehlschläge, als wir zugeben möchten. Wir erleben Fehlschläge bei Empathie und beim Akzeptieren unserer Mitmenschen, zumal wenn wir unter Stress stehen und Angst haben. Bei solchen Gelegenheiten macht der Zustand unseres Gehirns uns anfällig für schwere Fehler, für möglicherweise verletzende, schädliche und mitunter destruktive Reaktionen, die wir später bedauern.

An der Stelle kommt die vierte Regel ins Spiel: mehr verzeihen. Sofern unsere Gesundheit und Langlebigkeit von unserer Fähigkeit zu lieben abhängen, und das tun sie, ist Vergebung ein biologischer Imperativ. Wenden wir uns also dem zweiten Hindernis für Verbundenheit mit unseren Mitmenschen zu, der mangelnden Bereitschaft zu verzeihen.

Eine mangelnde Bereitschaft zu verzeihen

Das zweite Hindernis für die Aufrechterhaltung bedeutungsvoller zwischenmenschlicher Verbindungen ist unsere mangelnde Bereitschaft, jemandem den Schmerz, den er oder sie uns zugefügt hat, zu vergeben. Meistens rührt diese mangelnde Bereitschaft daher, dass wir es als notwendig ansehen, uns vor weiterem Leid zu schützen; oder wir wollen die Person, die uns den Schmerz zugefügt hat, bestrafen (oder beides). Obgleich diese Gefühle gerechtfertigt sein mögen, verlängern sie nichtsdestoweniger einen Zustand von Angst und Feinseligkeit, der das Stress-Gen stärkt, indem er das Angstzentrum des Gehirns aktiviert und dieses uns mit schmerzlichen emotionalen Erinnerungen überflutet. Das kann auf die Art und Weise Einfluss nehmen, wie wir generell mit anderen Menschen umgehen, und bewirken, dass wir uns zugeknöpft geben, nicht jenes Vertrauen an den Tag legen und uns nicht so öffnen, wie es für eine tiefer gehende Verbindung nötig wäre.

Ohne Vergebung kann es keine Befreiung und keine Versöhnung geben. Wenn wir Fehler nicht verzeihen, verewigen wir Schuld und Scham, und wir werden zum Gefangenen von Konflikt, Stress und Einsamkeit. So bewegen wir uns nicht auf die Kultivierung von Beziehungen zu, die ein frohes, gesundes, langes und stressfreies Leben fördern, sondern schlagen die entgegengesetzte Richtung ein. Bedenkt man, dass Vergebung eine biologische Notwendigkeit ist, sollten wir uns unbedingt überlegen, aus welchem Grund wir nicht vergeben, um darüber hinausgelangen zu können.

Warum wir nicht vergeben

Ganz obenan auf der Liste steht die Überzeugung, wenn wir nicht vergeben, schütze uns das auf irgendeine Weise. Doch das ist eine Täuschung. Mangelnde Bereitschaft zu vergeben läuft auf das Gleiche hinaus, als würde man Gift einnehmen und erwarten, dass dann die andere Person stirbt. Biologisch gesehen ist Vergebung das Gegenmittel gegen das Gift.

Ein weiterer Grund, weshalb wir nicht vergeben, ist die Angst, wir würden durch das Vergeben die Tür für weitere Verletzungen öffnen. Aber Vergebung verlangt nicht, dass wir zu einem verantwortungslosen oder engherzigen Menschen erneut Verbindung aufnehmen. Ferner weigern wir uns, jemandem zu verzeihen, weil wir meinen, Vergebung bedeute, dass wir die Handlung, um die es geht, billigen. Freilich hat Vergebung noch nie etwas mit der Billigung negativen oder destruktiven Verhaltens zu tun gehabt.

Vielfach weigern wir uns, jemandem zu vergeben, weil wir glauben, die Person, die uns gekränkt oder verletzt hat, solle missbilligt und bestraft werden. Vielleicht fassen wir Vergebung sogar dahingehend auf, als würden wir der betreffenden Person einen Freifahrtschein ausstellen, uns erneut zu kränken oder verletzen. Ebenso gut könnte es jedoch sein, dass die Menschen, denen wir nicht vergeben können, sich geändert haben. Vielleicht haben sie aus ihren Fehlern gelernt, und unter Umständen tut es ihnen sogar leid. Unsere fehlende Bereitschaft, ihnen zu verzeihen, aber nagelt uns darauf fest, sie durch die Augen der Vergangenheit wahrzunehmen, anstatt zu sehen, zu wem sie möglicherweise inzwischen geworden sind.

Wir können uns sogar vorgaukeln, durch unsere fehlende Bereitschaft zu vergeben, könnten wir die Partei, die uns gekränkt oder verletzt hat, unter Kontrolle halten. In Wahrheit ist die Weigerung zu vergeben gleichbedeutend mit einem qualvollen Geisteszustand, der *uns* unter Kontrolle hat, uns mit Stress belastet und bewirkt, dass wir in der Vergangenheit feststecken.

Das Hilfsmittel
Vergeben

Vergebung braucht nicht unbedingt ein einmaliger und damit dann komplett abgeschlossener Vorgang zu sein. Vielfach ist es ein Tag für Tag anzugehender Prozess: Ganz allmählich lassen Sie die Verletzung los und gewinnen Ihren inneren Frieden zurück, indem Sie ihm mehr Bedeutung beimessen als Ihrem Groll.

Ein weiteres Werkzeug kann Ihnen helfen, diesen Prozess zu durchlaufen. In einem ersten Schritt vergegenwärtigen Sie sich einen Menschen, bei dem Ihnen das Verzeihen stets schwer gefallen ist. Lassen Sie zu, dass Sie den Schmerz, den die betreffende Person Ihnen bereitet hat, erneut empfinden. Fühlen Sie, wie schwierig es für Sie ist, ihr zu vergeben, was sie Ihnen zugefügt hat.

Bemühen Sie sich als Nächstes, irgendwo in der betreffenden Person das Menschliche wahrzunehmen: einen leichten Schimmer, der von ihr ausgeht und den Sie bisher vielleicht noch nicht zu sehen vermochten. Zuerst kann das schwerfallen. Aber es lohnt sich, über den Widerstand hinauszugelangen, und sei es nur für die Dauer dieser Übung. Sehen Sie hin, bis in dem schmerzlichen Bild, das Sie bis jetzt von der betreffenden Person haben, etwas Lichtes zum Vorschein kommt, durch das sich ein angenehmerer Anblick ergibt und die Person ein wenig heller erscheint, mit dem Potenzial für ein gütigeres Herz, als Ihr Groll es Ihnen zu sehen erlaubt.

Sprechen Sie dann in Gedanken die folgenden Worte, die Sie an diese Person richten: *Ich verzeihe dir. Ich vergebe dir, auf dass du frei sein mögest für dein höchstes Gut. Mich selbst befreie ich von diesem Groll und all dem Schmerz, der von ihm ausgegangen ist. Ich entlasse die Gegenwart aus der Vergangenheit und befreie meine Zukunft.*

Wiederholen Sie nun diese Worte. Sobald Sie das getan haben, lassen Sie die betreffende Person aus dem Blickfeld verschwinden. Und während das geschieht, stellen Sie sich vor, dass dort jetzt Sie, vollständig und detailgenau, in Erscheinung getreten sind. Sehen Sie sich als strahlenden, vor Lebendigkeit sprühenden Menschen, der vom Schmerz dieses vergangenen Geschehens befreit ist.

Wenden Sie als Nächstes denselben Prozess auf sich an, um sich einen Fehler oder ein Vergehen, das Sie sich haben zuschulden kommen lassen, zu verzeihen, indem Sie einfach sich selbst zu der Person machen, die Vergebung braucht.

Wir alle täten gut daran, uns in Erinnerung zu rufen, dass das Beurteilen von anderen und die Weigerung, ihnen zu vergeben, armselige biologische Strategien sind. In Anbetracht der wissenschaftlichen Erkenntnisse liegt die Entscheidung klar auf der Hand – wir stehen hier vor der Entscheidung zwischen einer vorurteilsfreien, vorbehaltlos liebevollen Art und Weise, mit Menschen zusammen zu sein auf der einen und all den emotionalen und medizinischen Problemen, die durch Einsamkeit unweigerlich verursacht werden, auf der anderen Seite. Daran führt kein Weg vorbei: Wer andere beurteilt, abfällig über sie denkt oder spricht, der schaltet das Stress-Gen ein, woraufhin das Gehirn Ihr System mit Stresshormonen überschwemmt. Die Zellen entwickeln eine Überexpression von entzündungsfördernden, vorzeitige Alterung bewirkenden Molekülen und eine Unterexpression von Antikörper und antivirale Faktoren produzierenden Systemen zur Stärkung der Immunität. Welcher Mensch, der bei klarem Verstand ist, will das?

Positive Beziehungen herbeizuführen ist nicht so kompliziert, wie wir es manchmal machen. Haben Sie eine Meinungsverschiedenheit mit jemandem, den Sie lieben, dann stellen Sie sich folgende grundlegende Frage: *Will ich Recht haben, oder will ich, dass die Verbindung Bestand hat?* Schauen Sie sich an, was mit dem Stress und mit der Unstimmigkeit geschieht, wenn Sie sich von der Vorstellung lösen, unbedingt Recht haben zu müssen, und bereit sind, einen anderen Standpunkt zu verstehen oder die Erfahrung eines anderen Menschen gelten zu lassen.

Ihre Praxis für diese Woche

- Rufen Sie einen Freund oder Familienangehörigen an, zu dem Sie Verbindung aufnehmen wollten, es jedoch immer weiter vor sich her geschoben haben. Verabreden Sie ein Treffen.
- Machen Sie den Spiegelneuronen/Empathie-Testdurchlauf, indem Sie sich das *Empathie-Video* ansehen. Richten Sie sich nach den Anweisungen, die Sie auf dem Bildschirm erhalten.
- Führen Sie die Vergebungsübung aus, um einen Groll zu beseitigen, den Sie gegen jemanden hegen. Wenden Sie anschließend denselben Prozess auf sich an, um sich einen Fehler oder ein Vergehen, das Sie sich haben zuschulden kommen lassen, zu verzeihen, indem Sie nun sich selbst zu der Person machen, die Vergebung braucht.

Und setzen Sie diese Übungen weiter fort

- Denken Sie daran, das Hilfsmittel „Drei vernünftige Entscheidungen" zu nutzen, wenn Sie in einer Situation ein Gefühl von Ohnmacht verspüren, und das Hilfsmittel „Fühlen Sie es, um es zu heilen", wenn Sie bemerken, dass Sie in zunehmendem Maß körperlich verspannt sind.
- Praktizieren Sie die Anerkennung des Unterschieds, den Sie bewirken, indem Sie des positiven Einflusses, den Sie auf andere haben, und der vielerlei Arten gewahr werden, wie Sie an jedem Tag dieser Woche, im Großen oder im Kleinen, einen positiven Einfluss ausgeübt haben.
- Vertiefen und verstärken Sie jede einzelne Qualität, die Sie auf der „Merkmale einer vollständig sich entfaltenden Persönlichkeit"-Liste angekreuzt haben.

SCHRITT 3: SICH ÜBER DEN STRESS HINAUSENTWICKELN

- Praktizieren Sie die „Die 30-sekündige Auszeit für inneren Frieden" ein paarmal täglich.
- Wenden Sie regelmäßig einmal am Tag (besser zweimal) das Hilfsmittel „Klarheit zulassen" an.
- Nutzen Sie das Hilfsmittel „Die Löschtaste", um ein Stress auslösendes Denkmuster zu beseitigen.
- Üben Sie nach wie vor die Anwendung des Hilfsmittels „Die Gedanken aufmerksam wahrnehmen".
- Beginnen Sie weiterhin den Tag in Ruhe. Machen Sie Pausen, und unternehmen Sie Spaziergänge draußen im Grünen. Falls Sie ein schwieriges Problem haben, schlafen Sie darüber, und schauen Sie am Morgen, ob Sie eine Antwort erhalten haben, die sich Ihr Gehirn im Traum hat einfallen lassen. Zählen Sie einmal in der Woche die Segnungen, die Ihnen zuteil geworden sind.

Hilfsmittel
Das Hilfsmittel
Positive Beziehungen

- Hören Sie besser zu, mit Empathie.
- Beurteilen Sie weniger.
- Lieben Sie vorbehaltlos.
- Verzeihen Sie mehr.

Das Hilfsmittel
Vergeben

- Vergegenwärtigen Sie sich einen Menschen, bei dem Ihnen das Verzeihen schwer fällt.
- Fühlen Sie den Schmerz, den dieser Mensch Ihnen und vielleicht auch anderen bereitet hat.
- Nun lade ich Sie ein, etwas zu tun, was Ihnen möglicherweise schwer fallen wird. Aber gestatten Sie sich, diesen Prozess einen Moment lang zu durchlaufen. Fassen Sie die Übung wie ein Experiment auf, bei dem Sie daran interessiert sind zu sehen, was geschehen könnte.
- Ich lade Sie ein, in der betreffenden Person irgendwo etwas Menschliches wahrzunehmen: einen leichten Schimmer, der von ihr ausgeht und den Sie bisher vielleicht noch nicht zu sehen vermochten.

- Sehen Sie hin, bis in dem schmerzlichen Bild, das Sie bis jetzt von der betreffenden Person haben, eine Spur von Helligkeit zum Vorschein kommt, durch die sich ein angenehmerer Anblick ergibt und die Person ein wenig heller wirkt, mit dem Potenzial für ein gütigeres Herz, als Ihr Groll es Ihnen zu sehen erlaubt.
- Sprechen Sie nun in Gedanken die folgenden Worte, die Sie an die Person richten.

  Ich verzeihe dir.
  Ich vergebe dir, auf dass du frei sein mögest für dein höchstes Gut.
  Ich befreie *mich* von diesem Groll und all dem Schmerz, der von ihm ausgegangen ist.
  Ich entlasse die Gegenwart aus der Vergangenheit und befreie meine Zukunft.

- Sprechen Sie diese Worte nun ein zweites Mal.

- Sehen Sie, wie die betreffende Person, sobald Sie die Worte zum zweiten Mal gesprochen haben, in den Hintergrund tritt und schließlich völlig aus Ihrem Blickfeld verschwindet.
- Stellen Sie sich vor, dass dort jetzt Sie, während die Person im Hintergrund verschwindet, voll und ganz, in detailgenauer Wiedergabe, in Erscheinung getreten sind. Sehen Sie sich als strahlenden, vor Lebendigkeit sprühenden Menschen, der vom Schmerz dieses vergangenen Geschehens befreit ist.

Das Hilfsmittel
Mir selbst Vergeben

- Vergegenwärtigen Sie sich einen Fehler, den sie gemacht haben und den Sie nur schwer verzeihlich fanden.
- Fühlen Sie den Schmerz des eigenen Bedauerns.
- Nehmen das Menschliche in sich selbst wahr: einen zarten Schimmer, der von Ihnen ausgeht und den Sie zuvor aufgrund des Fehlers, der Ihnen unterlaufen war, vielleicht nicht zu sehen vermochten.
- Sehen Sie in dem schmerzlichen Bild, das Sie von sich selbst haben, etwas Lichtes zum Vorschein kommen, durch das sich ein angenehmerer Anblick ergibt und Sie ein wenig heller wirken.

SCHRITT 3: SICH ÜBER DEN STRESS HINAUSENTWICKELN

○ Sprechen Sie nun in Gedanken die folgenden Worte.

Ich verzeihe mir.
Ich vergebe mir, um frei zu sein für mein höchstes Gut.
Ich befreie mich von diesem Groll und all dem Schmerz, der von ihm ausgegangen ist.
Ich entlasse die Gegenwart aus der Vergangenheit und befreie meine Zukunft.

Vergeben
In der sechsminütigen Audio-Anleitung führt Don Sie durch den Prozess des Vergebens.
www.windpferd.de/stressbesiegen/10_vergeben.mp3

Mir selbst Vergeben
In der sechsminütigen Audio-Anleitung geleitet Don Sie durch jenen Prozess, in dem Sie sich selbst vergeben.
www.windpferd.de/stressbesiegen/11_mir-selbst-vergeben.mp3

13
Die Kraft der Suggestion: Sie erhalten, was Sie zu erhalten erwarten

Eine Hasenpfote reiben, die Daumen drücken, auf Holz klopfen oder sich etwas wünschen, wenn eine Sternschnuppe vom Himmel fällt – alldem ist etwas gemeinsam: die Kraft der Suggestion. Aufgrund der magischen Wirkung, die Sie den Knochen und dem Fell der Hasenpfote zusprechen, sind Sie guter Dinge und hoffnungsvoll. Und das macht Sie empfänglich für die Erwartung, dass ein von Ihnen erwünschtes Ergebnis tatsächlich eintreffen könnte.

Klingt das töricht für Sie? Vielleicht tut es das. Aber Ihre Erwartung, darauf lassen wissenschaftliche Untersuchungen schließen, mobilisiert enorme innere Ressourcen, und sie richtet jene Ressourcen geradewegs dahingehend aus, dass Ihr Wunsch in Erfüllung geht. Irving Kirsch von der Harvard Medical School und Maryanne Garry von der Victoria University of Wellington haben sich zusammengetan, um die erst in jüngster Zeit erkannten und besonders faszinierenden Auswirkungen der Suggestivkraft auf die Erkenntnis und das Verhalten zu untersuchen.[1] Aus ihren Daten geht Folgendes hervor: Sobald man erwartet, dass ein erwünschtes Ergebnis eintreten könnte, setzt man eine Kette von Gedanken und Handlungen in Gang, die alle miteinander auf das tatsächliche Eintreten dieses Ergebnisses hinwirken. „Die Auswirkungen der Suggestion", erklärt Dr. Garry, „sind weitreichend und stellen häufig das in den Schatten, was viele Menschen normalerweise erwarten würden. Können wir die Kraft der Suggestion nutzbar machen, dann können wir das Leben der Menschen verbessern."[2]

Die Wirksamkeit der Suggestion scheint von zentraler Bedeutung dafür zu sein, dass manche Menschen in der Schule, im Beruf oder im Sport erfolgreich sind, während andere scheitern, ferner der Grund dafür, dass sich die Krankheit oder der Schmerz mancher Menschen in Wohlgefallen auflösen, während sie sich bei anderen verschlimmern. Der Suggestion wohnt die Kraft inne, in einer Situation, die danach verlangt – etwa wenn Sie eine Rede halten oder einen Test ablegen –, Ihre Leistung zu steigern. Sie bewirkt, dass Placebos Schmerzen lindern oder Symptome abklingen lassen. Sie kann das Sehvermögen verbessern, zu einer Gewichtsabnahme führen, den Alterungsprozess umkehren und den Verlauf einer lebensbedrohlichen Erkrankung verändern.

Niemand außerhalb von Hollywood sagt, dass Sie Superman oder Wonder Woman werden sollen. Irgendwo stoßen Ihre kognitiven und körperlichen Fähigkeiten unweigerlich an Grenzen. Die landläufige Vorstellung von diesen Grenzen ist allerdings, das stellen die Forschungsergebnisse klar, stark revisionsbedürftig. Aus einer Reihe von Studien geht eindeutig hervor, dass die Überzeugung, Sie seien auf die eine oder andere Weise begrenzt oder blockiert, der Begrenzung beziehungsweise Blockierung Vorschub leistet. Der große Kampfkunstvirtuose Bruce Lee hat gesagt: „Grenzen gibt es nicht, nur zeitweilige Zwischenzustände in einer Aufwärtsentwicklung. Und dort darf man nicht stehen bleiben. Man muss über sie hinausgehen.[3]

Immer mehr Belege sprechen dafür, dass unsere Gedanken die Grenzen unserer kognitiven und physischen Möglichkeiten erweitern können, und zwar in einem Maß, das alles übersteigt, was die Wissenschaft vorhergesagt hätte. Allem Anschein nach sind die Grenzen, die wir wahrnehmen, nicht unbedingt durch die Natur vorgegeben, sondern durch die eigene Geisteshaltung.

Der Placebo-Effekt

Der Placebo-Effekt beschreibt reale psychologische und physiologische Veränderungen, die sich dann einstellen, wenn man den Geist mit einem kleinen Trick zu der Annahme verleiten konnte, eine medizinische Maßnahme werde ergriffen, beispielsweise durch eine Injektion oder durch die Verabreichung einer Pille, obgleich die so zugeführte Substanz in Wahrheit inaktiv ist – schlicht und einfach wirkungslos. Das Placebo als solches bewirkt nichts. Die vorteilhafte Wirkung wird im Geist hervorgerufen. In der klassischen Studie des Placebo-Effekts geht es um Injektionen von Kochsalzlösungen: Durch sie haben die Schmerzen von schwer verwundeten Soldaten, denen man erzählt hat, die Spritzen enthielten ein starkes Opiat, signifikant nachgelassen.[4] Jene Studie hat seinerzeit als erste deutlich gemacht, dass Schmerz mehr mit dem Geist zu tun hat als mit der Schwere einer physischen Verletzung. Überwiegend hat sich die Erforschung des Placebo-Effekts zwar auf medizinische Fragen konzentriert, doch gewinnen wir zunehmend auch in anderen Bereichen Erkenntnisse über den Placebo-Effekt.

Eine Studie dieser Art bezieht sich auf das zukunftsbezogene (prospektive) Gedächtnis. Mit Hilfe des zukunftsbezogenen Gedächtnisses erinnert sich das Gehirn bestimmter Einzelheiten oder Geschehnisse, die in der Zukunft eintreten werden. Es sorgt dafür, dass wir pünktlich zu unseren Verabredungen kommen, hilft uns, anstehende Rechnungen termingerecht zu bezahlen, versetzt uns in die Lage, ein Essen nach Rezept zuzubereiten, nimmt bei der Umsetzung eines strategischen Plans gedanklich die nächsten Schritte vorweg und ruft uns in Erinnerung, ein Medikament in den vorgeschriebenen Zeitabständen einzunehmen. Ohne das zukunftsbezogene Gedächtnis könnten wir das Leben nicht meistern.

Permanenter Stress schwächt das zukunftsbezogene Gedächtnis, und Forscher an der Victoria University wollten sehen, ob es möglich ist, die Leistung des zukunftsbezogenen Gedächtnisses zu erhöhen. Zu dem Zweck entwickelten sie eine Versuchsanordnung, bei der sie alles Erdenkliche unternahmen, die Probanden davon zu überzeugen, dass ein Placebo, das man ihnen verabreicht hatte, eine sehr wirkungsvolle, die kognitiven Funktionen und die Gedächtnisleistung steigernde „Smart Drug" war. Tatsächlich handelte es sich bei der sogenannten Smart Drug lediglich um in Wasser aufgelöstes Vitamin-C-Pulver. Die eine Gruppe erhielt das Placebo, die andere Gruppe nicht. Dann stellten die Forscher beiden Gruppen eine das zukunftsbezogene Gedächtnis sehr stark fordernde Aufgabe. Bei der Gruppe, die das Vitamin-C-Placebo eingenommen hatte, war eine erhöhte Leistung des zukunftsbezogenen Gedächtnisses zu verzeichnen, wohingegen sich bei der Gruppe, die das Placebo nicht erhalten hatte, keine Verbesserung erkennen ließ. Die Gruppe, die man dazu hatte verleiten können, eine Verbesserung der kognitiven Leistungsfähigkeit zu *erwarten*, hat diese tatsächlich erreicht.[5]

In einer weiteren Studie zur Wirkung von Placebos in Zusammenhang mit der Gedächtnisleistung hat man den Probanden mitgeteilt, ein bestimmter Geruch werde eine Verbesserung des impliziten Gedächtnisses bewirken. Das implizite Gedächtnis arbeitet unbewusst. Es steht für Informationen, die Sie in automatisierten Abläufen mühelos abrufen. Mit seiner Hilfe finden Ihre Finger die Buchstaben auf der Tastatur, ohne dass Sie darüber nachdenken müssen. Und ihm verdanken Sie, dass Sie nie vergessen, wie man Fahrrad fährt. Als bei dieser Studie die Probanden dem betreffenden Geruch ausgesetzt wurden, reagierte das implizite Gedächtnis in der Tat schneller, und es zeigte stärkere Auslösereize.[6]

Auch im sportlichen Bereich wirkt die Kraft der Erwartung leistungssteigernd. In den letzten Jahren haben Athleten Präparate zur Leistungssteigerung eingesetzt, um die Grenzen ihrer physischen Möglichkeiten zu erweitern. Die Forschung legt allerdings den Gedanken nahe, dass wahrscheinlich die Vorteile, die solche Präparate dem Athleten bringen, großenteils nicht auf die chemische Substanz selbst, sondern auf seine Erwartung zurückzuführen sind – auf die Überzeugung, dass das Präparat die Leistung erhöhen wird. In einer vom Scottish Institute of Sports durchgeführten Studie hat man 16 Radrennfahrern, die im 1000-Meter-Zeitfahren bei einer Reihe von Durchgängen gegeneinander antraten, mit Placebo-Zusätzen vermischtes Backpulver verabreicht und ihnen erklärt, der Cocktail sei ein leistungssteigerndes Steroid. Der schlichte Glaube daran, sie stünden unter dem Einfluss von Steroiden, verbesserte ihre Leistung. Demgegenüber ergab sich bei Athleten, denen man ein real leistungssteigerndes Präparat verabreichte, ohne dass sie davon wussten, keine signifikante Verbesserung.[7]

Ellen Langers Forschung

Vielleicht hat nichts unsere begrenzte Vorstellung vom menschlichen Potenzial mehr auf den Kopf gestellt als die Forschung von Ellen Langer an der Harvard University. Rufen Sie sich die erste Übung in Erinnerung, die Sie bei Antritt der Reise durch dieses Buch ausgeführt haben. Sie bestand in einem geführten meditativen Prozess und basierte auf einem Zitat von William James, dem Vater der US-amerikanischen Psychologie, in dem es heißt: „Wer seinen Geist verändern kann, der kann sein Leben verändern." Und weiter: „Der Glaube bringt die Tatsache hervor." Eine Möglichkeit, einen Glauben zu bekräftigen, besteht darin, dass man visualisiert, wie dieser Glaube sich bewahrheitet. In dem geführten Prozess haben Sie also den Glauben wachgerufen, dass Sie wirklich einen persönlichen Durchbruch in puncto Stress und Angst erzielen können.

Nun, Dr. Langers Forschung beweist: Was William James vor über 100 Jahren geltend gemacht hat, trifft zu! Der Geist triumphiert tatsächlich über die Materie. Das konnte sie zeigen. In diesem Buch haben Sie erfahren, dass sich durch eine positive Veränderung Ihrer Geisteshaltung das Gehirn verändert – und dadurch nicht nur dem Stress ein Ende bereitet, sondern auch die höheren Hirnfunktionen begünstigt. Mit Hilfe des Geistes, so hat Ellen Langer herausgefunden, können wir den Körper sogar verleiten, die Uhr zurückzudrehen. Denken Sie, während Sie in den folgenden Berichten lesen, wie Menschen ihre Fähigkeiten erweitert haben, an das Zitat von William James, und bekräftigen Sie Ihre Überzeugung, ein stressfreies Leben erreichen und aufrechterhalten zu können.

1979 hat Dr. Langer mit Männern im Alter zwischen Ende 70 und Anfang 80, die in Altenheimen mehr oder weniger dahinvegetierten, ihr vielleicht bekanntestes Experiment durchgeführt.[8] Eine Woche lang ging sie mit den Männern an einen abgeschiedenen Ort. Während dieser Zeit taten alle Beteiligten so, als befände man sich im Jahr 1959 – ähnlich wie in einem Schauspiel. Sie trugen Kleidung, die 1959 modern war, aßen die Nahrung, die sie seinerzeit zu essen pflegten, trugen Identitätskärtchen mit einem Foto, das zeigte, wie sie damals ausgesehen hatten, und wurden ermuntert, sich so zu verhalten, wie sie es 20 Jahre zuvor getan hatten. Man gab ihnen sogar Zeitungen und Zeitschriften aus dem Jahr 1959 zu lesen und zeigte ihnen Fernsehprogramme aus jener Zeit.

Das Resultat war erstaunlich. Im Vergleich zur Kontrollgruppe, die für die gleiche Zeitspanne – unter normalen Begleitumständen – ebenfalls an einem abgeschiedenen Ort lebte, zeigten die Zeitreisenden größere Fortschritte, was die Beweglichkeit der Gelenke und die manuelle

Geschicklichkeit anging. Bei ihrer Arthritis war ein Rückgang zu verzeichnen, und ihr IQ erreichte einen höheren Wert.

Kay, einer Frau aus meinem Bekanntenkreis, deren 90-jährige Mutter bei ihr lebt, habe ich von dem Experiment erzählt. Am gleichen Abend bot Kay ihrer Mutter ein Stück dunkle Schokolade an. Ihre Mutter wollte wissen, wie viel die Schokolade gekostet habe. „Nur ungefähr zwei Dollar", antwortete Kay. Ihre Mutter war schockiert angesichts dieses Preises: *„Zwei Dollar!"*, sagte sie, „Ich kann einfach nicht glauben, dass ein Riegel Schokolade derart viel kostet."

„So teuer ist das gar nicht", meinte Kay, „beim Einkaufen bekommt man heutzutage für zwei Dollar kaum etwas."

„Ja gewiss, räumte ihre Mutter ein", nachdem sie darüber nachgedacht hatte. „Ich nehme an, in Gedanken bin ich immer noch in den 50er-Jahren." Kay erzählte, normalerweise hätte sie wohl über ihre Mutter gelacht, nicht so jedoch, nachdem sie von Ellen Langers Studie erfahren hatte. Diesmal tat sie das Verhalten ihrer Mutter nicht achselzuckend ab und ärgerte sich auch nicht darüber, dass ihrer Mutter ein reeller Sinn dafür abhanden gekommen war, was die Dinge kosten sollten. Vielmehr nutzte Kay die Gelegenheit, ihre Mutter dazu zu bringen, sich zu öffnen und von der guten alten Zeit zu berichten, als die Dinge noch weniger kosteten. Sie fragte ihre Mutter, wie das Leben damals, in jenem Jahrzehnt, gewesen war. Und an dem Abend hat die Mutter ihr alles darüber erzählt. Raum zu schaffen für ihre Erinnerungen hatte unübersehbar einen positiven Effekt. Am Ende des Abends sah die Mutter um Jahre jünger aus, meinte Kay, und in der Nacht schlief sie so gut wie schon lange nicht mehr. Sie war in der Zeit zurückgereist, und irgendwie hatte ihre biologische Verfassung die Reise mitgemacht. Ganz wie bei den alten Männern in der Langer-Studie.

Unlängst hat eine 80-Jährige aus meinem Bekanntenkreis ihrem Arzt erzählt, sie müsse häufig nach Worten suchen. Mit der Konsequenz, dass sie mitunter, wenn sie sich mit jemandem unterhalte, einen Gedanken nicht zu Ende führen könne. In ihrem Alter sei das normal, entgegnete ihr der Arzt. Mit dieser Auskunft gab sie sich indes nicht zufrieden. Sie bestand auf die Überweisung zu einem Facharzt und suchte einen Neuropsychologen auf. Der ließ sie an einem strikten Trainingsprogramm zur Steigerung der Gedächtnisleistung teilnehmen, wo sie echte Fortschritte machte und dadurch an Selbstvertrauen und Selbstwertgefühl gewann. Allzu oft behandelt man Senioren, als befänden sie sich „auf dem absteigenden Ast", ohne im Mindesten zu begreifen, dass gerade solch ein Umgang mit ihnen die entsprechenden Bedingungen schafft.

Dr. Langer hat auch eine Studie mit Reinigungskräften durchgeführt, die in Hotels die Zimmer sauber machen und aufräumen.[9] Ihnen werden normalerweise 15 Zimmer am Tag zugeteilt, und pro Zimmer brauchen sie fürs Saubermachen und Aufräumen eine halbe Stunde. Das beinhaltet deutlich mehr an körperlicher Anstrengung als das vom Gesundheitsminister in puncto täglichem Körpertraining empfohlene Minimum. Doch die Reinigungskräfte betrachteten ihre Arbeit nicht als Training. Und da sie am Ende ihrer Schicht zu müde waren, noch ins Fitnesscenter zu gehen, glaubten sie, überhaupt kein körperliches Training zu absolvieren. Dr. Langer teilte die Frauen in zwei Gruppen auf und bestärkte die Frauen der einen Gruppe darin, zu denken, durch die körperliche Beanspruchung am Arbeitsplatz seien sie fit genug. Die andere Gruppe hingegen erhielt die entsprechende Information nicht. Nach vier Wochen hatten die Reinigungskräfte aus der ersten Gruppe, ohne an ihrer Ernährung oder an ihren Aktivitäten irgendwelche Veränderungen vorzunehmen, an Gewicht verloren. Ihr Körperfett wurde reduziert, und sogar der Blutdruck verbesserte sich. Und das Einzige, was sich bei ihnen geändert hatte, war die Denkweise. In der zweiten Gruppe gab es hingegen keine Verbesserung.

Nun mag es ziemlich unglaublich klingen, dass bei Menschen mit einer mäßig ausgeprägten Sehschwäche eine veränderte Denkweise tatsächlich das Sehvermögen verbessern können soll, aber genau das ist geschehen.[10] Da fragt man sich doch, ob wir alle mentale Scheuklappen tragen. Wie Untersuchungen zeigen, tun wir das! Dies kann sich freilich ändern. Und dabei geht es einfach darum, die latente Kraft unserer Gedanken anzuerkennen. Was Thomas Merton in seinen Memoiren geschrieben hat, trifft meines Erachtens den Kern der Sache: „Vielleicht bin ich stärker, als ich meine. Vielleicht fürchte ich sogar meine Stärke, wende sie gegen mich selbst und schwäche mich so."[11]

Die Stärke, auf die sich Thomas Merton bezog, ist Ihnen so nahe wie die eigenen Gedanken. Vor Jahren kannte ich einen jungen Mann, der aufgrund eines Missverständnisses den Verlauf seiner Krebserkrankung beeinflusst hat. Er war Mitte 20, als bei ihm ein Hodgkin-Lymphom im zweiten Stadium diagnostiziert wurde. Den Krebs hatte man zwar frühzeitig entdeckt, dennoch fiel die Prognose in seinem

Fall höchst unvorteilhaft aus. Aber als der Onkologe ihm die schlechte Nachricht mitteilte, verstand der junge Mann aus irgendeinem Grund das Gegenteil und verließ die Klinik in der Annahme, der Arzt habe ihm gesagt, die Aussichten für ihn seien *äußerst günstig*. Im Verlauf der Behandlung baute seine gesamte Denkweise auf der Erwartung auf, jeder Schritt im Rahmen des Behandlungsplans leiste einen Beitrag dazu, das *äußerst günstige* Phänomen einer Spontanremission zu erzielen. Genau das, eine Spontanremission, trat ein. Erst als der Onkologe im Verlauf einer der großen Visiten seinen Fall präsentierte, wurde ihm klar, dass er da etwas missverstanden hatte. Wäre ihm die verheerende Prognose bekannt gewesen, mit der er laut ärztlicher Statistik zu rechnen gehabt hätte, wäre er sicherlich gestorben, so meinte er. Die Denkweise, die sich aufgrund des Missverständnisses bei ihm ausgeprägt hatte, da war er sich völlig sicher, hatte ihm das Leben gerettet.

Eine der ältesten Formen von Suggestion ist die Hypnose. Für den Großteil der letzten 30 Jahre war sie allerdings unter Medizinern ziemlich verpönt. Das hat sich inzwischen gründlich geändert. „Studien zeigen, dass Hypnose stärker wirkt als der Placebo-Effekt", erklärt David Spiegel von der Stanford University School of Medicine. „Der Geist triumphiert nicht bloß über die Materie, sondern er ist das, worauf es ganz entscheidend ankommt." Drei von vier Erwachsenen, fügt Dr. Spiegel hinzu, können hypnotisiert werden.[12]

Hypnose ist ein wirkungsvolles Hilfsmittel für Menschen, die das Rauchen aufgeben, abnehmen oder Phobien und Schmerzen in den Griff bekommen wollen. Zunehmend entscheiden sich Patienten vor chirurgischen Eingriffen für Hypnose anstelle von Narkose. Man hat gezeigt, dass sie bei etwas so furchtbar Schmerzhaftem wie einer Kindesgeburt den Schmerz verringert. Eine Schwangere hat drei Monate lang jeden Abend Selbsthypnose praktiziert, und als bei ihr die Wehen eintraten, konnte sie mit geistigen Mitteln den Schmerz unterbinden.

Unter Hypnose kann man Patienten auch beibringen, vor einer Situation in der äußeren Welt nicht länger Angst zu haben, sondern sich in der entsprechenden Situation ruhig und entspannt zu fühlen, indem man sich einen sicheren Ort vorstellt, etwa einen Strand. Zum Beispiel kann ein Mensch mit Flugangst unter Hypnose gesetzt und für jeden Aspekt des Flugreisens desensibilisiert werden. Die Geisteshaltung der betreffenden Person wandelt sich: Anstatt verängstigt und zur Bewältigung stressbelastender Gedanken unfähig zu sein, fühlt sie sich entspannt. Die Beweise für die Wirksamkeit der Suggestion sind mittlerweile derart überzeugend, dass die dem US-amerikanischen Gesundheitsministerium unterstellten National Institutes of Health untersuchen, wie sie zur Schmerzbewältigung eingesetzt werden kann, und Forscher an der University of Washington, Seattle, Studien durchführen, um zu sehen, ob eine durch virtuelle Realität unterstützte Form von Hypnose bei Opfern schwerer Brandverletzungen die Angst und den Schmerz verringern kann.

Das Hilfsmittel
Die Wirklichkeit gestalten

Das Beweismaterial liegt vor. Die Kraft des Geistes vermag die Ihnen bekannte Realität umzugestalten. Machen Sie sich diese Kraft zunutze, und Sie werden zum Herrn des eigenen Geschicks. Ein einfaches Hilfsmittel, wir nennen es „Die Wirklichkeit gestalten", kann die Erwartung hervorrufen, die der Wirksamkeit der Suggestion Vorschub leistet, um dem Stress ein Ende zu bereiten und Ihnen zu jener Gesundheit, jenem Wohlstand und jener Liebe zu verhelfen, die Sie sich wünschen. Machen Sie von diesem Hilfsmittel täglich Gebrauch, um Ihre Erwartung, dass Sie Erfolg haben werden, zu vertiefen.*

Dabei gehen Sie folgendermaßen vor: Setzen Sie sich bequem hin, und schließen Sie die Augen. Wählen Sie ein Ziel aus, das Sie derzeit erreichen wollen. Stellen Sie sich das erwünschte Resultat möglichst klar und deutlich vor. Tun Sie so, als sei es bereits eingetreten, und sehen Sie Ihr Leben vor sich, wie es unter diesen veränderten Voraussetzungen sein würde. Befreien Sie Ihr Denken von jeglichen Einschränkungen, und beziehen Sie den sensorischen Teil des Gehirns mit ein. Vernehmen Sie die Geräusche, die zu hören sind, wenn das von Ihnen erwünschte Ergebnis tatsächlich eingetreten ist. Nehmen Sie den Geruch der Luft wahr, und fühlen Sie die Temperatur in der Umgebung. Visualisieren Sie, was Sie bei dieser Gelegenheit erblicken werden. Erweitern Sie den Anblick um Farben, um Menschen und um alles andere, was für Sie von Bedeutung ist. Spüren Sie, wie Ihnen Ihrer Vorstellung zufolge zumute sein wird, wenn das Ergebnis tatsächlich

---

* Dieses Hilfsmittel ist eine Abwandlung des Hilfsmittels, das meine Geschäftspartnerin Kaarin Alisa „Dem Plan die Initialzündung geben" genannt hat.

eingetreten ist. Verleihen Sie diesen erwünschten Gefühlen möglichst große Intensität. Falls Sie sich glücklich fühlen, dann lassen Sie zu, dass sie Ihnen ein Lächeln aufs Gesicht zaubern oder Sie dazu bringen, laut loszulachen. Sind Sie erleichtert, dann lassen Sie sich durch die Erleichterung in eine freudige Stimmung versetzen. Lassen Sie die Emotionen ganz real werden. Halten Sie die erwünschten Emotionen möglichst lange aufrecht, jedoch nicht länger als eine Minute. Lassen Sie zum Abschluss der Übung alles los. Haben Sie Vertrauen, dass Sie Ihr inneres Leitsystem nunmehr fest auf das erwünschte Ergebnis eingestellt haben.

Ihre Praxis für diese Woche

Nutzen Sie durch das Hilfsmittel „Die Wirklichkeit gestalten" die Kraft der Suggestion, um sich die erfolgreiche Verwirklichung eines wichtigen persönlichen Ziels vorzustellen.

Und setzen Sie diese Übungen weiter fort

- Denken Sie daran, das Hilfsmittel „Drei vernünftige Entscheidungen" zu nutzen, wenn Sie in einer Situation ein Gefühl von Ohnmacht verspüren, und das Hilfsmittel „Fühlen Sie es, um es zu heilen", wenn Sie bemerken, dass Sie in zunehmendem Maß körperlich verspannt sind.
- Praktizieren Sie die Anerkennung des Unterschieds, den Sie bewirken, indem Sie des positiven Einflusses gewahr werden, den Sie an jedem Tag dieser Woche, im Großen oder im Kleinen, auf andere ausgeübt haben.
- Vertiefen und verstärken Sie jede einzelne Qualität, die Sie auf der „Merkmale einer vollständig sich entfaltenden Persönlichkeit"-Liste angekreuzt haben.
- Praktizieren Sie die „Die 30-sekündige Auszeit für inneren Frieden" ein paarmal täglich.
- Wenden Sie regelmäßig einmal am Tag (besser zweimal) das Hilfsmittel „Klarheit zulassen" an.
- Nutzen Sie das Hilfsmittel „Die Löschtaste", um ein Stress auslösendes Denkmuster zu beseitigen.

13 • DIE KRAFT DER SUGGESTION: SIE ERHALTEN, WAS SIE ZU ERHALTEN ERWARTEN

- Üben Sie nach wie vor die Anwendung des Hilfsmittels „Die Gedanken aufmerksam wahrnehmen".
- Beginnen Sie weiterhin den Tag in Ruhe. Machen Sie Pausen, und unternehmen Sie Spaziergänge draußen im Grünen. Falls Sie ein schwieriges Problem haben, schlafen Sie darüber, und schauen Sie am Morgen, ob Sie eine Antwort erhalten haben, die sich Ihr Gehirn im Traum hat einfallen lassen. Zählen Sie einmal in der Woche die Segnungen, die Ihnen zuteil geworden sind.

Hilfsmittel
Das Hilfsmittel
Die Wirklichkeit gestalten

- Setzen Sie sich bequem hin, und schließen Sie die Augen.
- Wählen Sie ein Ziel aus, das Sie derzeit erreichen wollen, und fassen Sie für sich selbst in Worte, wie das Ergebnis aussehen soll.
- Stellen Sie sich das erwünschte Resultat vor. Tun Sie so, als sei es bereits eingetreten, und sehen Sie Ihr Leben vor sich, wie es unter diesen Voraussetzungen sein würde. Lassen Sie alles los, was Ihr Denken einschränkt. Sagen Sie sich, es ist vollkommen in Ordnung, sich nach Belieben etwas vorzustellen, ganz gleich, ob Sie es für wahrscheinlich oder überhaupt für möglich halten.
- Beziehen Sie den sensorischen Teil des Gehirns mit ein. Vernehmen Sie die Geräusche, die zu hören sind, wenn das von Ihnen erwünschte Ergebnis tatsächlich eingetreten ist. Nehmen Sie den Geruch der Luft wahr, und fühlen Sie die Temperatur in der Umgebung. Malen Sie sich aus, was Sie sehen werden.
- Betrachten Sie nun die Peripherie des visualisierten Bildes. Wo gibt es etwas Lebendiges in Ihrem Umfeld? Wer ist bei Ihnen? Lassen Sie die Farben und die sonstigen Elemente des in Ihrer Vorstellung herbeigeführten Ergebnisses möglichst anschaulich Gestalt annehmen. Falls Menschen anwesend sind, was sagen sie zu Ihnen? Und was sagen Sie zu ihnen?
- Fühlen Sie, während Sie weiterhin das anschauliche Bild erleben, das Sie vor sich haben entstehen lassen, wie die Gefühle, die Sie sich vorgestellt haben, Sie erfassen werden, wenn das erwünschte Ergebnis tatsächlich eingetreten ist. Verspüren Sie Freude? Empfinden Sie

Zufriedenheit? Fühlen Sie sich von dem Schmerz oder der Angst erleichtert? Bringen Sie sich, während Sie sich vorstellen, welche Gefühle Sie haben werden, diese näher, und erleben Sie die Gefühle tatsächlich so, als handele es sich um Ihre Erfahrung, genau hier, genau jetzt.

- Verleihen Sie diesen erwünschten Gefühlen möglichst große Intensität. Falls Sie sich glücklich fühlen, dann lassen Sie zu, dass sie Ihnen ein Lächeln aufs Gesicht zaubern oder Sie dazu bringen, laut loszulachen. Sind Sie erleichtert, dann lassen Sie sich durch die Erleichterung in eine freudige Stimmung versetzen. Lassen Sie die Emotionen ganz real werden.
- Halten Sie die erwünschten Emotionen möglichst lange aufrecht, allerdings nicht länger als eine Minute.
- Lassen Sie dann alles los. Lösen Sie sich von den Emotionen und lösen Sie sich von dem Bild.
- Bezogen auf Ihr Denk- und Emotionszentrum haben Sie nun die Grundlage geschaffen, um Ihr inneres Leitsystem fest auf das Erreichen des von Ihnen angestrebten Ziels einzustellen.

Die Wirklichkeit gestalten
In der fünfminütigen Audio-Anleitung führt Don Sie durch den „Die-Wirklichkeit-gestalten"-Prozess.
www.windpferd.de/stressbesiegen/12_die-wirklichkeit-gestalten.mp3

Schritt 4:

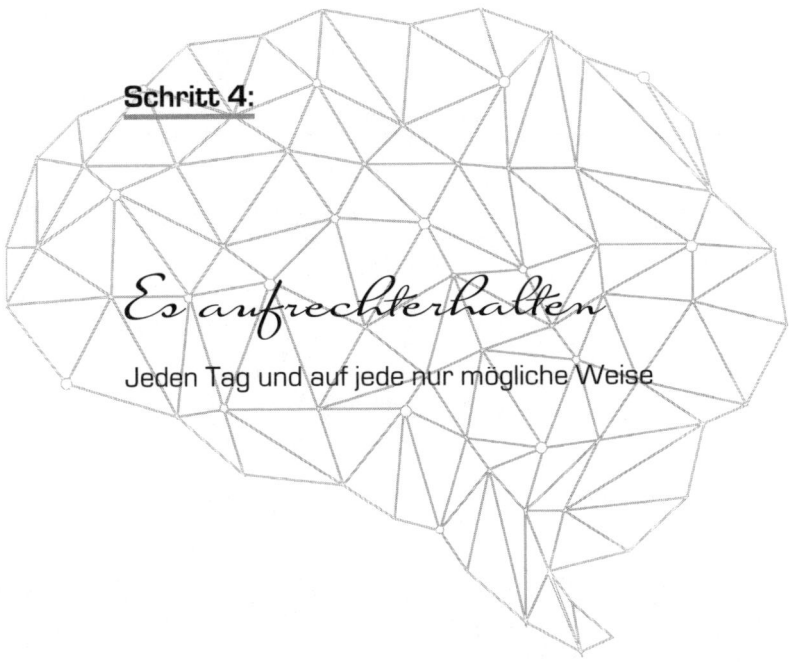

Es aufrechterhalten

Jeden Tag und auf jede nur mögliche Weise

14
Alles zusammenfassen

Sie haben einen langen Weg zurückgelegt, eine Reihe von Konzepten und Hilfsmitteln kennengelernt und viel Forschung über Stress, inneren Frieden und das Gehirn verdaut. Wo Stress endet, da beginnen Friede, Freude und Erfüllung. In diesem Sinn hat das Buch versucht, Sie beim Aufbau einer auf dynamische Weise friedvollen Geisteshaltung zu unterstützen und Ihnen nahezubringen, wie Sie, ganz gleich vor welchen Situationen Sie stehen mögen, sich jeden Tag in der entsprechenden inneren Haltung üben können. In diesem Kapitel wollen wir nun alles in einem praktischen und leicht anwendbaren Format zusammenfassen, das Sie nutzen können, um Ihr Leben weiter in die neue, stressfreie Richtung zu lenken.

In einem früheren Kapitel haben Sie daran gearbeitet, eine Liste mit persönlichen Zielsetzungen zu erstellen und diese mit einer Reihe von äußeren Zielen, die Sie selbst beschrieben haben, in Einklang zu bringen. Die Liste sollte Ihnen zu einer klareren inneren Ausrichtung verhelfen, die in alles, was Sie zu erreichen versuchen, mit einfließt, auf diese Weise den Stress vermindert und die Kraft des inneren Friedens verstärkt und vertieft. Nachfolgend finden Sie eine allgemeine Liste der persönlichen Zielsetzungen mit einem direkten Bezug zu solchen Seins- und Verhaltensweisen, die eine positive Neuroplastizität begünstigen, Stressreaktionen zur Ruhe kommen lassen und die höheren Gehirnfunktionen stärken. Ich lade Sie ein, auf dieser Liste all diejenigen Seinsweise anzukreuzen, die Sie konsequenter als bisher vertiefen wollen.

Liste mit den persönlichen Zielsetzungen

- ○ in Frieden sein
- ○ im Hier und Jetzt präsent sein
- ○ besser zuhören
- ○ weniger beurteilen
- ○ mehr verzeihen
- ○ empathisch sein
- ○ dankbar sein
- ○ sich Zeit nehmen, innezuhalten und in Stille zu verweilen
- ○ schöpferische Einsicht zulassen
- ○ Angst loslassen
- ○ angesichts widriger Umstände Vertrauen haben
- ○ sich auf den in Entfaltung begriffenen Prozess verlassen
- ○ das Augenmerk auf das Leben insgesamt richten anstatt auf die Fragmente
- ○ in der Stille des eigenen Seins ruhen
- ○ glücklich sein

▶ Unter www.windpferd.de/stressbesiegen/arbeitsblatt-seite_226.pdf können Sie das Arbeitsblatt zum Ausdrucken herunterladen.

Schauen Sie über die Seins- und Verhaltensweisen, die Sie angekreuzt haben, noch einmal drüber, und besinnen Sie sich für einen Moment darauf, wie sich, indem Sie die betreffende Seinsweise in die Tat umsetzen, jeweils Ihr Alltag, ja vielleicht Ihr Leben verändern würde. Denken Sie an spezielle Situationen, auf die Sie die einzelnen Prinzipien anwenden wollen, und stellen Sie sich anschaulich vor, wie Sie das tun. Stellen Sie sich als Nächstes das positive Ergebnis vor, das unweigerlich aus solch einer Veränderung hervorgeht, und malen Sie sich aus, wie Sie, indem Sie diese Veränderung vornehmen, das entsprechende Ergebnis erzielen. Geben Sie der Liste einen Platz, an dem Ihr Blick immer wieder darauf fällt und sie Ihnen in Erinnerung ruft, wie Sie sein wollen. Wann immer Sie mögen, können Sie eine neue Liste erstellen.

Diese einfachen Hilfsmittel machen Ihre Aufgabenliste kaum umfangreicher, verhelfen Ihnen aber im Alltag und in Ihrem ganzen Leben zu vielen positiven neuen Perspektiven und einer schöpferischen Weiterentwicklung. Sie brauchen nicht unbedingt jedes Hilfsmittel zu nutzen. Verwenden Sie diejenigen, die Ihnen gut weiterhelfen – aber verwenden Sie sie. Außerdem lade ich Sie ein, das Arbeitsblatt „Liste mit den persönlichen Zielsetzungen" herunterzuladen, es auszudrucken und die Punkte, die Sie hier im Buch angekreuzt haben, auf den Ausdruck zu übertragen. Hängen Sie das Blatt an gut sichtbarer Stelle hin, damit Sie an Ihre Praxis erinnert werden. Wann immer Sie mögen, können Sie eine neue Liste erstellen.

Auf der nächsten Seite finden Sie eine Liste mit all den Hilfsmitteln, die ich Ihnen in diesem Buch vorgestellt habe. Sie kann Ihnen als Gedächtnisstütze dienen, um von Tag zu Tag zu entscheiden, welche Übungen Sie sich zunutze machen wollen, um den Übergang vom bloßen Überleben zu einem Leben, in dem Sie aufblühen und gedeihen, zu vollziehen.

Nehmen Sie die Stresseinschätzung erneut vor

Nehmen Sie, um alles zusammenzufassen, in einem letzten Schritt noch einmal die Stresseinschätzung vor. Ich heiße Sie herzlich willkommen, dies zu tun, damit Sie sehen können, inwieweit sich Ihr Stresserleben verändert hat, seit Sie im zweiten Kapitel die Stresseinschätzung zum ersten Mal durchgeführt haben. Kreuzen Sie alle Aussagen an, die einer Beschreibung Ihrer jüngst gemachten Stresserfahrungen nahekommen. Kreuzen Sie alle Aussagen an, die Ihre jüngst gemachte Lebenserfahrung beschreiben. Halten Sie Ihre Antworten einigermaßen auf dem aktuellen Stand, innerhalb der letzten Woche oder des letzten Monats. Nehmen Sie sich Zeit.

Kommen Sie als Nächstes auf die Befragung zur Stresseinschätzung zurück, der Sie sich im zweiten Kapitel zu Beginn dieser Reise unterzogen haben. Vergleichen Sie die Ergebnisse auf den beiden Fragebögen und markieren Sie, was sich verändert hat. Wenn Sie mit den Hilfsmitteln und den meditativen Prozessen gearbeitet haben, sind diverse Punkte, die Sie im ersten Durchgang angekreuzt haben, dies-

SCHRITT 4: ES AUFRECHTERHALTEN

Die „STRESS BEENDEN"-Werkzeugkiste

Kreuzen Sie diejenigen Hilfsmittel an, mit denen Sie arbeiten wollen

○ Vertiefen Sie die Attribute einer auf dynamische Weise friedvollen inneren Einstellung.

○ Überprüfen und beobachten Sie mit Hilfe des „Die Gedanken aufmerksam wahrnehmen"-Werkzeugs Ihre ängstlichen und stressbelasteten Gedanken.

○ Nutzen Sie das Hilfsmittel „Wovor habe ich Angst?", um starke Befürchtungen zu beseitigen.

○ Beginnen Sie jeden Tag in Ruhe.

○ Meditieren Sie einmal am Tag fünf Minuten lang oder länger.

○ Schenken Sie den Augenblicken, in denen Sie sich positiv weiterentwickeln, besondere Beachtung.

○ Nutzen Sie das Hilfsmittel „Löschtaste", um einer möglicherweise ins Kraut schießenden Stressreaktion bereits im Ansatz Einhalt zu gebieten.

○ Bringen Sie Ihre Aufgabenliste mit der Liste Ihrer persönlichen Zielsetzungen in Einklang, und machen Sie dabei den inneren Frieden zu Ihrem wichtigsten Ziel.

○ Zählen Sie einmal in der Woche, die Segnungen, die Ihnen zuteil wurden.

○ Nehmen Sie mindestens zweimal am Tag eine Auszeit von der Welt und ihren Problemen, und legen Sie eine Pause ein. Unternehmen Sie nach Möglichkeit einen Spaziergang im Grünen.

○ Verschaffen Sie sich mit Hilfe des Werkzeugs „Drei vernünftige Entscheidungen" Klarheit darüber, was Sie unter Kontrolle haben und was nicht.

○ Verringern Sie mit dem Hilfsmittel „Fühlen Sie es, um es zu heilen" die Anspannung und Ermüdung im Körper.

○ Nutzen Sie das „Hilfsmittel zur Ermittlung eigener Stärken", um unablässig Ihre Stärken herauszufinden und sie anzuerkennen.

○ Üben Sie sich darin, die Merkmale einer vollständig sich entfaltenden Persönlichkeit auszuprägen und zu vertiefen.

○ Hören Sie besser zu, beurteilen Sie weniger, verzeihen Sie mehr, und lieben Sie vorbehaltlos.

▶ Unter www.windpferd.de/stressbesiegen/arbeitsblatt-seite_228.pdf können Sie das Arbeitsblatt zum Ausdrucken herunterladen.

Die persönliche Stresseinschätzung

○ Aktivitäten, denen ich früher gern nachgegangen bin, machen mir inzwischen immer weniger Freude.

○ An den meisten Tagen fühle ich mich müde, und gelegentlich bin ich richtig erschöpft.

○ Ich kann mich nur schwer entscheiden.

○ Ich habe Schwierigkeiten mit dem Einschlafen, weil ich einfach nicht zur Ruhe komme.

○ Mein Gedächtnis und meine Konzentrationsfähigkeit sind nicht so gut, wie sie waren.

○ Ich bin nicht mehr sonderlich zuversichtlich, dass ich meine persönlichen Probleme in den Griff bekommen kann.

○ Selbst einfache Dinge sind mir lästig, oder ihre praktische Umsetzung fällt mir schwer.

○ Bisweilen fühle ich mich überfordert und außerstande, die wichtigen Dinge in meinem Leben auf die Reihe zu bekommen.

○ Die Sicherungen brennen mir heutzutage schneller durch. Ich bin ungeduldiger, gereizter, leichter frustriert oder verletzt.

○ Ich verliere den Überblick über Kleinigkeiten, zum Beispiel wo ich meine Schlüssel hingelegt habe.

○ Verstörende Emotionen wie Angst, Paranoia, Niedergeschlagenheit, Besorgnis oder Pessimismus erlebe ich nun verstärkt oder für längere Zeit.

○ Ich mache mir über Dinge Sorgen, die sich ohnehin meiner Kontrolle entziehen.

○ An meiner besseren Hälfte mäkele ich öfters herum, über Dinge, die in unserer Beziehung nicht richtig rund laufen, gerate ich schnell ins Grübeln, ich streite mich häufiger und mache meine Partnerin/meinen Partner für unsere Probleme verantwortlich.

○ Meine Erregung oder Frustration kann bisweilen den Punkt erreichen, wo ich mit der Faust auf den Tisch haue, Sachen durch die Gegend schmeiße, rumschreie oder mich sonst wie abreagiere.

○ Ich bin nicht mehr sonderlich gesellig und ertappe mich dabei, dass ich mir wünsche, die Leute – meine Freunde und meine Familie inbegriffen – sollten mich lieber in Ruhe lassen.

○ Mein Interesse an Sex hat nachgelassen.

○ Ich esse mehr, um mit meinem emotionalen Zustand zurechtzukommen, oder habe meinen Appetit verloren.

○ Ich habe das Gefühl, dass ich zu häufig krank werde. Ich habe mit der Gesundheit ernsthafte Probleme oder mache mir Sorgen, ich könnte sie bekommen.

○ Meinen Alkohol-, Tabak- und sonstigen Drogen-/Genussmittelkonsum habe ich nicht zuletzt deshalb erhöht, um Stress abzubauen.

○ Ich habe Spannungskopfschmerz, Magendarmprobleme, muskuläre Verspannungen im Rücken-, Nacken- oder Kieferbereich, oder all das gleichzeitig.

▶ **Unter www.windpferd.de/stressbesiegen/arbeitsblatt-seite_229.pdf können Sie das Arbeitsblatt zum Ausdrucken herunterladen.**

SCHRITT 4: ES AUFRECHTERHALTEN

mal wahrscheinlich nicht wieder angekreuzt. Markieren Sie mit einem Textmarker, was Sie bei der ersten Befragung noch angekreuzt hatten, jetzt jedoch nicht erneut angekreuzt haben, weil der betreffende Punkt nicht länger das Thema für Sie ist, das er seinerzeit war. Das zeigt den Fortschritt an, den Sie bei der Lösung von stressbezogenen Problemen erzielt haben. Und nichts ermutigt und motiviert uns mehr, als Fortschritte zu machen. Die Stresseinschätzung in gewissen Zeitabständen durchzuführen ist eine wirkungsvolle Möglichkeit zu überprüfen, wie es um Sie steht, und Sie zu motivieren, den inneren Frieden noch mehr zu stärken und zu vertiefen.

Ein paar abschließende Gedanken

Abschließend möchte ich Sie ermutigen, sich weiter für das gute und schöne Leben zu entscheiden, für ein Leben des inneren Friedens und des Glücks, frei von Stress und Angst, voller Erfolg – einem Erfolg, den Sie erzielen, weil es Ihnen Freude bereitet, sich schon wieder selbst zu übertreffen. Der Friede, die Freude und der Erfolg, nach denen Sie streben, sind Ihnen so nahe wie die eigenen Gedanken. Die Formel für positive Neuroplastizität lautet: *Verändere die innere Einstellung, verändere dein Gehirn, verändere dein Leben*. Der Erfolg ist Ihnen sicher, sofern Sie nicht aufgeben. Zu guter Letzt werden sich deutlich erkennbare Resultate einstellen, die von Dauer sind. Vorausgesetzt, dass Sie sich den Übungen widmen und von den Hilfsmitteln Gebrauch machen.

Außerdem möchte ich auf ein Faktum zu sprechen kommen, an das ich jedes Mal erinnert werde, wenn mich jemand fragt, ob *ich* denn jemals unter Stress gerate. Manche Menschen meinen, weil ich ein Buch mit dem Titel *Stress für immer besiegen – So aktivieren Sie Ihre höheren Gehirnfunktionen* geschrieben habe, sei in meinem Leben Schluss mit dem Stress, ein für allemal. Tatsache ist: Stress manifestiert sich, oder manifestiert sich nicht, im gegenwärtigen Augenblick –

gleich hier, gleich jetzt –, nicht ein für allemal. Entweder bereiten wir dem Stress ein Ende, indem wir uns in dem Moment, in dem der Stressfaktor auftaucht, dafür entscheiden, in Frieden zu sein, oder wir entscheiden uns nicht dafür. Meist ist innerer Frieden das Ergebnis einer Korrektur, die wir vornehmen, nachdem wir zugelassen haben, dass sich ein Stressfaktor in einen mentalen Sturm verwandeln kann. Je schneller wir das korrigieren, umso besser verläuft für uns der Tag.

Heute habe ich gerade zu Hause aufgeräumt, und so wie ich's angepackt habe, *war* das stressig, hat es mich kribbelig und nervös gemacht. Alles fing an mit einem defekten Gerät, das ich reparieren musste, und mit meiner Irritation darüber, dass sich eine Schraube einfach nicht lösen ließ – als würde eine boshafte Gottheit die Schraube, während ich sie zu lösen versuche, wieder festdrehen. Als Nächstes habe ich mich geärgert, weil ich den Geschirrspüler ausräumen musste. Während ich dann weiter die Zimmer sauber machte, schien es mir so, als gebe es diesmal das Zehnfache an Arbeit wie sonst. Ich fühlte mich in der Opferrolle, weil niemand da war, der mir half, wodurch meine ohnehin schon schlechte Laune erst recht auf einem Tiefpunkt anlangte. Inmitten einer Unzufriedenheit stiftenden Kette von selbstmitleidigen und verärgerten Gedanken bin ich mir dann glücklicherweise selbst auf die Schliche gekommen. Dem Hilfsmittel „Die Gedanken aufmerksam wahrnehmen" sei dank, bin ich noch rechtzeitig vor einem Abdriften in weitere emotionale Tiefs bewahrt worden. Mit der Hausarbeit habe ich für einen Moment aufgehört und mich stattdessen darin geübt, keinem der Gedanken, die ich in meiner üblen Laune gedacht hatte, Glauben zu schenken. Ich schaffte es, das Denken überhaupt loszulassen, und gab meinem Geist die Chance, zur Ruhe zu kommen. Bewusst habe ich die Entscheidung getroffen, präsent zu sein, hier und jetzt, und mir gelobt, mit allem, was auch immer für mich zu tun anstand, in Frieden zu sein. Während ich das tat, kamen mir diese Zeilen aus „We are Transmitters" von D. H. Lawrence in den Sinn:

> Im Leben stehend, sind wir Übermittler des Lebens.
> Und versäumen wir es, Leben zu übermitteln, fließt
> kein Leben durch uns hindurch.

> Gib, und dir wird gegeben werden
> ist die nach wie vor gültige Wahrheit über das Leben.

Es bedeutet, die Qualität des Lebens dort zu entfachen, wo sie nicht vorhanden war, selbst wenn sie nur im Weiß eines gewaschenen Taschentuchs liegen sollte.[1]

Während ich die Zeilen rezitierte, wandelte sich meine innere Haltung von Grund auf. Genau in dem Moment zog eine Wolke, welche die Sonne verfinstert hatte, weiter. Sogleich war das Zimmer von Sonnenschein erfüllt. Auf einmal war alles in Ordnung. Ich fühlte mich lebendig und wach, so heiter wie der Augenblick. Ich ließ den Blick schweifen, um zu sehen, was noch zu tun blieb an Hausarbeit, und begann sie zu erledigen. Die Arbeit floss, als sei alles ein Tanz. Als ich mit dem Rechen die letzten Blätter vor dem Haus auf einen Haufen zusammen schob, fiel mein Blick auf einen vorüberfliegenden Vogel, und ich sah ihn auf einem Ast des Japanischen Fächerahorns auf der anderen Straßenseite landen.

Es war Herbst, und die Ahornblätter waren alle scharlachrot geworden. Manche Blätter hatten sich verteilt und sich wie eine samtig rote Decke über den Bürgersteig gelegt. Ein weiterer Blick auf die Straße zeigte mir, dass die Platanen inzwischen ganz kahl waren, mit Zweigen in eintönigem Grau, bis auf einige Stellen, an denen das Herbstlicht ihnen den Anschein von poliertem Silber verlieh. Von meinem Standort aus verlief die Straße in sanftem Gefälle zur nächstgrößeren Straße hin, hinter der sich ein großes, mit hohem grünem Gras bedecktes Feld auftat. Über dem Feld flatterte in der Luft ein Falke auf Beutesuche. Und über all das wölbte sich ein fahlblauer Herbsthimmel. Einen Augenblick lang fühlte ich mich vollkommen in Frieden und in Einklang mit der Welt. Als ich mich umwandte, um ins Haus zurückzugehen, dachte ich: Diesen Augenblick der Harmonie hätte ich niemals erlebt, wenn ich nicht für den Wandel meiner inneren Einstellung gesorgt hätte.

Innerlich in Frieden zu sein ist ein Ziel, auf das wir jeden Tag hinwirken und auf das wir uns, wann immer der Frieden auf der Strecke bleibt, erneut ausrichten. Das ist, glaube ich, uns allen klar. Nun verfügen Sie über die nötigen Mittel, den Frieden in Ihrem Leben zu stärken und zu vertiefen. Nicht Nirvana ist dabei der Maßstab für Ihren Fortschritt, sondern Ihre Alltagsrealität, in der die Dinge besser, harmonischer, freudvoller, friedvoller und liebevoller werden. Jeder Tag, an dem Ihre Geisteshaltung Sie auf diesem Weg ein Stück weit voranbringt, führt Ihnen vor Augen, dass Sie die richtige Richtung eingeschlagen haben.

Stress ist Angst, und das Freisein von Stress eine Form geistiger Meisterung, die wir entwickeln und durch die wir psychologisch bedingte Angst bereits im Ansatz auflösen können. Keine Angst, kein Stress. Wenn Sie sich weiter darin üben, auf Stressreaktionen aufmerksam zu werden, sobald sie sich regen, um sogleich mit einem Hilfsmittel oder einem meditativen Prozess zu intervenieren, wird Ihr Gehirn zusehends an Kraft und Stärke gewinnen, es wird Nervenbahnen und neurale Netzwerke entwickeln, die Sie in die Lage versetzen, ein gutes und schönes Leben zu führen. Das ist Ihre Eintrittskarte zu jener Gesundheit, dem Wohlstand und der Liebe, die Ihnen zu Beginn des Buches in Aussicht gestellt wurde. All das befindet sich in Ihrer Reichweite. Mögen Sie diese Gesundheit, den Wohlstand und die Liebe erlangen. Das wünsche ich mir aufrichtig für Sie!

Da ich nun zum Ende des Buches komme, wünsche ich Ihnen all die Anmut, Würde und Fülle, die uns durch inneren Frieden zuteil werden. Dieses Buch handelt nicht von Perfektion. Vielmehr geht es hier darum, dass Sie weiter vorankommen und sich im Leben mit *Ihren* Qualitäten hervortun. Und lassen Sie sich nicht entmutigen, falls der Stress Sie in einen seiner Stürme hineinzieht. Geben Sie niemals auf, und verlieren Sie nie das große Ziel – inneren Frieden – aus den Augen, ganz gleich, welche Fehler Sie machen oder was sich um Sie herum abspielt.

Wirken Sie auf Frieden hin, in Ihrem Herzen und in Ihrem Leben. Und denken Sie, wann immer Sie dabei einen Rückschlag erleiden sollten, an die Worte des Konfuzius: „Der größte Ruhm liegt für uns keineswegs darin, niemals zu fallen, sondern jedes Mal wieder aufzustehen, wenn wir fallen."[2]

Was könnte persönliche Stärke besser kennzeichnen als die Fähigkeit, über Stress und Angst hinauszugelangen und den Geist wieder in einen Zustand des Friedens und der Freude zu versetzen? Dies ist einer der wundervollen Wege, die wir gehen können. Honorieren Sie darum die eigene Bereitschaft, auf diese Veränderung im Leben hinzuarbeiten.

Falls Sie sich Sorgen machen, weil Sie meinen, womöglich hätten Sie Rückschritte gemacht, Sie kämen nicht schnell genug voran oder Ihre Fortschritte seien nicht groß genug, dann richten Sie, um Ihre Geisteshaltung zu korrigieren, stets die Aufmerksamkeit auf den gegenwärtigen Augenblick. Seien Sie einfach genau hier, genau jetzt. Lassen Sie alle Gedanken los, mit denen Sie sich selbst herabsetzen. Öffnen Sie sich voll und ganz für die Möglichkeit, einfach im gegenwärtigen Augenblick glücklich und zufrieden zu sein. Rufen Sie sich Thomas Mertons Worte in Erinnerung, die ich bereits an anderer Stelle zitiert habe: „Alle Probleme sind gelöst, und alles ist klar, einfach weil klar ist, worauf es ankommt."[3]

Glück und innerer Frieden – darauf kommt es an. Und beide werden in der Stille des gegenwärtigen Augenblicks wiederhergestellt. Falls die Angst Ihnen einflüstert, es gebe wichtigere Dinge im Leben als innerer Frieden, zum Beispiel Geld und beruflichen Erfolg, dann rufen Sie sich in Erinnerung, wofür dieses Buch Ihnen die Belege geliefert hat – dass sich durch eine von innerem Frieden gekennzeichnete Geisteshaltung eben jene höheren Gehirnfunktionen, die Sie in die Lage versetzen, auf jeder Ebene des Lebens erfolgreich zu sein, regenerieren und weiterentwickeln.

In Wahrheit ist Erfolg gleichbedeutend mit innerem Frieden; erfolgreich zu sein bedeutet, die Angst loszulassen. Mit diesem einen Satz kann man das gesamte Buch zusammenfassen. Seien Sie also in Frieden.

Dank

Vor allem möchte ich meiner Liebsten danken, Louise Franklin. Immer wieder hat sie mich ermuntert, dieses Buchprojekt anzugehen, und mich, nachdem ich mit dem Schreiben begonnen hatte, zum Weitermachen ermutigt. Als das Projekt in Gang gekommen war, hat mich meine Geschäftspartnerin und gute persönliche Freundin Kaarin Alisa darin unterstützt. Kaarin hat mir geholfen, Themen auszuarbeiten, Ideen zu entwickeln und sie zu sammeln, Inhalte zu überarbeiten und Sachverhalte auf ihre Richtigkeit hin zu überprüfen. Ich kann mir gar nicht vorstellen, wie ich dieses Buch ohne Louise und Kaarin hätte fertigstellen können.

Meine Anerkennung gilt auch der außerordentlich großen Unterstützung, die das Buch durch meine Lektorinnen bei Beyond Words Publishing, namentlich Sarah Heilman, Emmalisa Sparrow, Emily Han, und durch die Cheflektorin Lindsay Brown, erhalten hat. Bei der Verbesserung des ursprünglichen Manuskripts haben sie tolle Arbeit geleistet. Dafür bin ich dankbar.

Wie immer danke ich meinen Kindern David, Brent, Sam, und Hollan, meinen Schwestern Anne und Susie wie auch meinem Bruder Paul für ihre Unterstützung.

Danken möchte ich ferner (ohne die Namen in einer speziellen Reihenfolge zu nennen): Bonny Meyer, Larry und Joyce Stupski,

Rick Brandon, Cheryl Geoffrion, Andrew Black, Mariah De Leon, Jerry Jampolsky, Diane Cirincione, Jimmy Pete, Mike Johnson, Roger Epstein, Richard Cohn, Dick Buxton, Len Brutoco, Rinaldo Brutoco, Penelope More, Matthew Mitchell, Greg Sherwood, Patrick Gleeson, David Goewey, Neil Anderson, Jonathan Colton, Marc Verdi, Karen Storsteen, Suzanne Baldwin, Dale Biron, Lorraine Specht, Valerie Henderson, Barbara Deal, Drew Gerber, Michelle Tennant und allen anderen, die mich im Lauf der Jahre darin unterstützt haben, diese Arbeit voranzubringen.

Und schließlich möchte ich Cynthia Black würdigen, die frühere Leiterin und Cheflektorin von Beyond Words Publishing. Zu meinem großen Bedauern starb Cynthia, gerade als Beyond Words Publishing die Rechte für dieses Buch erworben hat. Die Nachricht von ihrem Tod war für mich ein Schock und hat mich sehr betrübt. Cynthia hat mein erstes Buch *Mystic Cool/Das stressfreie Gehirn – Mobilisierung der spirituellen Intelligenz bei Angst, Stress und Burnout*[4] publiziert und es geschafft, dass ich mich im illustren Kreis ihrer Autoren rundum willkommen fühlte. Mit Cynthia habe ich sehr gern zusammengearbeitet. Sie war eine Wegbereiterin für Bücher aus dem Themenkreis Geist, Körper und Seele, und ihr Tod bedeutet einen Verlust für uns alle.

Anhang

Heilung Typ A

Eine Typ-A-Persönlichkeit neigt dazu, ein Leben unter extremem Stress zu führen. Die Beschreibung der Typ-A-Persönlichkeit ist das Ergebnis der wegbereitenden Forschung von Meyer Friedman an der University of California. Friedman hat für die sogenannte Typ-A-Persönlichkeiten ein ganz besonders hohes Risiko für eine koronare Herzerkrankung festgestellt. Die in der folgenden Liste aufgeführten Punkte können jemandem, der eine Typ-A-Persönlichkeit hat oder unter angstbedingtem Stress leidet, dabei helfen, Entscheidungen zu treffen, durch die eine auf dynamische Weise friedvolle Geisteshaltung entsteht. Alles läuft letztlich auf einen grundlegenden Wechsel von Angst und Stress zu innerem Frieden hinaus. Probieren Sie es jede Woche mit ein paar Punkten, die Sie sich auf der Liste ankreuzen.

Heilung Typ A

Suchen Sie sich einen oder mehrere der hier aufgeführten Punkte heraus, um sich jeden Tag darin zu üben, bis Sie alle Punkte abgearbeitet haben. Wiederholen Sie anschließend den ganzen Prozess.

- Stellen Sie sich in einem Laden an der Kasse mit der längsten Schlange an. Lassen Sie die Seele baumeln, und beschließen, in Frieden zu sein. Nutzen Sie den „30-sekündige Auszeit für inneren Frieden"-Prozess.

- Schauen Sie 30 Sekunden lang aus dem Fenster, und lassen Sie Ihren Geist los. Sehen Sie, wie der Wind weht, die Sonne scheint oder der Regen fällt.

- Tun Sie heute etwas ganz Besonderes für sich.

- Fahren Sie auf der Kriechspur nach Hause.

- Lächeln Sie heute häufiger.

- Hören Sie auf dem Heimweg anstelle der Nachrichten beruhigend wirkende Musik.

- Üben Sie sich darin zuzuhören, ohne zu unterbrechen.

- Kaufen Sie ein kleines Geschenk für einen Freund oder Familienangehörigen.

- Rufen Sie einen guten Freund an, mit dem Sie länger nicht gesprochen haben.

- Schauen Sie auf das Beste bei jemandem, den Sie kennen.

- Machen Sie nicht den beruflichen Erfolg zu Ihrem Maßstab, sondern beispielsweise Ihre Talente, schöpferischen Fähigkeiten, menschlichen Qualitäten oder engen Beziehungen.

- Widmen Sie sich heute der Aufgabe, Ihre Stärken und positiven Qualitäten zu erkennen.

- Üben Sie sich darin, banale Fehler zu vergeben.

- Tun Sie ohne viel Aufhebens gute Werke, und seien Sie freundlich.

- Üben Sie sich darin, Komplimente dankbar anzunehmen.

- Akzeptieren Sie, dass im Leben immer Fragen offen bleiben.

- Nehmen Sie sich heute fünf Minuten, um sich an Zeiten zu erinnern, in denen Sie glücklich waren.

- Geloben Sie sich, nicht wegen Ihrer Unvollkommenheit über sich selbst zu richten.

- Denken Sie über die Vorstellung nach, dass die Vollkommenheit in der Unvollkommenheit liegt.

- Wenn Sie heute einen Konflikt erleben, sagen Sie sich: Ich werde diesen Menschen oder diese Situation nicht darüber entscheiden lassen, wie ich mich fühle.

- Fühlen Sie heute mehr, und denken Sie weniger. Werden Sie geschickt darin zu wissen, wie Ihnen zumute ist, indem Sie ich fühle mich _____ _____ Aussagen machen.

▶ Unter www.windpferd.de/stressbesiegen/arbeitsblatt-seite_240.pdf können Sie das Arbeitsblatt zum Ausdrucken herunterladen.

Anmerkungen

Vorwort

1. Viktor E. Frankl, *Der Mensch vor der Frage nach dem Sinn – Eine Auswahl aus dem Gesamtwerk*, Piper, München 242011, S. 171.
2. Der Peabody Award ist ein hoch angesehener US-amerikanischer Medienpreis. (Anm. d. Übers.)

Einführung

1. Ask Glenn ..., „Will computers ever be cleverer than people?", The Science Museum online, http://www.sciencemuseum.org.uk/onlinestuff/snot/will_computers_ever_be_cleverer_than_people.aspx
2. Golf-Score: das Schlagergebnis an einem Loch bzw. in der ganzen Runde. (Anm. d. Übers.)
3. Janice C. Froehlich, „Opioid Peptides", *Alcohol Health & Research World* 21, Nr. 2 (1997), 32.
4. G. W. Terman et al., „Intrinsic Mechanisms of Pain Inhibition: Activation by Stress", *Science* 26 (1984), 1270-1277.

Kapitel 1

1. Norman B. Anderson et al., *Stress in America: Are Teens Adopting Adults' Stress Habits?*, survey commission by the American Psychological Association, 11. Februar 2014, 3.
2. John Heminway, *Killer Stress: National Geographic Special*, produced by Stanford University and National Geographic Television (Washington, DC: PBS, Erstausstrahlung am 23. September 2008, 00:23:26).
   Mit dem leicht abgewandeltem Titel *Stress – Portrait of a Killer* ist dieser Dokumentarfilm auch als DVD erschienen. (Anm. d. Übers.)

3 Daniel J. Siegel, *Mindsight – Die neue Wissenschaft der Transformation*, übers. v. Franchita Cattani, Goldmann, München 2012, 35.

4 Princeton University, „How Did We Get So Smart? Study Sheds Light On Evolution of the Brain", *ScienceDaily*, 10. Mai 2001, http://www.sciencedaily.com/releases/2001/05/010510071941.htm.

5 Don Joseph Goewey, *Das stressfreie Gehirn – Mobilisierung der spirituellen Intelligenz bei Angst, Stress und Burnout*, übers. v. Stephan Schuhmacher, Oberstdorf 32013, 39.

6 Mihaly Csikszentmihalyi, *Flow – Das Geheimnis des Glücks*, übers. v. Annette Charpentier, Klett-Cotta, Stuttgart 81999, 64.

7 Bessel A. van der Kolk, „Memory and the Evolving Psychobiology of Posttraumatic Stress", *Harvard Review of Psychiatry* 1, Nr. 5 (1994), 263.

8 Joseph LeDoux, *Das Netz der Gefühle – Wie Emotionen entstehen*, übers. v. Friedrich Griese, dtv, München 52010, 189-190.

9 Ausführlicher erläutert wird dies unter „Schritt 7" auf der CD von Don Joseph Goewey *Das stressfreie Gehirn*, Windpferd, Oberstdorf 2012.

10 Ambiguitätsintoleranz/mangelnde Ambiguitätstoleranz: Der von Elke Frenkel-Brunswick im Rahmen ihrer Studien zur autoritären Persönlichkeit geprägte Begriff Ambiguitätstoleranz bezeichnet die Fähigkeit, mehrdeutige oder widersprüchliche Realitätsaspekte, ungewisse und unstrukturierte Situationen oder divergierende Erwartungen an die eigene Person, insbesondere Rollenerwartungen, auszuhalten. (Anm. d. Übers.)

11 Wesley E. Sime, *Stress Management: A Review of Principles*, an online series of lectures on stress management, Lecture 1, University of Nebraska, Dept. of Health and Human Performance, 1997, accessed January 2009, http://cehs.unl.edu/stress/resources.html.

12 Harris Interactive, *2013 Work Stress Survey*, on behalf of Everest College, 9. April 2013.

13 Norman B. Anderson et al., *Stress in America: Missing the Health Care Connection*, American Psychological Association, 7. Februar 2013, 15.

14 Constance Hammen, „Stress and Depression", *Annual Review of Clinical Psychology* 1 (2005), 293-319, http://hammenlab.psych.ucla.edu/pubs/05stressand.pdf.

15 L. E. Kalynchuk et al., „Corticosterone Increases Depression-Like Behavior, with Some Effects on Predator Odor-Induced Defensive Behaviour, in Male and Female Rats", *Behavioral Neuroscience* 118, Nr. 6 (2004), 1365-1377. Reported in APA's Science Watch at http://www.apa.org/monitor/jan05/hormones.aspx.

16 *Stress in America*, APA, 7. Februar 2013, 5.

17 Meghan Neal, „Stress Levels Soar in America by Up to 30% in 30 Years", *New York Daily News*, 16. Juni 2012, http://www.nydailynews.com/news/national/stress-levels-soar-in-america-30-30-years-article-1.1096918#ixzz2aNOI4CoA.

ANMERKUNGEN

18 Timothy A. Judge, Remus Ilies & Zhen Zhang, „Genetic Influences on Core Self-Evaluations, Job Satisfaction, and Work Stress: Behavioral Genetics Mediated Model", *Organizational Behavior and Human Decision Processes* 117 (2012), 208-220.
19 University of Notre Dame, „Feeling Stressed by Your Job? Don't Blame Your Employer, Study Shows". *ScienceDaily,* 14. September 2012.
20 R. J. Davidson, J. Kabat-Zinn, et al., „Alterations in Brain and Immune Function Produced by Mindfulness Meditation", *Psychosomatic Medicine* 65 (2003), 564.
21 Elissa S. Epel, Elizabeth H. Blackburn, „Accelerated Telomere Shortening in Response to Life Stress", *Proceedings of the National Academy of Science* 101, Nr. 49 (7. Dezember 2004), 17312-13.
22 A. a. O.
23 Brian Dakss, „Aging: The Stress Factor: Stress, Attitudes Affect DNA, Aging Rates, One Way Or The Other", *CBS News,* 25. August 2005, http://www.cbsnews.com/news/aging-the-stress-factor.
24 How Stress and Mindfulness Affect DANN", Wisdom 2.0 Conference, 23. Februar 2013.
25 A. a. O.
26 Edward Nelson et al., „Longitudinal Associations between Telomere Length, Chronic Stress, and Immune Stance in Cervical Cancer Survivors", *The Journal of Cancer Research* 71, Issue 8, Supplement 1 (15. April 2011), doi:10.1158/1538-7445.AM2011-1833.
27 Robert M. Sapolsky, *Why Zebras Don't Get Ulcers: An Updated Guide to Stress, Stress Related Diseases, and Coping,* 2nd rev. ed., W. H. Freeman, New York 1998, 5.
28 Gregory J. Quirk, René Garcia & Francisco González-Lima, „Prefrontal Mechanisms in Extinction of Conditioned Fear", *Biological Psychiatry* 60, Nr. 4 (2006), 337-343, doi:10.1016/j.biopsych.2006.03.010.

Kapitel 2

1 Alan Watts, *Kosmologie der Freude – Abenteuer in den Welten des Bewusstseins,* übers. v. Pier Hänni, AT, Aarau 2000, 50.
2 C. B. Nemeroff, „The Neurobiology of Depression", *Scientific American* 278, Nr. 6 (Juni 1998), 42-49.
3 Joel Schwarz, „Stress Hinders Rats' Decision-Making Abilities", University of Washington, 18. November 2008, http://www.washington.edu/news/2008/11/18/stress-hinders-rats-decision-making-abilities/.
4 Sime, *Stress Management: A Review of Principles,* a. a. O.
5 Das prospektive Gedächtnis organisiert die auf künftige Abläufe, Ereignisse, Termine und in Zukunft zu erledigende Aufgaben bezogenen Gedächtnisleistungen. Beispielsweise hilft es uns, Verabredungen oder Terminvereinbarungen einzuhalten. (Anm. d. Übers.)

6   S. Qin et al., „Acute Psychological Stress Reduces Working Memory-Related Activity in the Dorsolateral Prefrontal Cortex", *Biological Psychiatry* 66, Nr. 1 (1. July 2009), 25-32.
7   S. Vijayraghavan et al., „Inverted-U Dopamine D1 Receptor Actions on Prefrontal Neurons Engaged in Working Memory", *Nature Neuroscience* (4. February 2007), accelerated online publication.
8   T. Kontogiannis & Z. Kossiavelou, „Stress and Team Performance: Principles and Challenges for Intelligent Decision Aids", *Safety Science* 33, Nr. 3 (Dezember 1999), 103-128.
9   L. A. Neff & B. R. Karney, „Stress and Reactivity to Daily Relationship Experiences: How Stress Hinders Adaptive Processes in Marriage", *Journal of Personality and Social Psychology* 97 (2009), 435-450.
10 Olga Lechky, „Social Isolation Can Be Major Factor If Patients Are Unable to Deal with Stress", *Canadian Medical Association Journal* 154, Nr. 4 (1996), 571-572.
11 Erläuterungen zur Typ-A-Persönlichkeit finden Sie im Anhang.
12 J. Suls, M. A. Becker & B. Mullen, „Coronary-Prone Behavior, Social Insecurity and Stress Among College-Aged Adults", *Journal of Human Stress* 7, Nr. 3 (1981), 27-34.
13 Sapolsky, *Why Zebras Don't Get Ulcers*, a. a. O, 72.
14 A. a. O., 347.
15 University of Liverpool, „Stress Hormone Impacts on Alcohol Recovery", *ScienceDaily*, 23. September 2010, http://www.sciencedaily.com/releases/2010/09/100923104134.htm.
16 Sapolsky, *Why Zebras Don't Get Ulcers*, a. a. O, 62.
17 A. a. O., 236.
18 Kalynchuk et al., „Corticosterone Increases", a. a. O, 1365-1377.

Kapitel 3

1   Harris Interactive, *2013 Work Stress Survey*, 9. April 2013.
2   *Stress in America: Missing the Health Care Connection*, APA 15.
3   Aus: Don Joseph Goewey, *Das stressfreie Gehirn*, a. a. O., 184, vom Autor überarbeitet.
4   Viktor E. Frankl, *Der Mensch vor der Frage nach dem Sinn*, a. a. O., 173.
5   Esther B. Fein, „Book Notes", *New York Times*, 20. November 1991.
6   Viktor E. Frankl, *Der Mensch vor der Frage nach dem Sinn*, a. a. O., 47.
7   Ari Ben-Menahem, *Historical Encyclopedia of Natural and Mathematical Sciences*, Volume 1, Springer, New York 2009, 836.
8   Robert L. Leahy, *The Worry Cure: Seven Steps to Stop Worry from Stopping You*, Random House, New York 2005, 109.
9   Aus: Don Joseph Goewey, *Das stressfreie Gehirn*, a. a. O., 167-170, vom Autor überarbeitet.

Kapitel 5

1. A. M. Graybiel, „The Basal Ganglia and Chunking of Action Repertoires", *Neurobiology of Learning and Memory* 70, Nr. 1-2 (1998), 119-136.
2. James Elliot Cabot, *The Works of Ralph Waldo Emerson: A Memoir of Ralph Waldo Emerson* Riverside Press, Cambridge, MA, 1887, 489.

Kapitel 6

1. *Anne Lamott*, Operating Instructions: A Journal of My Son's First Year, Anchor, New York 1993, 91.
2. William Shakespeare, *Macbeth*, übers. v. Dorothea Tieck; durchgesehen, überarbeitet und eingerichtet von Michael Holzinger, Create Space, North Charleston 2013, 6. Szene, 79.
3. William Shakespeare, *Heinrich VIII*, übers. v. Wolf Graf Baudissin; durchgesehen, überarbeitet und eingerichtet von Michael Holzinger, Create Space, North Charleston 2013, 3. Aufzug, 69.
4. W. B. Yeats, *The Celtic Twilight*, A. H. Bullen Publishing, London 1902, 136.
5. J. J. Miller, K. Fletcher & J. Kabat-Zinn, „Effectiveness of a Meditation-Based Stress Reduction Program in the Treatment of Anxiety Disorders", *The American Journal of Psychiatry* 149, Nr. 7 (1. Juli 1992), 936-943.
6. Richard J. Davidson & Antoine Lutz, „Buddha's Brain: Neuroplasticity and Meditation", *IEEE Signal Processing Magazine* 172 (Januar 2008), 176-179.
7. Thomas Merton, *The Intimate Merton: His Life from His Journals*, HarperOne, New York 2009, 362.
8. Jill Bolte Taylor, Interview by Robert Krulwich & Jad Abumrad, *Radiolab*, transcript, 1. November 2010, http://reallycoldice.com/2010/11/.
9. Leslie Kaufman, „A Superhighway to Bliss", *New York Times*, 25. Mai 2008.
10. Don Joseph Goewey, *Das stressfreie Gehirn*, a. a. O., 201-202, vom Autor modifiziert und erweitert.

Kapitel 7

1. Rudyard Kipling, *Kipling: Poems* (Everyman's Library Pocket Poems), Knopf, New York: 2007, 172. „If –" wurde von Anja Hauptmann ins Deutsche übertragen.
2. Bill Utterback, „Athletes Savor Being in ›The Zone‹ – but No One Has Yet Figured Out How They Can Stay There Forever", *Seattle Times*, 3. März 1991, http://community.seattletimes.nwsource.com/archive/?date=19910303&slug=1269299.
3. Norman Vincent Peale, *Die Kraft positiven Denkens*, übers. v. Ernst Steiger, Oesch, Zürich 1988, 21.
4. Carlos Castaneda, *Der Ring der Kraft*, übers. v. Nils Thomas Lindquist, Fischer, Frankfurt/M. 1978, 121.
5. Richard S. Lazarus & Susan Folkman, *Stress, Appraisal, and Coping*, Springer, New York 1984, 19.

6 Eckhart Tolle, *Jetzt! - Die Kraft der Gegenwart*, übers. v. Christine Bolam u. Marianne Nentwig, Kamphausen, Bielefeld 72014, 104.
7 Im amerikanischen Text ist hier von Baseball die Rede. (Anm. d. Übers.)
8 Ed Diener, Eunkook M. Suh, Richard E. Lucas & Heidi L. Smith, „Subjective Well-Being: Three Decades of Progress", *Psychological Bulletin* 125 (1999), 276-302.
9 Sonja Lyubomirsky, *Glücklich sein - Warum Sie es in der Hand haben, zufrieden zu leben*, übers. v. Jürgen Neubauer, Campus, Frankfurt/M. 2013, 29-31.
10 Sylvain Charron & Etienne Koechlin, „Divided Representation of Concurrent Goals in the Human Frontal Lobes", *Science* 328, Nr. 5976 (April 2010), 360-363.
11 Eyal Ophir, Clifford Nass & Anthony D. Wagner, „Cognitive Control in Media Multitaskers", *Proceedings of the National Academy of Sciences* 106, Nr. 37 (2009), 15583-87.
12 Adam Gorlick, „Media Multitaskers Pay Mental Price, Stanford Study Shows", *Stanford Report*, 24. August 2009, http://news.stanford.edu/news/2009/august24/multitask-research-study-082409.html.
13 David E. Meyer et al., „Executive Control of Cognitive Processes in Task Switching", *Journal of Experimental Psychology* 27, Nr. 4 (2001), 763-797.
14 Amanda MacMillan, „12 Reasons to Stop Multitasking", *ABC News*, 18. Juni 2013, http://abcnews.go.com/Health/Wellness/12-reasons-stop-multitasking/story?id=19422540#2.
15 Erin Hayes, „Slow Down to Get More Done", *ABC News*, 9. Mai 2008, http://abcnews.go.com/Technology/story?id=4825616&page=1.
16 Gloria J. Mark & Stephen Voida, „»Pace Not Dictated by Electrons«: An Empirical Study of Work Without Email", presented at the Association for Computing Machinery, 5. Mai 2012, http://www.ics.uci.edu/~gmark/Home_page/Research_files/CHI%202012.pdf.
17 Aus: Don Joseph Goewey, *Das stressfreie Gehirn*, a. a. O., 184, vom Autor überarbeitet.

Kapitel 8

1 Herbert Benson & Miriam Z. Klipper, *The Relaxation Response*, HarperCollins, New York 2009, 121.

Kapitel 9

1 William James, *William James: Writings, 1878-1899: Psychology, Briefer Course/ The Will to Believe/Talks to Teachers and Students/Essays*, Library of America, New York 1992, 643.
2 Arznei- oder Rauschmittel, die zur Förderung oder zum Erhalt der intellektuellen Leistungsfähigkeit des Gehirns beitragen sollen. Medizinisch werden sie bei Erkrankungen eingesetzt, die eine verminderte Gehirntätigkeit mit sich bringen - beispielsweise bei Demenzerkrankungen wie dem Alzheimer-Syndrom

ANMERKUNGEN

oder bei Schizophrenie. Je nach Substanz ist der Einsatz bei Gesunden umstritten. (Anm. d. Übers.)

3   Irena Ilieva, Joseph Boland & Martha J. Farah, „Objective and Subjective Cognitive Enhancing Effects of Mixed Amphetamine Salts in Healthy People", *Neuropharmacology* (2012), http://dx.doi.org/10.1016/j.neuropharm.2012.07.021.

4   Holly A. White & Priti Shah, „Uninhibited Imaginations: Creativity in Adults with Attention-Deficit/Hyperactivity Disorder", *Personality and Individual Differences* 40 (2006), 1121-1131.

5   Denise Mann, „ADHD May Boost Creativity in Adults: Study Shows College Students with ADHD Score Higher on Tests That Measure Creativity", *WebMD*, 15. März 2011, http://www.webmd.com/add-adhd/news/20110315/adhd-may-boost-creativity-in-adults.

6   Peter Galison, „Einstein's Clocks: The Place of Time", *Critical Inquiry* 26, Nr. 2 (2000), 355-389.

7   Paul D. Kretkowski, „The 15 Percent Solution", *Wired Magazine*, 23. Januar 1998, http://www.wired.com/techbiz/media/news/1998/01/9858.

8   W. James McNerney Jr., *A Century of Innovation: The 3M Story*, 3M Corporation, St. Paul, MN, 2002, 22.

9   A. a. O., 78.

10 „3M Delivers Fourth-Quarter Sales of $7.4 Billion and Earnings of $1.41 per Share; Company Posts Record Full-Year Sales of $29.9 Billion and Earnings of $6.32 per Share", 3M, 24. Januar 2013, http://media.corporate-ir.net/media_files/IROL/80/80574/4Q_2012_3M_Earnings_Release_4880595.pdf.

11 „3M Performance", 3M, 2013, http://solutions.3m.com/wps/portal/3M/en_US/3M-Company/Information/Profile/Performance/.

12 Kami Goetz, „How 3M Gave Everyone Days Off and Created an Innovation Dynamo", *Fast Company*, 1. Februar 2011, http://www.fastcodesign.com/1663137/how-3m-gave-everyone-days-off-and-created-an-innovation-dynamo.

13 Agnieszka Wasiak et al., *Lynch: One* (2007), DVD, veröffentlicht am 26. August 2008. Absurda/David Lynch.

14 Karuna Subramaniam et al., „A Brain Mechanism for Facilitation of Insight by Positive Affect", *Journal of Cognitive Neuroscience* 21, Nr. 3 (März 2009), 415-432.

15 Sarah Zielinski, „5 Ways To Spark Your Creativity", NPR, 21. Juni 2012, http://www.npr.org/2012/06/21/155369663/5-ways-to-spark-your-creativity.

15 Ruby T. Nadler, Rahel Rabi & John Paul Minda, „Better Mood and Better Performance: Learning Rule-Described Categories Is Enhanced by Positive Mood", *Psychological Science* 21, Nr. 12 (Dezember 2010), 1770-1776.

17 Robert Scott Root-Bernstein and Michele M. Root-Bernstein, *Sparks of Genius: The Thirteen Thinking Tools of the World's Most Creative People*, Houghton Mifflin Harcourt, New York 1999, 39.

18 *Agnes De Mille*, Martha: The Life and Work of Martha Graham – A Biography, Random House, New York 1991, 264.
19 Den berühmten „grauen Zellen" – in volkstümlicher Formulierung. (Anm. d. Übers.)
20 John Muir, „The Yellowstone National Park", *The Atlantic Monthly* LXXXI, Nr. 486 (April 1898), 515-516; modified slightly and reprinted in *Our National Parks*, The Riverside Press, Cambridge, MA, 1901, 56; The Sierra Club, „Quotations from John Muir: selected by Harold Wood", http://www.sierraclub.org/john_muir_exhibit/writings/favorite_quotation s.aspx.
21 R. Sperry, „Hemisphere Deconnection and Unity in Consciousness", *American Psychologist* 23 (1968), 723-733.
22 Harnam Singh & Michael W. O'Boyle, „Interhemispheric Interaction During Global-Local Processing in Mathematically Gifted Adolescents, Average-Ability Youth, and College Students", *Neuropsychology* 18, Nr. 2 (April 2004), 371-377.
23 Jan Ehrenwald, *Anatomy of Genius: Split Brains and Global Minds*, Human Sciences Press, New York 1984, 16.
24 Apraxie: die Unfähigkeit, gezielt und geordnet willkürliche Bewegungen auszuführen. (Anm. d. Übers.)
25 Robert Sperry, Some Effects of Disconnecting the Cerebral Hemispheres", Nobel Media, 23. Dezember 2013, http://www.nobelprize.org/nobel_prizes/medicine/laureates/1981/sperry-lecture_en.html?print=1.
26 *Honeymooners* (dt. „Die Flitterwöchner"): US-amerikanische Comedy-Sketch-Show der 50er Jahre, die später u. a. für die *Familie Feuerstein (The Flintstones)* als Inspirationsquelle diente. (Anm. d. Übers.)
27 Marjorie Lamberti, *The Politics of Education: Teachers and School Reform in Weimar Germany*, Berghahn Books, New York 2004, 28. Dort zitiert die Autorin Wilhelm Reese.
28 Cheryl Lavin, „Thinking Is the Enemy of Creativity. It's Self-Conscious . . . ", *Chicago Tribune*, 16. November 1997.
29 John D. Norton, „Goodies", Department of History and Philosophy of Science and Center for Philosophy of Science, University of Pittsburgh, aktualisiert am 6. Mai 2013, http://www.pitt.edu/~jdnorton/Goodies.
30 John Kounios et al., „The Origins of Insight in Resting-State Brain Activity", *Neuropsychologia* 46 (2008), 282.
31 Zu Deutsch: Test mit assoziativ weitläufig zusammenhängenden Worten; oder, stark vereinfachend: Wortassoziierungstest. Obwohl der Test bereits vor über 30 Jahren entwickelt wurde, gibt es für ihn im Dt. bis heute keine allgemein eingeführte Bezeichnung. (Anm. d. Übers.)
32 Jonah Lehrer, *Imagine: How Creativity Works*, Houghton Mifflin Harcourt, New York 2012, 16.
33 „Brain Waves and Meditation", *ScienceDaily*, 31. März 2010, http://www.sciencedaily.com/releases/2010/03/100319210631.htm.

ANMERKUNGEN

34 Lee Ufan, *Marking Infinity*, Guggenheim Museum, Sackler Center for Art Education, Family Activity Guide, September 2011.

35 Arthur Herman, *How the Scots Invented the Modern World: The True Story of How Western Europe's Poorest Nation Created Our World and Everything in It*, Random House, New York 2007, 321.

36 Damit Erinnerungen vom Kurzzeit- ins Langzeitgedächtnis übergehen, braucht es eine gewisse Zeit. Neue Erinnerungen sind störanfällig. Können sie sich, z.B. in Ruhepausen oder im Schlaf, ungestört konsolidieren dann, prägen sie sich uns besser ein. (Anm. d. Übers.)

37 „Basic Rest and Activity Cycles", Polyphasic Society, http://www.polyphasicsociety.com/polyphasic-sleep/science/brac/.

38 A. a. O.

39 K. Anders Ericsson, Ralf Krampe & Clemens Tesch-Romer, „The Role of Deliberate Practice in the Acquisition of Expert Performance", *Psychological Review* 100, Nr. 3 (1993), 363-406.

40 Michelle W Voss et al., „Plasticity of Brain Networks in a Randomized Intervention Trial of Exercise Training in Older Adults", *Frontiers in Aging Neuroscience* 2, Nr. 32 (2010), 1.

41 Englisch: „green exercise". (Anm. d. Übers.)

42 „A Walk a Day Keeps the Doctor at Bay", University of Essex, 2. Mai 2010, http://www.essex.ac.uk/news/event.aspx?e_id=1588.

43 W. Sommer et al., „How about Lunch? Consequences of the Meal Context on Cognition and Emotion", *PLoS ONE* 8, Nr. 7 (2013), e70314, doi:10.1371/journal.pone.0070314.

44 Benjamin Baird et al., „Inspired by Distraction: Mind Wandering Facilitates Creative Incubation", *Psychological Science* (31. August 2012), 1117-1122, doi:0956797612446024.

45 Lehrer, *Imagine*, a. a. O., 32-33.

46 R. A. Emmons & M. E. McCullough, „Counting Blessings Versus Burdens: An Experimental Investigation of Gratitude and Subjective Well-Being in Daily Life", *Journal of Personality and Social Psychology* 84, Nr. 2 (2003), 377-389, doi:10.1037/0022-3514.84.2.377.

47 Annette Bolte, Thomas Goschke & Julius Kuhl, „Emotion and Intuition: Effects of Positive and Negative Mood on Implicit Judgments of Semantic Coherence", *Psychological Science* 14 (2003), 416-422.

48 „Count Your Blessings", Health and Happiness, *Time*, 2006, http://xontent.time.com/time/specials/2007/ article/0,28804,1631176_1630611_1630512,00.html.

49 A. Goldstein et al., „Unilateral Muscle Contractions Enhance Creative Thinking", *Psychonomic Bulletin & Review* 17, Nr. 6 (Dezember 2010), 895-899.

50 R. E. Propper et al., „Getting a Grip on Memory: Unilateral Hand Clenching Alters Episodic Recall", *PLoS ONE* 8 (24. April 2013), e62474.

51 William W. Maddux & Adam D. Galinsky, „Cultural Borders and Mental Barriers: The Relationship between Living Abroad and Creativity", *Journal of Personality and Social Psychology* 96, Nr. 5 (Mai 2009), 1047-1061.
52 Marily Oppezzo & Daniel L. Schwartz, „Give Your Ideas Some Legs: The Positive Effect of Walking on Creative Thinking", *Journal of Experimental Psychology: Learning, Memory, and Cognition* 4, Nr. 4 (Juli 2014), 1142-1152.
53 University of California, Berkeley, „Remote Associates Test", letzte Aktualisierung am 11. Januar 2011, http://socrates.berkeley.edu/~kihlstrm/RATest.htm. Zur dt. Übersetzung von „Remote Associates Test": Siehe Anm. 120.

Kapitel 10

1 Eduardo Dias-Ferreira et al., „Chronic Stress Causes Frontostriatal Reorganization and Affects Decision-Making", *Science* 325, Nr. 5940 (31. Juli 2009), 621-625.
2 Natalie Angier, „Brain Is a Co-Conspirator in a Vicious Stress Loop", *New York Times*, 18. August 2009.
3 Ellen Galinsky et al., *Overwork in America: When the Way We Work Becomes Too Much* (Families and Work Institute, 2005), 7.
4 PGi Finds 82% of Employees Choose to Stay Connected to the Office While on Vacation", PR Newswire, 26. August 2013, http://www.prnewswire.com/news-releases/pgi-finds-82-of-employees-choose-to-stay-connected-to-the-office-while-on-vacation-221148391.html.
5 Stephanie Rosenbloom, „Please Don't Make Me Go on Vacation", *New York Times*, 10. August 2006.

Kapitel 11

1 Sigmund Freud, *Civilization and Its Discontents* (New York: Norton, 2005), 123-124.
2 Brene Brown, I Thought It Was Just Me (But It Isn't): Making the Journey from „What Will People Think?" to „I Am Enough," Gotham Books, New York 2007, Kindle edition, Kindle location: 638-639.
3 Holly VanScoy, „Shame: The Quintessential Emotion", *PsychCentral*, 30. Januar 2013, http://psychcentral.com/lib/shame-the-quintessential-emotion/000730.
4 Carl R. Rogers, *Der neue Mensch*, übers. v. Brigitte Stein, Klett-Cotta, Stuttgart 92012, 79.
5 A. a. O., 75.
6 Amy Maxmen, „Secret Shame: Do You Fear What Others Think of You? How Shame Can Hurt Your Health", *Psychology Today*, October 26, 2007, http://www.psychologytoday.com/articles/200710/secret-shame.
7 S. Dickerson, T. Gruenewald, and M. Kemeny, „Shame, Physiology, and Health", *Journal of Personality* 72, Nr. 6 (Dezember 2004), 1191-1210.
8 Daniel J. Siegel, *Mindsight – Die neue Wissenschaft der Transformation*, a. a. O., 15.

ANMERKUNGEN

9 Martin Seligman, *Pessimisten küsst man nicht: Optimismus kann man lernen*, übers. v. Christa Broermann, Knaur, München 1993, 163-164.
10 Suzanne Retzinger, „Identifying Shame and Anger in Discourse", *American Behavioral Scientist* 38, Nr. 8 (August 1995), 104-113.
11 Donald L. Nathanson, *Shame and Pride: Affect, Sex, and the Birth of the Self*, W. W. Norton & Company, New York 1994, 313-314.
12 Thomas M. Scheff & Suzanne M. Retzinger, „Shame, Anger and the Social Bond: A Theory of Sexual Offenders and Treatment," *Electronic Journal of Sociology* 1 (September 1997), 2.
13 Der Ausdruck „die besseren Engel unserer Natur" geht auf Abraham Lincoln zurück.
14 Allan N. Schore, *Affect Dysregulation and Disorders of the Self*, Norton, New York 2008, 160.
15 Brian Thorne & Pete Sanders, *Carl Rogers*, SAGE Publications, Thousand Oaks, CA, 2012, 28.
16 „Albert Ellis – On Guilt and Shame – RARE 1960 recording, part 2", uploaded by ProfessorMystic to YouTube, 4. Juni 2009, http://www.youtube.com/watch?v=tuNWeI_l0F4.
17 A. a. O.
18 Herbert Arthur Otto, *A Guide to Developing Your Potential*, Wilshire Book Co., North Hollywood, CA, 1977, 172.
19 Marcus Buckingham & Donald O. Clifton, *Now, Discover Your Strengths*, Free Press, New York 2001, 6-8.
20 Brene Brown, „Listening to Shame", TED, März 2012, http://www.ted.com/talks/brene_brown_listening_to_shame.html.
21 Carl R. Rogers, *Entwicklung der Persönlichkeit: Psychotherapie aus der Sicht eines Therapeuten*, übers. v. Jacqueline Giere, Klett-Cotta, Stuttgart 61988, 38-39.
22 Alan W. Watts, *Psychotherapie und östliche Befreiungswege*, übers. v. Wolfgang Stifter, Koesel, München 1981, 21.
23 Joan M. Cook, Tatyana Biyanova & James C. Coyne, „Influential Psychotherapy Figures, Authors, and Books: An Internet Survey of Over 2000", *Psychotherapy: Theory, Research, Practice, Training* 46, Nr. 1 (März 2009), 42-51.
24 Carl R. Rogers, *Entwicklung der Persönlichkeit*, a. a. O., 194.
25 A. a. O., 84.
26 A. a. O., 190.
27 Daniel Siegel, *Das achtsame Gehirn*, übers. v. Ute Weber, Arbor, Freiburg 2007.

Kapitel 12

1 Dan Buettner, *The Blue Zones: 9 Lessons for Living Longer From the People Who've Lived the Longest*, second edition, National Geographic Society, 2012, Kindle edition, 227-229.

2   John G. Bruhn & Stewart Wolf, *The Roseto Story*, University of Oklahoma Press, Norman, OK, 1979, 41.
3   John G. Bruhn and Stewart Wolf, *The Power of Clan: The Influence of Human Relationships on Heart Disease*, Transaction Publishers, New Brunswick, NJ, 1998, 10.
4   Clarke Johnson, „The Roseto Effect, Hominid Evolution, Dental Anthropology, and Human Variation", University of Illinois at Chicago, Course Notes 14.2, 1-6, http://www.uic.edu/classes/osci/osci590/14_2%20The%20Roseto%20 Effect.htm.
5   Julianne Holt-Lunstad, Timothy B. Smith & J. Bradley Layton, „Social Relationships and Mortality Risk: A Meta-analytic Review", *PLoS Med* 7, Nr. 7 (27. Juli 2010), e1000316, doi:10.1371/journal.pmed.1000316.
6   A. a. O.
7   Der Komponist Richard Rodgers und der Liedtexter Oscar Hammerstein bildeten eines der wichtigsten US-amerikanischen Songschreiber-Duos der vierziger und fünfziger Jahre. (Anm. d. Übers.)
8   Jeanna Bryner, „Kids to Parents: Leave the Stress at Work", Associated Press, 23. Januar 2007.
9   Public Relations Staff, „APA Stress Survey: Children Are More Stressed than Parents Realize", American Psychological Association, November 23, 2009, http://www.apapracticecentral.org/update/2009/11-23/stress-survey.aspx.
10 Daniel Goleman, „Friends for Life: An Emerging Biology of Emotional Healing", *New York Times*, 10. Oktober 2006.
11 Ker Than, „Scientists Say Everyone Can Read Minds", *Live-Science*, 27. April 2006, http://www.livescience.com/health/050427_mind_readers.html.
12 Marco Iacoboni, *Woher wir wissen, was andere denken und fühlen: Das Geheimnis der Spiegelneuronen*, übers. von Susanne Kuhlmann-Krieg, Goldmann, München 2011, 129-130.
13 Der Ausdruck *emotionale Ansteckung* beschreibt einen Zustand, in dem uns Emotionen – die Emotionen eines anderen Menschen – überkommen, wir allerdings nicht bemerken, dass sie von jemand anderem herrühren. Das läuft ähnlich ab wie bei einem Baby, das im Krankenhaus zu weinen beginnt und so alle anderen Kinder in der Klinik dazu bringt, ebenfalls zu weinen. (Anm. d. Übers.)
14 Deborah J. Laible, Gustavo Carlo & Scott C. Roesch, „Pathways to Self-Esteem in Late Adolescence: The Role of Parent and Peer Attachment, Empathy, and Social Behaviors", *Journal of Adolescence* 27, Nr. 6 (Dezember 2004), 703-716.
15 Carl R. Rogers, *Der neue Mensch*, a. a. O., 68.
16 A. a. O., 68-73.
17 Michele W Atkins, „Course: The Empathic Leader", PowerPoint presentation, Union University, 2001, Dia 9.

ANMERKUNGEN

Kapitel 13

1   R. B. Michael, M. Garry, and I. Kirsch, „Suggestion, Cognition, and Behavior", *Current Directions in Psychological Science* 21, Nr. 3 (2012), 151-156.
2   „The Power of Suggestion: What We Expect Influences Our Behavior, for Better or Worse", News, Association for Psychological Science, 6. Juni 2012, http://www.psychologicalscience.org/index.php/news/releases/the-power-of-suggestion-what-we-expect-influences-our-behavior-for-better-or-worse.html.
3   Robert Pagliarini, „Meet Bruce Lee, Personal Growth Guru", CBS/MoneyWatch, 27. August 2012, http://www.cbsnews.com/news/meet-bruce-lee-personal-growth-guru/.
4   Henry K. Beecher, „Relationship of Significance of Wound to Pain Experienced", *JAMA* 161, Nr. 17 (1956) 1609-13, doi:10.1001/jama.1956.02970170005002.
5   Sophie Parker et al., „A Sham Drug Improves a Demanding Prospective Memory Task", *Memory* 19, Nr. 6 (August 2011), 606-612.
6   Ben Colagiuri, Evan J. Livesey, and Justin A. Harris, „Can Expectancies Produce Placebo Effects for Implicit Learning"? *Psychonomic Bulletin Review* 18 (2011):
7   M. McClung & D. Collins, „'Because I Know It Will!': Placebo Effects of an Ergogenic Aid on Athletic Performance", *Journal of Sport & Exercise Psychology* 9, Nr. 3 (2007): 382-394.
8   Ellen J. Langer, *Counterclockwise: Mindful Health and the Power of Possibility*, Random House, New York 2009, 5-12.
9   Alia J. Crum & Ellen J. Langer, „Mind-Set Matters: Exercise and the Placebo Effect", *Psychological Science* 18, Nr. 2 (2007), 165-171.
10 „Believing Is Seeing: How Mindset Can Improve Vision", Association for Psychological Science, 9. April 2010, http://www.psychologicalscience.org/media/releases/2010/langer.cfm.
11 Thomas Merton, *The Intimate Merton*, a. a. O., 161.
12 Lisa Liddane, „The Power of Suggestion: Hypnosis", *Orange County Register*, 20. August 2006.

Ein paar abschließende Gedanken

1   D. H. Lawrence, „We Are Transmitters", *Selected Poems*, Viking, New York 1959, 105.
2   Confucius, „Quotes by Confucius", Quotations Book, accessed 23. April 2014, http://quotationsbook.com/quotes/author/1644/confucius/all/.
3   Thomas Merton, *The Intimate Merton: His Life from His Journals*, HarperOne, New York 2009, 362.

STRESS FÜR IMMER BESIEGEN

Audiodateien mit Anleitungen

S. 57	**Audio 1**	Auf dynamische Weise friedvoll	3 Min.
S. 83	**Audio 2**	Wovor habe ich Angst? – Teil 1	10 Min.
S. 83	**Audio 3**	Wovor habe ich Angst? – Teil 2	11 Min.
S. 107	**Audio 4**	Die 30-sekündige Auszeit für inneren Frieden	2½ Min.
S. 108	**Audio 5**	Klarheit zulassen	7 Min.
S. 109	**Audio 6**	Die Löschtaste	4 Min.
S. 127	**Audio 7**	Drei vernünftige Entscheidungen	2½ Min.
S. 135	**Audio 8**	Vorwegnahme	4 Min.
S. 136	**Audio 9**	Fühlen Sie es, um es zu heilen	3 Min.
S. 210	**Audio 10**	Vergeben	6½ Min.
S. 210	**Audio 11**	Mir selbst vergeben	3 Min.
S. 222	**Audio 12**	Die Wirklichkeit gestalten	5 Min.

Hören Sie sich diese Aufnahmen nicht an, während Sie Auto fahren oder ein anderes Gerät bedienen.

Arbeitsblätter

www.windpferd.de/stressbesiegen/**arbeitsblaetter_alle**.pdf
www.windpferd.de/stressbesiegen/**arbeitsblatt-seite_43**.pdf
www.windpferd.de/stressbesiegen/**arbeitsblatt-seite_58**.pdf
www.windpferd.de/stressbesiegen/**arbeitsblatt-seite_128**.pdf
www.windpferd.de/stressbesiegen/**arbeitsblatt-seite_147**.pdf
www.windpferd.de/stressbesiegen/**arbeitsblatt-seite_162**.pdf
www.windpferd.de/stressbesiegen/**arbeitsblatt-seite_163**.pdf
www.windpferd.de/stressbesiegen/**arbeitsblatt-seite_183**.pdf
www.windpferd.de/stressbesiegen/**arbeitsblatt-seite_186**.pdf
www.windpferd.de/stressbesiegen/**arbeitsblatt-seite_191**.pdf
www.windpferd.de/stressbesiegen/**arbeitsblatt-seite_194**.pdf
www.windpferd.de/stressbesiegen/**arbeitsblatt-seite_226**.pdf
www.windpferd.de/stressbesiegen/**arbeitsblatt-seite_228**.pdf
www.windpferd.de/stressbesiegen/**arbeitsblatt-seite_229**.pdf
www.windpferd.de/stressbesiegen/**arbeitsblatt-seite_240**.pdf

®+© by Don Joseph Goewey · Alle Rechte vorbehalten. Ohne schriftliche Genehmigung darf kein Teil dieser Downloads in irgendeiner Weise verwendet oder reproduziert werden.

Über den Autor

Don Jospeh Goewey arbeitete an den stressigsten Orten dieser Welt, von bosnischen Flüchtlingslagern, über Aids-Krankenstationen bis hin zu Gefängnissen. Er hat Workshops gehalten und den Leitgedanken in die Welt getragen: Stress ist Angst und Friede ist Kraft.

Er ist Mitbegründer von ProAttitude, einem Unternehmen, das Menschen hilft, diesen optimalen Bewusstseinszustand am Arbeitsplatz zu verwirklichen

Goeweys bisheriger Werdegang in Sachen menschlichem Potenzial erstreckt sich über drei Jahrzehnte: er arbeitete mit dem humanistischen Psychologen Carl R. Rogers zusammen, ebenso mit Gerald G. Jampolsky, dem Begründer von *Attitudinal Healing*.

Bei Windpferd erschienen von Don Joseph Goewey außerdem:

Das stressfreie Gehirn – Mobilisierung der spirituellen Intelligenz bei Angst, Stress und Burnout

Das stressfreie Gehirn – Übungen und Meditationen, um unser Gehirn zu verändern, CD 60 Min.